【历史新阅读丛书】

# 元朝那些事儿

## 伍

【终归漠北卷】

昊天牧云 著

中国工人出版社

**图书在版编目（CIP）数据**

元朝那些事儿. 伍 终归漠北卷 / 昊天牧云著. —北京：中国工人出版社，2019.11
ISBN 978-7-5008-7310-5

Ⅰ.①元… Ⅱ.①昊… Ⅲ.①中国历史—元代—通俗读物 Ⅳ.①K247.09

中国版本图书馆CIP数据核字（2019）第289011号

元朝那些事儿. 伍 终归漠北卷

| | |
|---|---|
| **出 版 人** | 王娇萍 |
| **责任编辑** | 傅 娉 |
| **责任印制** | 黄 丽 |
| **出版发行** | 中国工人出版社 |
| **地　　址** | 北京市东城区鼓楼外大街45号 邮编：100120 |
| **网　　址** | http://www.wp-china.com |
| **电　　话** | （010）62005043（总编室）<br>（010）62005039（印制管理中心）<br>（010）62379038（社科文艺分社） |
| **发行热线** | （010）62005049 （010）62005042（传真） |
| **经　　销** | 各地书店 |
| **印　　刷** | 天津中印联印务有限公司 |
| **开　　本** | 710毫米×1000毫米 1/16 |
| **印　　张** | 17.75 |
| **字　　数** | 262千字 |
| **版　　次** | 2020年3月第1版 2022年9月第6次印刷 |
| **定　　价** | 45.00元 |

# 目录

元朝

# 第一章
# 平定叛乱

## 有惊无险

在忽必烈晚年的时候，他的郁闷事真的很多。除了海都搞得他很头疼之外，安南那里也让他越想越觉得自己很窝囊。出兵打吧，北方士兵一开到那里，就被那里的气候环境搞垮了。不打吧，又咽不下这口气。堂堂大宋都被他灭了，怎么就摆不平那块巴掌大的地方？

这些年来，他也常派使者到安南去，拿着他的圣旨去威胁一把安南的陈家王朝。这时，安南的陈日烜已经死掉了，现任的老大是陈日燇。

在忽必烈生命的最后一年，也就是公元 1293 年，即至元三十年的八月，他派去的使者梁曾回来了，而且还带着安南的使臣一起回来。

梁曾把出使的情况向忽必烈进行了汇报。他到达安南时，安南的国都有三座门，陈日燇想让他从旁门进去，他就当场发飙：“你奉迎诏书而不由中门进入，这是辱没君命。”他拒绝进入，然后给陈日燇写了一封信，把他批评一顿。陈日燇不服，也写信反驳他。双方连续采用书信的形式辩论了三个回合，最后陈日燇服软，打开中门，把大元上国的使者迎接进去。

双方举行会谈之后，梁曾劝陈日燇跟他一起北上，去朝见皇帝，但陈日燇不同意，只派两个大臣陶子奇和梁文藻随梁曾进京进贡。

忽必烈听到这些情节，觉得也很高兴——现在想找到一件高兴的事也不容易啊，当场脱下所穿的衣服赐给他，让他不用站着，而是直接坐在地上跟他聊天。在场的右丞认为这太不严肃了，忽必烈那张还挂着笑容的脸顿时大怒，说："梁曾两次出使外国，靠口才平息了争战，保住上国的尊严，赏他什么都不为过。"

正好有个亲王从和林来到，忽必烈就叫这个亲王首先给梁曾敬酒。

不久，有人对忽必烈说："梁曾曾经接受过安南王的贿赂。"

忽必烈马上问梁曾，是不是真有这回事？

梁曾说："陈日燇确实给我送过东西，但我全交给陶子奇了。"

忽必烈哈哈大笑："你就是接受了，依朕看也没什么了不起的。"哈哈，你们诬告吧，老子告诉你们，他就是真的受贿了，老子也不给他定罪。

说实在的，梁曾带来的这个小小的高兴，也没让忽必烈在脸上挂多少笑容。因为他很快就病了。

到了年底，忽必烈的病更加重了起来，重到什么地步呢？至元三十一年的正月，他已经无法出来上朝了，因此免去了当天的朝贺。

正月十二日，伯颜从前线回到首都。

按照传统规矩，皇帝有病了，除非特定人员，谁也不能进入皇帝的卧室。但博果密却能天天进去看望忽必烈，看看御医们如何给皇帝诊治用药，从没有离开忽必烈。

到了正月十九日，打了一辈子的仗，灭了很多国家的忽必烈终于被疾病彻底打倒，宣布驾崩。对于忽必烈的评论，史家说了很多，作为大元第一个皇帝，忽必烈向来得到很多汉学家的好评。也许因为封地的原因，他很早就接触了汉文化，并基本接受了汉文化，他身边的重要谋士大多都是汉儒。可以说，如果没有这些汉儒的帮忙，他是很难让原宋朝的大地在短期内顺服他的领导的。由于历史的原因，他是蒙古帝国几个汗国的合汗，名义上的共主，但到晚年时，由于连年征战，打日本、打安南，连续不胜，再加上几个汗国的内乱，使得综合国力不断削弱，他把大元带进了鼎盛时期，同时也把大元从鼎盛时期往下坡路带了过去。

关于对他身份的定位，也是很有意思的，亚欧一带的史家称他为合汗，也就是世界的共主，但大中华区的史家都把他当成中国历史上一个朝代的开国君主，即元世祖。著名史学家毕沅用了几句话概括他的一生：帝度量恢廓，知人善任使，故能混一区宇，扩前古所未有。惟以亟于财用，中间为阿哈玛特、卢世荣、桑哥所蔽，卒能知其罪而正之。立纲陈纪，殷然欲被以文德，规模亦已弘远矣。

忽必烈死了，大元最先做的事就是拥立新的国家最高领导人。忽必烈的子孙不少，有资格当皇帝的人也不止一个。

当忽必烈宣布驾崩之时，伯颜、博果密和御史大夫玉昔帖木儿被请到宫里去接受忽必烈的遗诏。能被点名接受遗诏的人，基本就是下一任皇帝的辅政大臣了——也即是下一个时代最有权的人。

当时的首席大臣叫鄂勒哲。鄂勒哲听到忽必烈逝世后，也急忙来到宫门，但却被卫士挡住，不让他进去。他超级不高兴，以当朝宰相、首席大臣的身份，现在进去的人哪个级别都没他高。

不久，三个人出来了，他上前对伯颜说：“我不论是年龄还是级别，都在博果密之上，为什么他能进去，我却只能在宫外站着？”

伯颜长叹一声：“如果丞相能有博果密那样的水平和见识，哪还需要我这样的人跑得这么累？”

伯颜此话，明显在告诉鄂勒哲，不要认为级别高的人就有水平。现在需要的是有水平的人，而不是级别高年纪大的人。

但鄂勒哲不服，直接去找太妃投诉。太妃把三个人叫了进来，问他们是怎么回事。

伊噜那颜说：“臣下受皇帝顾命，太妃可以观察我们三人的所作所为，如果我们误了国家大事，就请太妃按国法处死我们。国家大事，不是宫中之人应当预知的。”

太妃一听，也没话说了。

最后，开了个会，作出了决议：派出使者向皇太孙铁穆耳报丧。在皇帝即位之前，由伯颜总领文武百官。

本来，忽必烈自真金死后，并没有正式确立谁为接班人。当时，几乎所有的人都认为，接班人应该从真金的下一代中选出。忽必烈大概也是这个意思。真金除了铁穆耳之外，还有个儿子甘麻剌。如果按中原王朝的传统，甘麻剌必当皇太孙无疑，如果忽必烈不给他当，只怕群臣都不答应，即使忽必烈硬让他当，最后也会制造出一个大乱子来。但忽必烈选择接班人是按照蒙古的传统，嫡长子未必就是天生的接班人。从窝阔台到忽必烈，基本都不是嫡长子成为最高领导人的。

真金还没有当太子时，真金的哥哥那木罕就觉得自己会成为下一代领导人。当时忽必烈也把很多重担交给那木罕去挑，可是后来那木罕在西征时被人家捆起来，成了俘虏，被关了几年才送回来。据说，此前，忽必烈曾在某个场合说过，要让那木罕当太子。可当那木罕回来后，忽必烈却宣布让真金当下一代皇帝。那木罕听到后很绝望，曾去找忽必烈理论，被忽必烈大骂一顿，然后宣布："你以后不要再来见我。"忽必烈对儿子们的处罚还是很严厉的，脱欢打了个败仗，也被宣布不许进京见他。

那木罕这才知道，老爸发起脾气来，后果很严重。他当了这么多年的俘虏，心理承受的打击已经很大，现在又被老爸如此处分，精神和肉体同时就垮了下来，没过几天就死了。

再后来，出现了桑哥的事，大臣们想请他向尧帝学习，把帝位禅让给真金，他大发雷霆，弄得真金也惊吓而死。由此可知，忽必烈对皇帝之位看得有多重。因此，在忽必烈没有明确谁为下一代领导时，谁也不敢说什么。

而忽必烈对真金的这两个儿子都很重用，让他们手握重兵去守边关，而且还派最得力的大臣去辅佐他们。

辅佐甘麻剌的是大将托克托呼。

两人奉命去讨伐海都。当时，海都的势力与忽必烈的势力就是以杭爱岭为界的。两人很快就来到了杭爱岭。哪知，游击战专家海都知道政府军来后，当然不会坐等着挨揍，早早地就抢占了有利地形，把甘麻剌指挥的各路大军全部阻挡住，使得甘麻剌作战基本失利。最后甘麻剌在托克托呼的保护之下，脱离了险境。海都知道皇子要逃了，追击过来，托克托呼设下埋伏，使得海都军惧怕不敢进逼。甘麻剌这才得以全身而退。后来，忽必烈对托克托呼大为表扬，但估计心里对甘麻剌就有些看低了。

另外，甘麻剌还有一个硬伤，他幼时就由祖母即忽必烈的皇后抚养。忽必烈对这个皇后很敬重，如果她还在世，甘麻剌的命运也许就不一样了。可她却已经死了很多年，对甘麻剌已经无法再帮助。而铁穆耳却由自己的母亲阔阔真抚养长大，因此，阔阔真对这个儿子的感情就比对甘麻剌深厚得多了。当真金已死，当忽必烈皇后已死，甘麻剌在宫中的支持就已经归零。

再看看忽必烈在培养铁穆耳时，派的辅佐大臣是谁？

是当时最猛的牛人伯颜。

其实，本来忽必烈对铁穆耳也没多少好感，因为铁穆耳还在很年轻时就是一个酒鬼。忽必烈这辈子，几乎都在进行扩张，他最看不顺眼的就是一天到晚吃吃喝喝的纨绔子弟。因此经常骂他，要求他彻底戒酒。可他就是戒不了。忽必烈看到不管自己怎么引经据典地劝诫，他都不把自己的话当回事，气愤起来，就拿棍子打他。哪知，这个酒鬼仍然照喝不误。忽必烈就派卫士紧盯着他，叫卫士们一看到他拿杯就去夺取。可仍然控制不住他。当时，他还有一个叫里咱的酒友，是从不花剌来的学者。这家伙是个江湖骗子，天天胡吹自己不但掌握炼金术，还会出神入化的魔法，一下就把铁穆耳迷住了。然后两人就成了好朋友，就成了一对谁也离不开谁的酒鬼。

忽必烈知道，如果不把里咱干掉，他的这个可爱的孙子是永远离不开酒的。于是，他找了个借口，把里咱派到城里执行任务，然后派人在半路把他杀掉了。

虽然没有了酒友，但铁穆耳仍然照喝不误。

后来，忽必烈又把他派出去跟海都作战。当然，他也知道，跟海都对抗可不是开玩笑，何况派一个酒鬼孙子过去？因此，他还派伯颜当这个酒鬼孙子的监护人。海都向来怕伯颜。即使后来忽必烈听信了谗言，把伯颜调走，也还派御史大夫玉昔帖木儿过去。

这两个人都是当时的牛人。

当伯颜离开边关时，铁穆耳为他举行了一个告别宴会，问他：“你要离开这里了，还有什么话要交代我吗？”

伯颜看了看他，说：“你需要小心提防的，只有两个：美女和美酒！”

铁穆耳一听，终于明白自己这个酒鬼当得很失败，不但老爸气得要命，原来大臣们也都看不顺眼。伯颜现在给他的话，居然是这样的话。他知道他不戒掉酒，他这辈子就会完蛋。于是他全盘接受了伯颜的话，从此戒了酒。

忽必烈虽然误听了谗言，但当他即将驾崩时，仍然又给了伯颜极大的信任，让他成为接受遗诏的三人团之一，而且他是三人中说话最有分量的人物。

再来看看这三人团，基本都是铁穆耳朋友圈里的铁杆。而身份变成太妃的阔阔真又偏向铁穆耳。到了这个时候，即使铁穆耳不想当皇帝都不行了。

但还需要做甘麻剌的思想工作，如果他不服，仍然会造成很大的麻烦。

在这群铁杆的坚决拥护下，铁穆耳迈着稳健的步伐向皇帝的宝座走过去。他在接到伯颜他们的通知后，迅速离开驻地，向首都进发。几个政坛巨头集体到上都去迎接这个皇孙。

为了从道统上抢先机，他们还玩了个把戏。这个把戏就是，木华黎曾孙索多死后，他的老婆拿了一块玉玺去卖。有人把这事告诉了崔彧。崔彧就跑过去看，见上面写了些文字，就把它拿过来献给朝廷。朝廷又请御史杨桓来辨认上面的文字。

杨桓睁着眼睛一看，不由大惊失色，说：“八个字：受命于天，既寿永昌。这可是传国玉玺。”

可能蒙古人不知道什么是传国玉玺，可是中原的读书人无人不知。那可是秦始皇称帝时铸造的皇帝大印。那八个字是李斯刻在上面的。据说到了东汉末年，这颗大印失联了，后来的王朝用的都是替代品，想不到现在居然现出真身。

这是什么兆头？这是新皇帝出现的好兆头。咱们刚派人去请铁穆耳回来，这个传国玉玺就神一般地出现，说明咱们选皇帝选对了。他们就把这颗大印直接送给了铁穆耳。既然皇帝大印都在他手上了，别人还能说什么？

而甘麻剌也以最快的速度赶到。虽然他嘴上没有什么表示，但大家都知道他还是心存一丝侥幸的——否则哪能赶得这么急？

他们必须把甘麻剌心里的那一丝希望全部打掉。

打掉这丝希望的工作由玉昔帖木儿去执行。他也是个很直爽的人，跟甘麻剌见面之后，一句客套话也不讲，直接就说："皇帝逝世已经有三个月。现在皇位也空了三个月。其他位子可以空留，可皇位不能空转。现在传国玉玺都已经有了归属，晋王您可是宗室里最年长的大哥，为什么不出来讲一句话？"

甘麻剌本来心里就很虚了，听到这个咄咄逼人的话，只得当场表态："皇帝即位，我们都应当称臣来尽心尽职工作。"

于是，召开那个忽里勒台大会。

几乎所有的宗室和重臣都参加了这个大会。

大会由阔阔真主持。

阔阔真虽然知道她的长子在口头上已经表示拥护弟弟登基，但心里未必服气。她知道，如果不彻底打掉他心中的这个"不服"，以后还是会有麻烦的。但这事又不能太强迫。

这个女人的脑子很好用，对大家说："先帝准备驾崩时对我说了一句话，他百年之后，只有最精通成吉思汗的必里克的人才有资格当皇帝。"

成吉思汗的必里克就是成吉思汗的语录。这话的意思就是，背成吉思汗语录最多最流畅的人才有资格当皇帝。

她要求铁穆耳和甘麻剌当着众人的面背成吉思汗的必里克。

你千万不要以为这个考试的方式很公正。她太了解她的这两个儿子了，铁穆耳口齿伶俐，而甘麻剌讲话结巴、吞吞吐吐，现在比赛背语录，铁穆耳闭着眼睛背书，都可以甩哥哥不止几条街。

比赛结果，铁穆耳当然毫无悬念地完胜。

于是，大会宣布，铁穆耳成功当选大元第二任皇帝、蒙古帝国第六任合汗。

然后举行登基仪式。

主持人：伯颜。

伯颜平时态度很平静，但这时他却手握宝剑，站立殿内，庄严肃穆地宣读祖宗的训示，然后再宣读忽必烈的遗诏，说铁穆耳即位，不但是先帝的选择，也是历史的选择，要求大家都必须无条件拥护。

铁穆耳就这样宣布登基，改元元贞元年。





## 博果密沉浮记（上）

铁穆耳当皇帝之后，面临的难题跟忽必烈晚年的局面一个样。

头等大事就是海都和笃哇这两个好汉，到现在仍然不安分。然后就是安南以及缅甸一带的事，虽然事件不大，但却很闹心。

当然，在内政上，忽必烈后期虽然重用了几个理政大臣，搞得很失败，但他还是给他的孙子留下了几个牛人。

一个是伯颜，虽然没当过首席大臣，但他的水平和威望谁都不敢不承认。可以说，他是后忽必烈时代稳固的基石。

第二位就是那个御史大夫玉昔帖木儿，可能大家对这个人不怎么熟悉，但一定会知道博尔术——当年成吉思汗的玩伴，后来是蒙古帝国排名第一的功臣，而玉昔帖木儿正是博尔术的孙子。他的爷爷很受成吉思汗的信任，而他也很受忽必烈的信任，赐给了他一个大号：月吕鲁那演，意思就是贤能之官。到了至元十二年，他就被拜御史大夫。

乃颜反叛、忽必烈御驾东征时，玉昔帖木儿就是先锋官，表现得很出色：忽必烈还在半路，他已经三战三捷，杀得遍地都是叛军的尸体。后来，也是他抓住了乃颜，献给忽必烈。忽必烈当时很高兴，赐给他豪车还有一百头骆驼。但他并没有飘飘然，而是很沉稳地谢绝了："皇上天威所临，如风吹草伏一样，我不过是借皇上的天威而已，算什么功劳。"

忽必烈一听，老脸上全是笑，这才是好臣子，他对玉昔帖木儿彻底放心了，自己回首都去了，收尾工作全部交给玉昔帖木儿。玉昔帖木儿当然很好地完成了任务，回来之后，忽必烈对他大大地表彰一番：赐内府七宝冠带以表彰其功，加太傅、开府仪同三司。

再后来，因为忽必烈误听谗言要调伯颜回来，就叫玉昔帖木儿前去接替伯颜。由此，玉昔帖木儿跟铁穆耳就混熟了。虽然铁穆耳爱喝酒，但能听从伯颜的话，把酒瘾彻底戒掉，这样的毅力真不一般。因此玉昔帖木儿也自觉地把自己当成铁穆耳的死党。当他们觉得甘麻剌对铁穆耳有威胁时，玉昔帖木儿便毫不犹豫地挺身而出，直接叫甘麻剌退出竞争，迫使这位皇长孙服从弟弟的领导——这是需要很大的胆量和魄力的。

铁穆耳成为皇帝后，当然投桃报李，对玉昔帖木儿大加赏赐：进秩太师，受赐尚方玉带宝服，还镇北边。还镇北边，这可是还拿着兵权，而且派去对付最头疼的海都，可见铁穆耳对他倚重的程度。

元贞元年十一月，玉昔帖木儿因为商议边防之事，回到朝廷。两宫先后举行宴会招待他，而且所用的礼仪就跟在家中一样，而不是君臣之礼。这在当时是不可想象的。伯颜虽然立下丰功佳绩，但毕竟出身不一样，而玉昔帖木儿的爷爷是成吉思汗的玩伴，所以才可以享受这样的礼节。可是，玉昔帖木儿也和伯颜一样，好像他们是天生来帮铁穆耳上位一样，铁穆耳坐稳了皇帝宝座之后，就都病死了。

虽然两大保护伞相继死去，但铁穆耳还有一个牛人帮着他。

这个人就是博果密。

博果密的爷爷是克烈的人。当年铁木真搞定王罕之后，博果密的爷爷就带着全家逃出来。铁木真派人追过去，让他投降，他却说："我原来是王罕的部下，现在王罕死了，我仍然不想背叛他。"他自己虽然逃跑了，但他的十几个儿子却全部成为铁木真的俘虏。

博果密的老爸燕真当时也成为铁木真的俘虏，只是当时他才六岁。铁木真把他送给了自己的大皇后。燕真长大后，被分配到忽必烈手下，经常跟忽必烈去打仗，立了很多功劳，成为忽必烈得力的干将。当年蒙哥准备伐宋时，打算让忽必烈当留守，燕真对忽必烈说："我估计皇上其实对你已经大有疑心，现在他出征，到前线去，那可是最危险的地方。可你却在后方过着和平的生活，你觉得这样真的很安全吗？"

忽必烈一听，猛醒了过来，向蒙哥请求派他南征。蒙哥一听，果然龙颜大悦，就下令忽必烈进攻鄂州，而他自己带着主力去打钓鱼城，让阿里不哥当了留守。现在看出来了，燕真的一句话，把历史原来的布局都打乱了。

在蒙哥死后、忽必烈还在南方前线时，负责为忽必烈留守后方的就是燕真。

虽然忽必烈没有给燕真布置什么任务，但燕真仍然自觉地监督着阿里不哥。正是他第一个发现阿里不哥有反对忽必烈的阴谋，这才在第一时间里把忽必烈的家属都带着南下，最后与忽必烈在上都会合，给忽必烈省了不少麻烦。

燕真虽然很聪明，但却不长寿。忽必烈即位后，还没有来得及重用燕真，燕真就死了。

忽必烈对燕真很感激，就从他的儿子里挑选人才出来做官。博果密是燕真的第二个儿子，从小就表现得很聪明，而且举止很文雅，本来对汉儒就很崇拜的忽必烈自然就喜欢他，把他分配到东宫。后来，他又师从大学者国子监祭酒许衡学汉学。

忽必烈向来是汉儒的粉丝，认为儒家那一套是治国理政最好的办法，因此很关心国子监的建设，经常去看国子们的文章。皇帝来考察，大家都争着表现，个个写得洋洋洒洒，文采飞扬，唯独博果密只从《贞观政要》

里抄了几十件事当作业交过去。忽必烈一看，这个大学生原来有劝谏之意，这可是个很有潜力的政治家。

后来，许衡把历代帝王的谱系和年表做成一个小册子给大家看，博果密只读几遍就全部记住了。忽必烈不信，亲自过来考试，博果密果然一字不漏地背了出来。

至元十四年，忽必烈授予他少临之职。第二年又提拔为河北道提刑按察副使。他上任没几天，正好忽必烈派通事脱虎脱去护送西域来的和尚作佛事，返回时经过真定。西域和尚很嚣张，他们住在真定的驿站时，把那个驿站的负责人打了一顿，而且打到差点咽气。驿站负责人的家属气不过，把和尚告到按察使那里。按察使一看，行凶的是皇帝请来的僧人，哪能处理？

但博果密却不怕，既然吃了这口饭、领了这份工资，出了刑事案件你就得管。正使不敢管，副使就得管。博果密看到投诉之后，二话不说，直接把行凶的和尚抓起来，投到监狱里。

脱虎脱看到自己保护的僧人被关了起来，感到大大不妙。他现在的职责就是把这个和尚完好无损地送回去，可才到这里就被博果密关了起来，他怎么回去向皇帝交差？

脱虎脱去找博果密，要求他把和尚放出来。博果密能放吗？脱虎脱就在庭上大骂。博果密也非常恼火，当场指责脱虎脱办事不力，并声言连他也要一起抓起来。脱虎脱看到博果密那个神态，知道他不是在吹牛，就抓紧时间逃回去，向忽必烈报告，说博果密滥用职权，连皇上特邀的西域高僧都敢抓起来，请皇帝陛下做主。但忽必烈经过这么多年的考察，深知博果密的为人，听了脱虎脱的投诉之后，说："博果密向来刚强正直，哪会犯这种错误呢，一定是你们犯了法。"不一会，果然就有奏报上来，忽必烈看过之后，说："我说的果然没有错。这样的人就应该被提拔重用。"

于是，他下诏提拔博果密为按察正使。

## 博果密沉浮记（下）

到了至元二十一年，忽必烈调博果密到中书省工作。忽必烈准备重用卢世荣，便向博果密征求意见。博果密虽然明知当时忽必烈急于提高财政收入，不管如何都会重用卢世荣，但他仍然提出反对意见，说历史已经多次证明，这些敛财之臣，没有一个是忠臣。

忽必烈果然不听他的话，任命卢世荣为右丞。博果密一看，当场向忽必烈提出辞职。果然不到一年时间，卢世荣就被忽必烈杀了。忽必烈杀掉卢世荣后，当然又记起博果密，把他叫来，当面向他道歉："你以前说得太正确了。我对不起你。"然后提拔博果密为吏部尚书。

当时，正在全国范围内肃清阿哈玛特的流毒。当时肃清这些所谓的流毒，并不像现在这样，忽必烈派出人马查出阿哈玛特集团的骨干成员，然后查抄其家。结果基本就是骨干成员都被处死，所有家财全部充公。阿哈玛特的一个奴仆叫张散札儿，平时跟阿哈玛特跟得很紧，完全可以划归阿哈玛特集团的骨干分子，论起罪来，可以直接砍头。他很怕死，想了个办法，说他知道阿哈玛特在很多地方隐藏了大量的财产，如果能全部找到这些财产，可以大大地充实国库。忽必烈一听，两眼放光，下令再审。张散札儿就到处乱说，最后牵连了一大批人。

忽必烈觉得有点不对头，命令安童组织六部负责人一起讨论这件事。博果密说："根本不用花这么大的精力去做这些无效劳动。阿哈玛特的这些死党，个个死有余辜。他们之所以说这些话，其实是想胡说一气，把大家都搞乱了，借此来苟延残喘，到时候侥幸过关，不被处死。如果相信他们的话，就会有很多无辜的人受到冤枉。现在只有果断地把他们处死，事情才会了结。"

安童觉得他的话很对，上报了忽必烈。忽必烈一听，认为真有道理，就命令博果密亲自审问张散札儿，果然不出博果密所料。最后，将张散札儿杀死，把那些被冤枉的人都放了出来。

过了一年，博果密改任工部尚书，几个月后又改任刑部一把手。这是一个专门处理案件的部门。博果密这些年来，基本都在跟阿哈玛特集团作斗争。现在阿哈玛特已经完蛋，哪知，他在刑部任上碰到的第一个案子，又是一个阿哈玛特。只是这个阿哈玛特是另一个人，现任河东按察使，也是个腐败分子，善于玩空手套白狼，先用钱财打点有关官员，然后顺利从官府那里打个借条，借了很多钱，说以后就用牛马来偿还。可到期之后，却搜刮民间的牛马来充还贷。大家把他告到朝廷那里，忽必烈派了很多官员去处理，但他都不承认。忽必烈对博果密说，看来只有你自己去了。

博果密前去一问，阿哈玛特果然什么都招了。当时，正好遇上大同闹饥荒，老百姓都没法生存了。刑部尚书博果密看到这个情况，当机立断下令开放官仓的粮食赈济饥民。那些阿哈玛特的铁杆们一看，你一个刑部尚书怎么能去干这个事？立马觉得抓到了他的把柄，紧急上奏，说博果密擅自发放军用储备粮，还利用职权将阿哈玛特屈打成招。

忽必烈一看，就知道这些人在诬陷博果密，把奏折丢到一边，说："他是我的钦差大臣，发放粮食也是在救活朕的子民，这是他的职责所在，怎么算是罪过？"当场下令，把阿哈玛特的案子送到京城来审理。结果阿哈玛特被处死。

博果密是一个很坚持原则的人，即使是忽必烈很看好的红人，他同样敢于得罪。托克托呼当时在边关，为了壮大自己军队的力量，就要求把那些已经沦为奴隶的钦察人都放到他的军队里。他的这个请求当然得到了批准。可是当他执行时，连很多不是奴隶的人也都被当作奴隶、变成壮丁了。后来，王遇去核验时，又把这些人更正为民户。

托克托呼大怒，便把王遇告到忽必烈那里，说王遇这是在破坏国防建设。忽必烈大怒，下令把王遇斩讫报来。

博果密大叫刀下留人，对忽必烈说："王遇是按政策办事的。他只知道让奴隶去当兵，不知道要让国家编户的百姓去当兵。如果全国各地都按照托克托呼的做法拉壮丁，那就会乱了套。现在要是杀了王遇，以后谁还敢为陛下去尽心尽职工作？"忽必烈一听，知道真不能杀王遇。王遇这才躲过这一劫。

忽必烈这辈子心里最不高兴的大概就是征安南的不胜，所以每过一段时间就又把南征的事摆到议事日程上来。但博果密却坚决反对。忽必烈说，你怎么老是反对？博果密说："其实要让安南服软，根本不需要打他们，派个使者过去，恩威兼施就完全可以做到。"

忽必烈其实就是想扳回脸面，当他听到博果密说派个使者就可以让安南服软，当然就听从了。于是，他派了个使者过去，安南果然很害怕，派了个昭明王前来谢罪，而且还把六年来的贡物都全部补上。忽必烈一看，终于有了面子，对博果密又大大地表扬了一把。

在忽必烈给孙子留下的顾命大臣中，伯颜虽然最有威望，但他已经六十岁，玉昔帖木儿也很忠心，但也已经五十岁，只有博果密刚四十来岁，而且经验老到，政治素养高，人品也好，确实是看对人了。只是博果密性格直爽，从不怕得罪谁，因此早就得罪了一大批人，尤其是丞相鄂勒哲。

鄂勒哲因为不能成为接受遗诏的大臣，不敢对伯颜和玉昔帖木儿怎么样，但觉得恨博果密似乎可行，因此时刻都想把他挤出朝廷。

博果密是什么人？当然知道鄂勒哲的这个心思，因此也有所提防。后来，连铁穆耳也知道了这回事，就主动对博果密说："你是先朝的心腹大臣，完全可以放心放手工作，我有什么过错，你也可以毫无保留地纠正，不要有什么顾虑。这才对得起先帝的临终嘱托。"

他虽然不是首席大臣，但在朝廷里说话的分量很重，很多大事都按照他的意见去执行。尤其是太后对他最为尊重。他当然也保持他的性格，该说的一定会说。

大元国虽然传自蒙古草原，但现在入主中原已经多年，在很多观念上也深受中原的影响。比如，只要有什么伟大君主出现，天上或者地下，就会出现一些超常的吉祥现象。大家就赶紧向皇帝报喜，报喜的人一般都会得到好处。铁穆耳刚即位没几天，河东地区的一把手就拿着几棵超级大的稻穗，一路汗流浃背地跑到首都，要亲自献给伟大的领袖铁穆耳陛下。

博果密却把那人叫住了，说："老兄别忙进去，我先请教你一个问题。”

那人一看，是传说中皇帝跟前的红人在问自己，如果他再在皇帝面前美言几句，这次不升官加发财，还有天理吗？他笑呵呵地说：“大人尽管问。”

博果密说：“请问，你辖区的田里全部都是这样的谷穗，还是就这几棵？”

答：“就这几棵，我全拿来了。”

博果密说：“如果是这样，对老百姓一点用处都没有，又怎么算是祥瑞呢？老兄你还是回去吧，不要去骗皇上了。”

那人一听，只得红着脸老老实实地回去了。他深知，只要能到皇帝面前晒这几棵谷穗，皇帝想不上当受骗都难。现在关键是皇帝容易骗，可是博果密不容易骗。

蒙古皇帝都是佛教的信徒，而且特别迷信西域的和尚。这些西域和尚都不是吃白饭的，他们知道大元皇帝迷信他们，因此对皇帝提出的要求就越来越高。

铁穆耳上位没有几天，几个从西域来的僧人举行宗教活动。这次他们不再要求金银财宝，而是请求释放一些犯人，说这是祈福的最好方式，而且还有个专业术语“秃鲁麻”。这几个高鼻深目的僧人手段比那几个佛教协会负责人更隐蔽。因为他们并没有说要释放所有的犯人，而只是释放一些犯人。这个“一些”里面就可以大做文章。那些有钱的劳改犯，就用金钱收买僧人，争取进入“一些”的名额里。让这些西域僧人数钱数到手软。有一个先杀主人再砍老公的女犯人，在买通了西域僧人后，西域僧人居然让她穿上皇后的服饰，然后乘坐着黄牛犊大模大样地出宫门，再光荣释放回家、荣归故里，他们说，这叫“得福”。

博果密知道后，觉得这帮僧人也太无法无天了，居然闹到这个地步，成什么体统？他直接去找铁穆耳说：“陛下，怎么能容许这几个和尚如此胡来？人间的伦理纲常乃是王政的根本、风化的基础，哪能乱在他们的手里？”

铁穆耳的脸面大红，承认了错误之后，把鄂勒哲找来，骂了一顿：“我不是老早就交代过，不要让博果密知道，你们硬是让他知道。”

鄂勒哲被多次批评，而博果密也从不给他面子，他觉得只要博果密还在朝廷中，自己这个丞相就实在是多余，更要命的是下面众多臣僚都附和博果密。他实在忍无可忍了，就请铁穆耳把博果密外调为陕西行省的平章政事，让他去当封疆大吏，别再说三道四了。

铁穆耳觉得也很对，这位老兄虽然正直有水平，可是把自己管得也太严了，就准备答应了鄂勒哲的报告。

幸亏太后是个明白人，十分了解博果密的人品，知道这件事后，出面为博果密说话："博果密是个十分正直的人，所以先帝才把国事托付给他。现在你们怎么把他排挤出决策中心、让他去当地方官？你们这样做，对得起先帝吗？"

铁穆耳只得又把这项人事任命留下。但朝中大臣都已经议论纷纷。这些议论很快就传进博果密的耳孔里。从铁穆耳开始同意鄂勒哲的方案上看，他知道铁穆耳也开始烦起他来了。既然你烦了，那我就退出这个舞台，于是，他对外宣布自己的身体不好，已经无法工作，想向朝廷请个长假。铁穆耳当然知道，他的这个病是假的，就改任段贞为陕西行省的平章政事，然后拜博果密为昭文馆大学士、平章军国重事——大大地提拔了一级，算是对他的补偿。

铁穆耳把博果密召到便殿里，亲自对他说："我知道你故意称病的原因。这个原因就是你不愿附和别人的话，别人又不能依从你。所以，我打算用丹津接替你的职务，如何？"

博果密说："他比我强多了。"

铁穆耳说："不过我仍然任你为平章军国重事。"

博果密马上推辞："平章军国重事在我朝里只有史天泽担任过。我哪能跟史天泽比？"

铁穆耳只得下令，把这个职务里的"重"字删除。

不久，崔彧也死去。这位老兄也跟博果密一样，非常正直，在职期间，只要谁被他抓住把柄，他就不顾一切地弹劾，也招了很多人的恨。他死后，铁穆耳就让博果密兼任御史中丞，继续崔彧的工作。

铁穆耳让博果密身兼几份工作，充分说明了铁穆耳对他的倚重。可是他才恢复工作不久，就患起重病。铁穆耳知道他病了之后，也急了，派御医去帮他诊治，可是御医也救不了博果密。大德四年六月，这个博果密去世，终年四十六岁。

铁穆耳在第一时间接到消息后，便失声痛哭。大臣们也都痛哭。据说，博果密家境很清贫。他清贫到什么地步？他位极人臣，每天都在皇帝面前讨论国家大事，但却全靠老婆织布来养活老妈。后来，在他出差的半路中，他的老妈去世，他悲痛得卧床不起。他当然有工资，但他领工资到手、稍微有点结余，就分给亲朋故旧，真的把钱财当作身外之物。他死后，家里连安葬他的钱都拿不出，最后是铁穆耳赐钞五百锭给他家里，这才让他顺利地入土为安。

他虽然没有留下多余的钱财，但却给铁穆耳推荐了几个人才，其中现任宰相哈剌哈孙就是他推荐的。

## 一招臭棋

再来说一说铁穆耳所面临的问题，除了他爷爷留下的那些问题外，又新增了一个热点问题。

这个新出现的问题，就是八百媳妇问题。

很多人一看到八百媳妇这几个字时，眼睛总是一亮。其实这是一个地名，当然，这个地名还真的与媳妇有关。据说这个地区国王老婆的编制足足有八百人，每个老婆领一个寨子当食邑。他们在鼎盛时期，疆域扩大到缅甸东北部景栋地区。当然，他们不叫八百媳妇，而叫兰那。后来，他们被缅甸王朝征服，但后来他们又把缅军逐出国境。之后，跟周边势力井水不犯河水，安安稳稳地带着八百媳妇过着他们的生活。他们虽然自称为兰那，但元朝人则称那片地方为八百媳妇。

本来这个地方没有什么事，可是那个多事的刘深硬是没事惹事，最后弄出了事。刘深那时是云南行省的左丞。这位老兄是大元资深的将领，早年曾参与平定过李璮之乱，立功之后，封为百户，成为基层军官。后转入水军，再随刘整去攻打襄阳，再立功成为千户，焦山之战后被提拔为万户，成长为大元帝国的高级将领。之后，参加了围剿南宋残余力量的战斗，可以说刘深是在战斗中成长起来的，绝对是个冲锋陷阵的好手。忽必烈把他放在云南，肯定是因为他有两下子，可以保卫大元的南疆。

这位老兵当了若干年的边疆大吏后，大概觉得没弄出点事来，真对不起自己这个身份。而且以前他虽然长期战斗在最前线，但都是受别人指挥，人家指哪他打哪，因此也想自己当一下总指挥，在晚年给自己的人生留下光辉的一笔。

于是，在大德四年的十二月。为什么是大德四年的十二月？他估计是掐好时间的，因为此前博果密还活着，博果密历来反对在南边挑起事端。更要命的是，皇帝听博果密的话，因此他知道在博果密还在朝廷中活跃的时候，他提议去打谁都得不到批准。现在博果密居然死了，刘深觉得自己的机会来了。

此时他的年纪也大了，于是在这个机会突然到来之际，他迅速抓住，向铁穆耳上疏：先帝以武力统一海内，功盖万世。现在陛下继承了先帝大统，也应当用武功来彰显自己的业绩。现在西南夷有个八百媳妇，还没有归顺，请陛下命令我去打他们。

这个奏折上去之后，两个丞相就发生了争议。鄂勒哲说刘深讲得对，咱们是战斗民族，就应该打仗。但博果密推荐过来的哈剌哈孙却反对，他的理由也是以前博果密的理由：八百媳妇是险山中的小夷国，算起来连个大部落都比不上，而且又远隔万里，征伐它要耗费很多国力啊。不如派个使者去找他们，让他们进贡就行了，何必兴师动众。

铁穆耳那双耳朵听博果密说了多次这样的话，现在再听，就觉得没有一丁点新鲜感了。当了六年的皇帝了，不打一仗，他还算是成吉思汗的后代吗？于是，他决定不听哈剌哈孙的劝告，下令刘深和哈剌岱带兵出征。

大臣们看到皇帝那么坚决，谁也不敢多说什么，只有那个董士选站起来，说：“刘深出征，这是以有用之民去攻取无用之地。就算应该去攻打，也应该先派个使者过去，晓谕他们一下。如果他们不顺从，再组织军队去打也不迟。现在怎么只听刘深一个人的说法，就不顾万千老百姓的死活呢？”

铁穆耳一听，脸色突变，神态吓人，旁边的侍从从没发现皇帝大人这么生气过，都吓得发抖，但董士选却神色不变，继续发表自己的意见。最后，铁穆耳摆摆手：“事情已经到这个地步了，你不必再说了。”

董士选却还要说。铁穆耳挥手：“你出去吧。朕今天不想听你的话了。”

铁穆耳就这样力挺刘深出征。他任刘深、哈剌岱为湖广行省中书右丞，郑佑为参知政事，一起负责组织部队去打八百媳妇。他还设置征八百媳妇万户府两个，设万户四员，发四川、云南的囚徒去当兵。哪知，刘深几个人带着这些刚从牢里出来的子弟兵出发，离八百媳妇还很远，云南的土官宋隆济却先起事了。刘深带着大军从顺元进入云南，而刘深的搭档云南行省的右丞负责部队的后勤保障服务，他到处调集民众出来给政府军供应粮食。宋隆济就对这些老百姓说：“官府调动你们之后，就会剪掉你们的头发，然后在脸上刺字去当兵。你们当炮灰死后，你们的老婆和孩子就都成为俘虏了。”

宋隆济的这些话对那些民众很有杀伤力，那些民众一听，纷纷骂娘，我们煮饭给大军吃，最后还得去当替死鬼，老子不干了。于是都团结在宋隆济周围。

不过，大元中央最后只在云南那里招到两千人，而跟随宋隆济造反的却有四千人。宋隆济把这四千人迅速武装成土匪，先猛攻杨黄寨，杀死了很多人，抢掠了一大堆物资。他们接着攻打贵州。知州张怀德领兵出战，居然被打死在战场。他们还不罢休，继续去找刘深——就因为这个家伙才导致他们变成土匪。

刘深做梦都没有想到，这几千人会愤怒地冲过来找他算账，他一点没有防备，最后被他们包围在山谷当中，动弹不得，急得要死，他打了这么多年的仗，从没有像现在这么窝囊过，一来就被这群衣服破烂、从没有训练过的农民军包围在这里，被压得头都不敢抬。他从形势上完全可以预料到，如果没有援军，他必死无疑！

他的领导梁王（甘麻剌之子）当然不愿他被一群农民军砍掉脑袋，派云南平章绰和尔以及参政布埒齐带兵去救刘深。这两个人经过一阵拼杀，杀死了宋隆济手下的一个大头目撒月，这才把已经苦难深重的刘深救了出来。

刘深本来是带兵去打八百媳妇的，可是八百媳妇的地盘八竿子都还没有打到，自己先在这个山谷里灰头土脸了这么多天，差点光荣牺牲。此时，缅甸边境就更不安宁了。

缅甸虽然不大，军队的战斗力也不强，但时不时就发生一场内乱。当年缅甸内乱造成大面积的分裂，然后都排队向忽必烈投降之后，安静了很多年。铁穆耳即位后，再册封原缅王普哇拿阿迪提牙为缅国国王，信合为世子。哪知，这个缅王没当几天，就被手下的权臣阿散哥杀死。这个阿散哥也是个胆大包天的人，不光杀死了元朝册封的缅王，连大元派驻缅国的官员一百多人也都全部杀掉，然后让邹聂当了大王，大权全部掌握在自己手中。

阿散哥很爽，但铁穆耳却一点都不爽，迅速决定派兵去打阿散哥。大德四年十二月，他派宗王阔阔带兵去平定缅国之乱。阿散哥还真有两下子，抵抗了一段时间，最后看形势不大好，就用重金行贿元兵的前线指挥官。当时，元兵前线总指挥是色辰额埒，副手是布哈和高庆。阿散哥派人先给高庆和布哈送了一笔金钱，叫他们设法让色辰额埒宣布撤兵。布哈先做色辰额埒的思想工作，说不用这么拼命进攻了，他们迟早会举手投降的。高庆接着说，天气太热了，再打下去会被热死的，不如撤吧。色辰额埒看到两个副手都这么说了，知道再拖下去，他们也只会磨洋工，只得宣布撤军。阿散哥乘机派弟弟到上都，请求铁穆耳原谅他。

元军以为撤军就可以了事。哪知，刚刚回到边境，又被一个不知好歹的部落截住。这个部落叫金齿，当然他们不叫部落，而叫金齿国。金齿国对撤回的元军突然发起攻击，居然取得了局部胜利，杀了很多本来凯旋的大元士兵。这一仗让周边的少数民族地区突然发现，原来大元军队也没那么无敌，只要你敢打，还是可以欺负他们一下的。

到了这时，铁穆耳只得又下诏去打，再不打真说不过去了。当然，他也很快就查清了那些接受阿散哥现金贿赂的军官。于是，高庆和布哈以及色辰额埒被宣判死刑。幸亏还没有执行就遇到大赦，这才保住性命，但仍然削职为民。

元兵在贵州被宋隆济玩得没有脾气，而在金齿国这里又被打了一记闷棍，极大地鼓舞了当地的广大人民群众造反的决心。贵州罗鬼土官看到那么多土官都成了造反挑头人，好像自己不造反一下就跟不上潮流一样，于是，也跟着大声宣布造反——当然，他也是有借口的，这个借口就是刘深给他布置了一个任务：拿出金三千两、马三千匹支援大军。他当场拒绝。但他的这条命也不长，才当造反领袖没几天，就无缘无故地死掉了。他虽然死了，但他的老婆蛇节却继续高举旗帜，带着大家与大元兵死磕。这个蛇节比她老公更猛更狡猾，而且善于用兵，又很亲民，部民也拥戴她。

当蛇节高调宣布举事时，乌撒、乌蒙、东川、芒部诸蛮都宣布愿意跟美女老板做叛乱事业。这么多土势力一齐大喊大叫造反，四处点火，一下就在贵州大地上搞得如火如荼。当地政府武装无能为力。

铁穆耳这才知道，那些深山老林地区，本来什么事都没有，你一招惹，事情就会没完没了。这才知道，这次听信刘深的话，是听错了。这次力排众议，是把正确的意见排出去了。铁穆耳只得再派刘国杰和杨赛音布哈带领云南、四川、湖广各省兵马去讨伐这些不听话的土蛮。本来只想打一下八百媳妇，向世界彰显一把战斗民族的风采，哪知最后却酿成这么一场大动乱，几个省的军队都得调动出来应付，让铁穆耳越想越头大。但头越来越大的铁穆耳还是很清醒的，虽然刘国杰此前也是个反战派，但他知道刘国杰有能力摆平这个事件，因此他在下命令时，要求梁王也必须服从刘国杰的调度：军政大事都任刘国杰处置。

## 大赦也救不了刘深

当时，诸蛮士气高涨，兵威大盛，更要命的是他们的马匹也很健壮，政府军多次被他们打败。那些土蛮士兵又都不怕死，政府军根本不能跟他们硬碰硬。

刘国杰跟他们交了几次手之后得出结论，对这些敌人，只能智取不能硬碰。他想到了一个办法，他对盾牌进行了一次改装，就是在每一块盾牌上钉满钉子，然后发给参战的士兵。等到两军交战时，士兵们假装战败，向后撤退。当然，他们并不简单地向后撤，而是一边撤一边把盾牌丢在地上。土蛮的士兵打胜仗已经打得习惯了，每次到这个时候，都是扬鞭打马奋起直追，要把敌人赶尽杀绝，哪知这次路上的盾牌上全是钉子。那些战马奋跑起来，哪里收得住狂奔的步伐，最后全倒在尖锐的铁钉上，而前面的马倒下了，后面的马还不知道怎么回事，接着往前冲，结果只能是接着倒在铁钉上。刘国杰指挥部队奋力反击，把土蛮的士兵打得大败。

蛇节不服气，组织大家又前来挑战。刘国杰果然表现得什么招也没有，只是在那里高挂免战牌，不管你怎么挑衅，我就是不理。

蛇节在那里表演了大半天，看到刘国杰部的士兵都躲在军营里，连观众都不当，觉得也没什么意思了。他们一帮人在那里表演得也累了，看看太阳都要下山了，便准备收摊回去，明天再来。

其实刘国杰一直在睁大眼睛看他们的动静，他等的就是这一刻。眼见这帮土蛮收拾东西、伸着懒腰要回去，立刻招呼大家拿起兵器，打开营门，向敌人冲杀。

蛇节哪能想到刘国杰这么缺德，一点防备也没有，被刘国杰部队一阵大杀，狂追数十里。

刘国杰连胜两场，算是帮铁穆耳捡回了点面子。铁穆耳下令继续给刘国杰增兵，要求他不要急躁，先抢占有利地形，等秋后天气凉了再进军。

刘国杰打得很有声色，刘深却仍然叫苦连天。

他虽然被救了出来，但仍然没有摆脱宋隆济的追打。他跑出来后，突然发现粮食已经没有了，而且道路极端艰难，估计路程还没有走出三分之一，他们全军就都会饿死在山路上。他没有办法，只得带着部队又往回走。往回走的结果就是又碰上宋隆济，于是又被一顿打。刘深这次什么也不顾了，丢下所有的物资和士兵，只身跑了。最后，物资都归宋隆济所有，士兵全被宋隆济杀掉。

铁穆耳对刘深早已失望，便又派陕西行省平章伊苏岱尔带领川陕的军队与刘国杰一起，夹击八番、顺元诸部。当然，他还是下令，所有军务悉归伊苏岱尔和刘国杰说了算。铁穆耳对刘深很愤怒，宣布免去刘深的一切职务，收回兵符和印章。在刘深为自己被处分想哭的时候，铁穆耳还没有完。他先宣布把哈剌岱和郑佑处以笞刑。至于刘深，必须判处死刑，就是因为这个家伙无事生非，打八百媳妇，闹出这么大的动静来，整个西南乱成一锅粥，不杀难消这口气。正在这时，有关部门宣布大赦。

铁穆耳也准备把刘深放了，可是哈剌哈孙说："求名召衅，丧师辱国，这岂是平常之罪？不杀他何以谢天下？"

像刘深这样，连大赦都救不了他。

刘国杰与陕西、云南军会合，过泊飞关，追击蛇节，把她狠狠打了一顿。大德七年正月，再次聚兵反击，大战于墨特川，又败。刘国杰军至阿加砦，追及蛇节。二月，蛇节被擒，宣布投降，被斩于军中。




## 海都终于被玩完

西南一带的事费了好大力气，调动了几个行省的力量，处死了几个高级将领，这才得以宣告平息。而在这个时期，海都那边也没有歇着。

铁穆耳还当皇孙时，主要工作就是在边关那里防备海都，现在当了皇帝，当然没有忘记海都。

他即位后，也加强了北部边境的防御建设。当时，巴林一带长期被海都的军队占领。海都的部队每天在那里练兵，做出要打的动作，让大元边关守将绰和尔很不踏实。绰和尔终于忍无可忍，带兵向巴林开展军事行动。海都知道后，急忙派兵迎战。海都的部队先行抵达兰台，在险要之处驻防，并用树木沿河立起栅栏作为掩体，然后让士兵们都下马跪在栅栏后面，手拿弓箭，时刻准备射击。

绰和尔带着部队杀上来，看到这个架势，毫不犹豫，直接挥刀跃马冲上来。海都军一看就吓呆了，于是绰和尔的部队一阵狂砍，杀了很多人、缴获了大量的帐篷。

此时，海都还派巴拜带着一支部队出来支援。当兰台方面的海都军大败时，这支援军正行进在半路上。按海都的布置，这支援军的任务是抄绰和尔的后路，来个两面夹击，肯定能把绰和尔打败。可是正面部队已经被打得稀巴烂，抄后的援军还在急行军的路上，与得胜回营的绰和尔部队发生了偶遇。双方都没有想到在这个地方还遇上敌人。这是最能考验双方心理素质的关键时刻。后来的事实证明，绰和尔的心理素质比巴拜强多了。他没有眨一下眼，下令部队猛冲，一下就把巴拜的部队杀得七零八落，最后只有巴拜一人脱身而去。

海都跟笃哇是同盟关系，而且笃哇基本都听从海都的指挥。这对同盟军，虽然有一个共同的革命目标，可是向来没有统一调度、协同作战过，而是你打你的，我干我的。

笃哇经过一段时间准备，突然开展行动，派兵突袭和尔哈图地区，全面占领当地最高的高地。笃哇这次面对的对手同样是绰和尔。在他看来，绰和尔可以打败海都，但肯定不能打败他。

绰和尔知道后，一点不怯场。

现在笃哇的部队就在山上，俯视着他。这个形势比上次他进攻海都时更加严峻，海都只是立了一道栏栅，他可以一冲就破，可这个是高山，你必须仰攻，难度真的很大。

笃哇士兵在上面哈哈大笑。

绰和尔冷笑一声，挑选了一批善于步战的敢死队，然后个个不怕死地往上冲。最终笃哇兵居然被冲上去的政府军打得大败，连逃跑的笃哇兵也被堵住而统统被消灭在高地上。

当然，这两场战斗规模其实都不大。海都和笃哇都是游击战专家，对自己的本钱很看重，每次出动也只是一小部分出来，能打就打，打不赢就跑，即使被全歼，对整体实力也并没有造成很大影响。

当绰和尔连取两场胜利之后，已经是大德二年的十二月，是真正的冬天。蒙古高原的冬天不是一般的寒冷。所以，铁穆耳的将领就开了个会，讨论了一下当前的形势，大家一致认为：参照往年，敌人也怕冷，冬季从来没有出兵过，更何况刚打了个两连败，所以完全可以进入休兵模式。

只有驸马奇尔济苏认为，你们的分析不对。这段时期以来，敌人出现的次数已经很少，就连侦察兵也没出现几个。这就是所谓的“鸷鸟将击，必匿其形”。我们一定不能掉以轻心，多多防范才是王道。可是没谁听他的话，个个都带着部队离开了，只有他一个人还在那里时刻准备着跟海都战斗。

海都虽然不再大规模出现了，但作为把造反当成自己终生职业的人，他哪能不时刻都睁着那双游击队长的眼睛注视着敌人的动静？他很快得知，大部分敌人都已经撤回去过冬了，只有驸马大人还在那里守着。

真是天赐良机。不打还是游击队长海都吗？

他连败了两场，现在必须赢回这一场。他带着大军冒着凛冽的寒风，踏着没膝的积雪向奇尔济苏的营地大步前进。

奇尔济苏当然早有准备，带着部队与海都大军大战。海都没有料到奇尔济苏的战斗力居然那么强，虽然只是孤军一支，但硬是打不过他。双方交手三次，奇尔济苏取得三连胜。最后，海都知道再这样蛮干下去，他只有再败下去。于是就大叫风紧扯呼，带头跑了。

奇尔济苏看到原来海都是个不善于打仗的主儿，带这么多部队前来，居然禁不起他这么一打，信心就突然爆棚，看到敌人逃跑，就急着拍马追杀过去。

他追了一段时间后，突然发现，原来自己的马跑得太快，他的部队一时间还跟不上来。海都虽然在逃跑，也还记得回头看形势，发现紧追在自己后面的，只有奇尔济苏一个人，于是就下令大家转头去打奇尔济苏。

奇尔济苏一看就知道坏了，他还没有想到对策，他的马却突然被什么东西一绊，直接倒在地上，把他也翻落在地上。海都的部队就将他活捉。

海都做梦都没有想到，本来是大败被对方屠杀的形势，现在突然就这样取得了胜利，抓获了当朝驸马，这可是他造反以来取得的最大成果。

海都对奇尔济苏说：“你投降吧。”

奇尔济苏说：“我坚决不投降。”

海都说：“你因为是驸马才不投降吧？这好办得很，我也有女儿，现在我把女儿嫁给你，你可以投降了吧？”

奇尔济苏说：“我是皇帝的女婿，没有皇帝和皇后当面下令，我是不能再娶的。这是原则问题！”

海都也没有办法。

后来奇尔济苏不屈而死。

奇尔济苏死了没多久，他一直很敬爱的皇太后阔阔真也死去了。阔阔真不但聪明，而且十分贤惠节俭。她节俭到什么程度？据说她擦完脸的纸都要收起来，等如厕时再用。

对于奇尔济苏的失败，铁穆耳没有料到。他没有办法，只得把主帅换了。他这次推出的主帅叫海山，是他的堂弟。海山的老爸叫答剌麻八剌，是铁穆耳的二哥，不过命短，比忽必烈还早死了两年。他留下了这个叫海山的儿子。据说，他一共生了两个儿子，忽必烈对这两个曾孙都很喜爱，特意请当时的道教领袖张留孙为他们取名，哥哥叫海山，弟弟叫寿山。

阔阔真太后对海山很喜爱，特别帮他指定了一个老师李孟，专门教他汉儒。

铁穆耳对这个侄儿也很看好，觉得应该把他放到边关那里锻炼锻炼，于是让他总兵漠北、全盘负责应对海都。

可海山任职没有几天，就有人向铁穆耳报告：海山治军不严，北军部队情绪很不稳定。铁穆耳便又派太师、枢密宣徽使伊彻察喇去辅佐海山，顺便整顿一下军队的纪律。

铁穆耳的这个人事安排得很及时。

伊彻察喇刚到任没几天，海都和笃哇果然又来侵犯。当时，大元政府北部边防军分兵五路出来迎战。伊彻察喇带领一路部队冲杀，他下令部队往前冲。哪知，士兵们懒散已成习惯，把他的命令当耳边风，致使战局极为不利。他急了，亲自披甲上马，挥舞着兵器大喊大叫冲向敌人的阵地。士兵看到从首都来的大帅都不怕死，斗志立刻急剧上涨。

海山看到伊彻察喇打得热火朝天，心里直痒痒：我身为主帅，哪能窝在后面指手画脚？他抓起兵器，跳到马上要往前冲。他的侍卫哈喇托克托看到这个情况，急忙拼命拉住他的马绳，说殿下你万万不能出去。你要是被敌人一刀砍死，我怎么交差？

海山大怒，举起鞭子猛打他的手，但哈喇托克托就是不松手，海山也没有办法，只得在那里干着急。最后，敌人溃逃了，大家奋力冲出追击，哈喇托克托冲在最前面，一刀猛砍过去，砍死了一个敌人。这一刀从那人的背部横切下去，断成两截。他把连着脑袋的那一截拿回来，献给海山。

海都被打得大败，这才知道海山还是很会打仗的，而且这个人也确实不好惹。他逃过海山部的追击之后，越过金山，向南行进，最后在铁坚古山那里收住狂奔的脚步。他们占领了险要地形，然后看了一下四周，觉得海山要是追过来，自保肯定绰绰有余。

他们在高山上往北一看，海山的部队果然连影子也不见。他们放心了。

可是打死他们也没有想到，海山不来，不代表别人不来。而且这个人还是那个猛得要命的绰和尔。因为这个区域是绰和尔负责。

绰和尔先冲上来，把海都的部队杀退，回过头又冲到和勒图，与笃哇大军对峙。

此时，北边的海山看到绰和尔截住了敌人，哪能放过这个机会？下令全军狂冲而出，务必一战把海都的主力全歼。

绰和尔看到援军已经冲过来，便派精锐部队猛冲向敌人的阵地。笃哇正在应付绰和尔的狂攻，突然背后杀声又起，那个伊彻察喇已经带着一支部队旋风般地杀了过来。笃哇部队一下就陷于被夹击之势。他们本来对正面进攻已经胆战心惊了，现在还腹背受敌，哪还有什么信心？于是，斗志下降，被海山和绰和尔两部联手绞杀，最后全歼。海都和笃哇虽然侥幸逃出，但海都不久就郁闷地死去。

在这次战斗中，海山亲临前线，虽然被侍卫拉住马绳，不能亲自上前杀人，但却从头看到尾。他看到绰和尔实在太狠了。后来，评定功劳时，他把绰和尔排在第一位，并上报铁穆耳。铁穆耳派人拿出一件御衣，送到边关，直接赐给绰和尔。

当然，铁穆耳当皇帝的这些年来，不光解决了这些历史遗留的难题，在内政上也下了不少功夫。他深知他的爷爷当年为了到处打仗，不断地提高税赋，老百姓的负担很沉重，直到很晚那几年，他爷爷才有些后悔，开始给老百姓减负。他觉得他爷爷减得还不够，因此即位之初就宣布继续减免徭役的政策。至元三十一年的六月，他才刚当上皇帝，就下诏减免所在本年的包银、俸钞，以及地税和江淮以南州县当年的一半夏税。后来又多次下诏减免赋税，其中规模较大的有元贞元年（1295 年）下诏停止一切非急需的工程营建，坚决杜绝一切不必要的形象工程，免除本年五月以前积欠的钱粮。

他知道，爷爷晚年搞的那些积极财政政策，虽然使国库里多了一些现金，但相当一部分的财富都被那些先富起来的人划归自己的腰包了。他必须把这些钱都夺回来。他先下诏各道廉访司及时追查转运司官员欺隐奸诈的案子，以防止管财政的官员贪污中饱私囊。同年十月，要求中书省臣约束属宫官，凡对公事敷衍塞责者处以笞刑。元贞元年（1295 年）七月，下诏告诫全体官吏，有再犯贪赃之罪者，罪加二等，从重处理。不久，又将对贪赃罪的处理改为罪加三等。十二月，下诏禁止诸王擅自干预地方行政。到了大德六年，铁穆耳还抓了两个大贪官：一个是张清，一个是朱瑄。

当然，这两个大贪官都是草根出身。张清原来是一个土豪的家奴，因为那个土豪动不动就打他，他气不过就拿起菜刀干掉土豪。他虽然没读过书，但也知道杀人是要偿命的，何况还杀了主人。他不想偿命，就逃到了海上。他逃到海上不久，就碰到了朱瑄。朱瑄虽然没有杀过人，但却是个街头无赖，在老家那里待不下去了，也跑到海上来淘金。这样的人智商都不低，而且敢作敢为，无法无天。他们先是看中了贩盐这个行业，做了一段时间，又觉得贩盐虽然利润很高，钱来得容易，但终究也发不了大财，而且贩私盐也是违法的，说不定哪天被大宋海警一把抓住，同样是要砍头的。既然都是过着刀口舔血的营生，为什么还去干这个生意，不如直接抢钱来得快。

于是，两人立马改行做了海盗。

这两人做了海盗之后，对南北海道以及那些岛屿的情况都非常熟悉。后来，他们觉得做海盗久了，天天在海上漂泊，倒不如接受赵宋朝廷的招安。于是，他们又顺利成为朝廷命官。可惜没过多久，蒙古大军就打过来了。这两个家伙一看，蒙古人比宋兵强大得多了，于是就又向伯颜举起了白旗，成为大元的运管千户。

后来，伯颜知道他们对海上的情况十分了解，就派他们带着南宋库藏图籍运至大都——因为这批货物都是从海上运送的。再后来，因为他们当过职业海盗，就被提拔了一把，然后跟张弘范去打张世杰，立了大功。

至元十九年，忽必烈很想找一条南粮北运的快速通道，大家在地图上划来划去，总是划不出一条满意的通道来。最后，张清和朱瑄说，还是开辟一条海上航线搞海运来得快。

忽必烈觉得他们的建议很正确，就派他们到太仓去执行这个任务。这两个专业人士领了皇帝的旨意，就赶到太仓，跟上海总管一起，制造了六十艘平底海船，然后就从刘家港运粮四万石直接到京师，果然一帆风顺，不管成本还是速度都比陆路快得多了——顺风时，十天就可以到达大都。后来历史对他们的评价是：开创了元代的海运时代。

而最直接受益的是太仓这个地方，很快成为东南沿海大港口、经济中心。而张清先是被封为都漕运万户，不久就成为河南行省左丞，朱瑄也被任命为江南行省左丞，成为地方高官。

这两个人虽然成为高官，很受皇帝的信任，但仍然保持着那颗贪心，一路升官一路腐败。你想想，两个从无赖被逼成海盗再成长为一个行省的左丞，而且控制着漕运的命脉，日进斗金，眼红他们的人还少吗？大家很快就把他们告发到铁穆耳面前。

铁穆耳正需要抓几个腐败分子祭刀——朝廷中那些传统既得利益集团，大多都曾在他当皇帝时，力挺过他，虽然很多人都完全可以划归大贪官之列，但他不好意思下手——甚至还不断地封赏他们，表示自己很感恩。现在看到群众把这两个家伙举报出来，铁穆耳会心地笑了——这两个家伙最大的特点就是贪得让全国人民都知道，而且还没有后台，更没有与蒙古贵族挂上钩。

当时，举报信都说“张清、朱瑄，父子致位显要，宗戚皆累大官，田园馆舍遍天下，巨艘大舶交诸番中，廪藏仓庾相望，车马填塞门巷，从仆佩金虎符为万户、千户者累数十人……历岁既久，弊日以生……押运监临之官与夫司出纳之吏，恣为贪黩，脚价不以时给”。连民工的脚力工钱也全部贪没。

中书省的官员们看到皇上对此案很感兴趣，便跟着举起石头向张清和朱瑄猛砸，纷纷要求：张清、朱瑄屡致人言，宜罢其职，徙其子孙官江南者于京。

铁穆耳很高兴，不但照此办理，而且还命御史台进一步追查。

结果是，两人最后都“伏诛”。铁穆耳庄严宣布：不管你功劳有多高、职务有多大，只要你触犯了法律的红线，就一律没有好下场。




## 铁穆耳也死了

如此一来，铁穆耳把一南一北两大麻烦都暂时摆平，按说大元就可以顺理成章地进入一个大治时代。可这位大元皇帝虽然看起来威风凛凛，其实身体不很好，当上皇帝之后，基本都是带病工作。而他的病跟贵由以及忽必烈的病差不多，都是足病——可能就是痛风。

到了大德八年的时候，他的病就更重了。

铁穆耳当时只有四十岁，但已经常常不能理事，便在大德九年立他的儿子德寿为太子，准备让这个太子和他的皇后共同处理朝政。哪知，这个德寿的命更差，才当了半年的太子，还没有熟悉皇帝的业务就于当年的十二月死去了。

铁穆耳很悲痛，但他有什么办法？他的皇后很无奈，派人去问西域的高僧丹巴：“我们夫妻都信佛，把你当我们的导师。可我们只生有一个儿子，为什么佛祖就不能保佑他长寿一点？”

丹巴却淡定得很，说：“佛法如灯笼，风雨至则可蔽，若烛尽，则无如之何也。”佛就像灯笼一样，可以帮你挡一下风雨，可是蜡烛烧完了，那是不能怪灯笼的。

铁穆耳死了儿子之后，按理说自己已经病得很重了，就应该考虑最后的事了。但他还是没有把这事提到议事日程上来，大臣们也没有谁敢提这个事。毕竟他也只有四十一岁，谁敢提这个事？也许他是想到了，但因为自己没有儿子了，这就需要从哥哥弟弟的后代中挑选一个来当继承人。这是需要考核一段时间的——即使自己有几个儿子，也会留一定考核时间的。

可是他的病却越来越重了，大德十年的十二月，他因为病得太重，下了个命令：禁天下屠宰四十二日。

但这些家禽家畜仍然救不了铁穆耳。

一个月之后，也就是大德十一年的正月，他的病情加剧，不得不免去朝贺。到了初八，铁穆耳宣布驾崩，时年四十二岁。

铁穆耳从忽必烈那里接过权力大棒，解决了忽必烈生前没有解决的几个难题，坚决放弃征伐日本的战争，使国家开始走向和平时代，也算是一个有作为的皇帝了。但由于身体多病，导致无法正常理政，权力不得不让皇后和宰相分享，更要命的是，他宣布死去的时候，还没有指定接班人。

所有懂得一点历史的人都知道，情节发展到这里，注定会发生一个大大的乱子。

# 第二章 实力为王

## 又到争权夺位时

虽然很多人都知道，铁穆耳的身体不行，但没有人预测到他会死得这么早。现在他突然撒手人寰，大家不知下一步该怎么办了。

铁穆耳有两个皇后，一个叫卜鲁罕，一个叫失怜答里。当然，卜鲁罕排名在前，失怜答里排在次席。卜鲁罕虽然是大皇后，可是却没有生育，而失怜答里却生了德寿太子。因此，卜鲁罕很忌妒失怜答里。后来，德寿太子死的时候很年轻，也很健康，大家在心里认为，一定是卜鲁罕搞的手脚。理由当然很简单，现在她大权在握，每天威风凛凛地当政，常常不给失怜答里面子，如果德寿当了皇帝，即使她成为排名第一的太后，但手里真正有权的仍然是排名第二的失怜答里。在以后漫长的太后生涯中，自己都会在失怜答里的折磨中度过。为了免除这个漫长的折磨，最有效的办法就是让德寿太子提前死掉。当然，这都是大家的合理推断。不过就在德寿太子死后，他的老妈失怜答里也在忧伤中死去，于是皇后就只剩下一个人了。

虽说铁穆耳在太子死后，没有及时指定接班人，但他还是在很短的时间内考虑过这个事情。他也跟所有人的预想一样，把下一届领导的人选框定在自己两个哥哥的后代。

他的大哥甘麻剌，二哥答剌麻八剌。这两个哥哥都已经死了，而且也都留下三个儿子。

甘麻剌的三个儿子是也孙铁木儿、松山、迭里哥儿不花。

答剌麻八剌三个儿子：阿木哥、海山、爱育黎拔力八达（即寿山）。不过，阿木哥是汉族侍女郭氏所生，海山与爱育黎拔力八达则是正妃弘吉剌氏答己所生。按照蒙古人的传统，作为汉族人的儿子，阿木哥在这群兄弟中地位最为卑微，基本没有竞争力，其他五人都处于同一起跑线上。

如此一来，就看铁穆耳个人的好恶了，他喜欢谁，谁就是最后的赢家。

据说，当时全身病痛的铁穆耳特别喜欢二哥的那两个儿子海山和爱育黎拔力八达。别人也许不知道铁穆耳心里怎样想，但卜鲁罕在德寿太子死后，谁成为继承人是她最为关心的。她很快就探出铁穆耳的想法。当时，铁穆耳有个想法：来个兄终弟及，也就是把二哥留下的那个嫂嫂再嫁给自己，然后那两个侄子就可以自然而言地叫自己老爸了。他就可以名正言顺地从中找一个当自己的接班人。

这个想法很简洁，也很合理，是一个能够解决问题的办法，如果按他的这个思路去办，以后就会没有什么事情。

但后来这个事情却复杂了。复杂的原因是卜鲁罕不同意这么做。

历史发展到这个节点，估计很多大臣也看出来，铁穆耳是想把位子传给海山兄弟。而且，现在海山总兵北漠，手里有武装力量，他要是在那里发一声喊，朝野响应是件大概率事件。

因此，必须在海山宣布登基之前，让另一个人登基，杜绝海山当皇帝的一切可能。卜鲁罕反复从宗室子弟里筛选，最终决定让阿难答出来当铁穆耳的继承人。

这个阿难答是忽必烈的孙子，他的老爸叫忙哥剌，是那木罕的哥哥，先被忽必烈封为安西王，镇守西部那片土地（这里的西部主要是宁夏、甘肃一带），后来又被加封为秦王。这一带一般被称为关陇河西地区，是西域进入中原的交通要道，因此这一带的回回人很多，伊斯兰教徒也很多。当年，忙哥剌看到伊斯兰教徒太多，曾经要求有关部门把每年推算出来的回回历拿来给这一带的回回人使用。

忙哥剌也不长寿，在至元十七年就因病死去。这样一来，阿难答就袭封了安西王。因为忙哥剌生了几个子女，最后这几个子女都死了，因此生下阿难答时，他怕这个阿难答又死去，就把阿难答送给一个叫阿黑塔赤的人代为抚养。这个阿黑塔赤是突厥斯坦人，也是个坚定的伊斯兰教信徒。在这样的家族中长大，他也成了一个坚定的伊斯兰教徒。他从小就能完整地背诵《古兰经》，而且大食文书写得特别好。他把大量的时间都花在履行戒律和祈祷上。他当了安西王后，居然用自己的影响力和权力，使他手下十五万大军基本都成为伊斯兰教徒。

不过，他手下仍然有一些人不是伊斯兰教徒。因为当时大元几代皇帝信得最为深刻的是藏传佛教，兼信一下中原的道教。那些不愿信奉伊斯兰教的人就看阿难答不顺眼了。他们当面拿阿难答没有办法，背后就跑到忽必烈面前告他的状："现在阿难答身为安西王，却天天在教堂里念《古兰经》，举行祈祷活动，并强迫蒙古族的士兵去信仰伊斯兰教。"

忽必烈一听，就生起气来，我让你当这个安西王，是去管理那个地方的老百姓，可不是让你去传播伊斯兰教，忽必烈派了几个人过去，阻止阿难答继续搞这些活动，强迫他们到寺庙里叩头拜佛，一定要在信仰上与忽必烈保持高度一致。但被阿难答拒绝。

忽必烈大怒，下令把他关了起来，但他仍然不改变自己的信仰。

忽必烈把他召到首都，决定亲自做他的思想工作。

祖孙俩开展了一场激烈的辩论赛。

不管爷爷怎么说，他总是说是伟大的真主把他引导到这条路上去的，他不能背叛。

忽必烈说是魔鬼把他带到这条路来的。

阿难答说："如果说是魔鬼把俺带到这条路上去的，那请问爷爷，合赞汗是谁把他带上来的？"

合赞汗是旭烈兀的后代，现在是伊利汗国的君主，也是伊利汗国自旭烈兀以来最有作为的君主。他把合赞汗的例子一举，忽必烈当场无语。因为现在忽必烈跟合赞汗的关系是几大汗国最好的。后来忽必烈的皇后阔阔真出面，劝忽必烈不要为难孙子了，让他们选择自己的信仰吧。

忽必烈一听，也没有话说了，就把阿难答放回去，继续当安西王，至于信仰问题到此为止。后来，铁穆耳当皇帝时，阿难答也去参加了忽里勒台大会，并表示坚决拥护铁穆耳当合汗。

后来的事实证明，他这次极力向铁穆耳表忠心，其实是在搞一次政治投机。他知道，他的封邑地处西部，离中央政府并不遥远，最容易受到中央政府的控制，因此他想发展自己的势力，必须让中央政府对他彻底放心。于是，他一改原先的态度，满脸堆笑地面向铁穆耳，极力做出恭顺的样子，果然得到了铁穆耳的超级信任。

阿难答手下那些非伊斯兰教徒看到皇帝都说伊斯兰是好宗教了，你要是再不跟阿难答保持调度一致，后果会很严重。就连那个去告发过阿难答的高级马仔撒儿塔黑这时看到形势不妙，也急忙改变信仰，成为坚定的伊斯兰教徒。

阿难答让所有的人都成为伊斯兰教的信徒，如此一来，他不但是大元王朝的安西王，更是那一带的教主。

在得到铁穆耳的无条件支持下，阿难答的野心不断膨胀。然后他利用铁穆耳对他的好感，不断地向中央伸手要政策、要经费、要物资。铁穆耳不但很体恤老百姓，坚持减税政策从不动摇，他对这些宗王等贵族也很大方，动不动就大赏一笔。现在他这个堂兄弟跟他伸手，他基本都能够满足。仅元贞元年，他就给"安西王甲胄、枪挝、弓矢、櫜鞬等十五万八千二百余事"。大德六年，还大赐"安西王钞三万锭"。第二年，阿难答又派人去向铁穆耳叫穷，弄得铁穆耳也有些不高兴，说："世祖以分赉之难，尝有圣训，阿难答也知之矣，若言贫乏，岂独汝耶，去岁赐钞二十万锭，又给以粮。今与，则诸王以为不均，不与，则汝言人多饥死。给其粮万石，择贫赈之。”意思是给阿难答太多了，别的亲王都有意见。但最后仍然以怕出现饿死人为由，再给粮食一万石。

阿难答不但在财政方面不断向铁穆耳伸手，同时也想办法让自己手中的权力得到扩张。很多宗王封邑虽然很大，但中央政府都会在那些地区成立一个行省。行省才是那个地区的最高行政权构，宗王只是那里的贵族，手里没有多少行政权力。于是，他要求铁穆耳给他设立一个相府。有了相府就等于有了一级政府，行政大权就可以拿到手里了。他自己当面请求了一次，铁穆耳没有批准，但第二年——也就是元贞二年，他派安西王相铁赤和脱铁木儿又跑到铁穆耳面前，向铁穆耳递交请求设立相府的报告。

铁穆耳老早就跟一群大儒学习汉文化，最知道亲王们权力一膨胀就会酿成汉朝“七王之乱”那样的事，因此他虽然对宗王们很慷慨大方，但慷慨大方也仅限于财物，而止于权力。现在他看到阿难答又派人来申请设立相府，就直接说:“去年阿难答曾经向我提过这件事，我让他把世祖制定的政策认真学习一下。现在又跑过来申请。你们这是想把四川、京兆这些地盘全部归到他的名下？他实在太想设立这个相府，那就让他设立吧。不过，这个相府的业务也只能行使王傅的事务。至于赋税、军站这些业务都得归中央管辖。”他的原话是：去岁阿难答已当面陈，朕以世祖定制谕之，今复奏请，岂欲以四川、京兆悉为彼有耶？赋税、军站皆朝廷所司。今姑从汝请，置王相府，惟行王傅事。

铁穆耳虽然对他的权力进行了一些限制，但他的势力仍然比其他宗王大——西北地区军政大权基本被他有效控制，而且不断地向四周扩张，而铁穆耳的身体又不好，因此无法拿出更多的精力来遏制他。到铁穆耳去世时，阿难答的统治势力已南达四川，西到吐蕃，西北抵哈剌火州，包括陕西、宁夏、甘肃在内的西北大片领土。

所以，当铁穆耳去世后，手里握有重兵的只有两个，一个是阿难答，另一个就是总兵漠北的海山！

## 关键时刻勇者胜

在这样的形势下，大家都知道，最高领导人必然由这两个豪强争夺。卜鲁罕长期处理朝政，深知除了阿难答有力量阻止海山外，别的人根本不是海山的对手。因此她在安葬铁穆耳之后，便在第一时间派人去召唤阿难答赶快到北京接过皇帝大印。

这是关键的历史性时刻，大臣们也都擦亮双眼，然后紧急站队。

左丞相阿固岱、平章赛音谔德齐、巴特玛琳沁、伯颜（不是原来那个伯颜）、宗王莽赖穆特尔都坚定地站在皇后的立场，主张拥立阿难答为帝、由太后垂帘听政，然后设法阻止海山的进京之路。

你从这份名单中就能清楚地看出，拥立阿难答的基本没有汉人，他们大多都信奉伊斯兰教。

而拥戴海山的那一拨大臣则以哈剌哈孙为首，这些人都受过严格的汉儒教育。

这次最高权力的争夺，表面是两个皇室叔侄之争，但背后却是汉儒与伊斯兰教在争夺中国的统治权。

目前，似乎阿难答占了先机。

因为目前权力还控制在卜鲁罕的手中。

最先出牌的也是皇后派。皇后派干将阿固岱向大家发了个通知，请大家过来开个会。会议的议程主要有两个：一是成宗皇帝附祭于太庙的事，二是关于代理皇帝位子的事。当然，是让阿难答先代理皇帝之位。

太常卿田忠良和御史中丞何玮一听，就立刻出来表示坚决不同意。

阿固岱想不到自己才一提这个话题，就遭到这两个家伙的强烈反对，不由大怒，说："你们难道不怕死？胆敢败坏皇后的大事？"

何玮大声说："死就怕死得不义，如果死于义，还怕什么？"

阿固岱虽然气势汹汹，但面对何玮的话，那个气势又软了下去，最后没商量出什么来。

在皇后派繁忙的时候，海山派的骨干成员们也没有歇着。

首席大臣右丞相哈剌哈孙是博果密的铁杆，虽然是蒙古人、起着一个蒙古人的名字，但骨子里却是一个坚定的汉儒，一开始就站在海山的立场上。他长期主理朝政，知道此事一争，皇后的命令将是最为重要的，所以，必须让皇后的号令不出宫门，这才能有效地帮助海山。这仁兄虽然没有像阿固岱那样大吵大闹，但是提前收缴了京城各衙门的符印，封存官府的库房，然后说自己有病，不能回家睡觉，二十四小时住宿在宫殿边门，只要皇后的命令一到，他就一一收起，然后放在一旁不理。于是，皇后的那些加急命令，只传到宫殿的边门里，就被哈剌哈孙成功地搁置起来。

他这么做，皇后集团当然个个都咬牙切齿地说要撸起袖子把他干了，但最后这些恶毒的想法只停留在口头上，谁也没敢去实施，只是在那里看着哈剌哈孙淡定地表演。

其实哈剌哈孙这时内心世界也是一片急切。他总不能在这里守候截留皇后命令一辈子啊。

幸亏海山那边也不傻。作为这次事件最主要的当事人之一，海山知道，如果争不到这个皇位，就等于丢掉脑袋。他在漠北那里，知道铁穆耳死去之后，却没有得到要他回去的命令，就知道事情有些不大正常了。他本来也想跑到大都看一看，但他的死党却劝他先在这里等等，观察一下形势再作决定。因此他就派心腹死党哈喇托克托回去，打探一下情况。

哈剌哈孙看到哈喇托克托来了，心下大喜，你来得正好，请你立刻回去，请海山殿下尽快带兵南下。现在抢皇位是天大的事，别的都不忙考虑了。

哈剌哈孙知道，到了这个时候，光凭脸皮厚、脑袋聪明还是不行的，而是到了以实力说话的地步了。他除了叫海山带兵南下之外，还秘密派人到怀州去叫答己及爱育黎拔力八达（即寿山的蒙古名。为了适合读者阅读，本书以后都用寿山）迅速入京。

皇后集团也早就料到他们会派人去叫海山兄弟回来，因此已经下令关闭城门，谁也不放出去，想以此来断绝海山集团的内外联系。

皇后派以为关了城门就稳拿主动权了，哪知，跟哈剌哈孙比他们嫩多了。哈剌哈孙早就料到他们这一招，在哈喇托克托出城之时，疏通通政院，改署手中驿文书的日期，使其日期先于卜鲁罕下旨的时间，最后顺利北回。

海山知道如果还在漠北那里观望，形势会对他极端不利，于是，他在大德十一年三月，带着大军从金山前线返回和林。在这里驻军，至少可以近距离压迫一下大都。

而他的弟弟寿山（也就是答己及爱育黎拔力八达）那一边就比较复杂了。寿山当年被送到怀州，就知道如果铁穆耳叔叔一死，卜鲁罕一当权，估计最先被处理的就是自己兄弟。这时接到哈剌哈孙的通知，却又犹豫起来，不想去大都——主要是怕不安全。

他的老师李孟却大声劝他这个时候坚决不能犹豫："世祖皇帝早已说过，次子不能继承帝位。现在先帝驾崩，大太子远在漠北，离首都有万里之遥，宗庙社稷已经到了最危险的时候。在这个时候，殿下应该果断地陪同母亲返回宫廷，以便挫败阴谋，安抚人心。否则，后果会很严重。"

寿山仍然在犹豫着。

李孟都有些生气了，说："你以为现在你不去，你就安全了？告诉你，要是他们阴谋得逞，当上了皇帝，到时一纸诏书就可以叫你们母子俩前去。那时你们还如何自保？"

寿山听到这话之后，这才突然惊醒过来，宣布马上出发，然后带着老妈向京城进发。

此时，情况已经很紧急，皇后集团经过酝酿，决定要在三月初三宣布召开忽里勒台大会，拥立阿难答即位。

卜鲁罕虽然急着抢位，但眼光明显不够远大。她以为他们把京城管住了，就什么都不用怕了，以为不让海山兄弟进京，她们想怎么样就怎么样了，现在她们只要控制住哈剌哈孙就可以堵住一切漏洞了。

哪知，寿山却已经悄悄地来了。寿山出发之后，一点不高调，先派李孟快马进城，探听情况。

李孟来到哈剌哈孙的办公室时，看到办公室人来人往、络绎不绝。他稍微一看，就知道原来全是皇后派来的。理由是听说丞相大人病了，连家都回不了，特地派几个身边工作人员过来看望丞相大人的病情，并代表皇后对丞相表示亲切的问候。

李孟是什么人，一看就知道丞相大人有点不妙了，他要是直接进去找哈剌哈孙，就会被人家一把抓住了。但他又必须进去跟哈剌哈孙见面，否则就完不成任务，更不知道现在该怎么开展工作。这位仁兄很有做地下工作者的天分，他宣称自己是医生，过来给丞相大人看病，然后直接拉着哈剌哈孙出来，伸手给哈剌哈孙把脉。那几个人一看，一点没有怀疑。

于是，李孟就这样跟哈剌哈孙接上了头，了解了所有的情况，然后就回去向寿山进行了汇报："情况已经很危急了。皇后决定马上召开忽里勒台大会。古语说得绝对没有错：先发者制人，后发者制于人。我们必须马上想办法采取措施了。"

寿山其他几个部下向来没有经历过什么大事，这时听说要采取措施，便都呆了。

最后，有几个胆小的人说："皇后深居后宫，掌握着大权，里面的大内高手多得要命，只要她发出一个号召，就会有成千上万的宫廷侍卫高举大刀冲过来把咱们杀死。况且还有安西王带来的部队加入杀咱们的行列。"

这番道理看起来好像很正确。

但李孟认为一点都不正确，他说："皇后和安西王的这些手下都是一群奸邪的坏分子。他们丢弃了祖宗的训示，结成利益集团，然后依附于皇后，要篡党夺权，立非嫡长子。不管是老天爷还是全国广大人民，都坚决不会答应的。殿下直接到内廷去，义正词严地把他们谴责一番，只要他们当中还有知道君臣之义的人，都会离开他们的阵营，然后团结到殿下的周围来，听殿下的指挥。还怕什么事情办不了？殿下现在必须马上采取措施，不怕牺牲，粉碎这个反动集团，等待大太子的到来。要知道，安西王是个超级野心家，如果让他宣布就任皇帝之后，即使大太子来到，他也不会交出皇帝大印、去当他的宗王的。如此一来，国内势必会发生谁也控制不了的争斗。到时全国人民都深受其苦、国家也就到了危亡的边缘了。结果也会危害到殿下的母亲，这是最大的不孝；留下祸根给你大哥，是为不悌；时机成熟而不断然采取措施，是为不智；临机而不断，是为不勇；仗义而动，事必万全。”

李孟说了这么多，哪知，寿山却仍然不敢拍板，说：“还是请个先生来给咱们算一卦再决定吧。”

这可是蒙古最高领导人的传统，从铁木真以来就一直奉行着。

算卦先生来到大厅里，马上就工开，帮寿山打卦，得到的卦象是《乾》之《睽》，他马上解释：“卦大吉。乾，刚也；睽，外也；以刚处外，乃定内也。君子乾乾，行事也；飞龙在天，上治也；舆曳牛掣，其人髟且劓，内兑废也。厥宗筮肤，往必济也。大君外至，明相丽也。乾而不乾，事乃睽也；刚运善断，无惑疑也。”这段话用现在的话来说，就是：这个卦不是一般的好卦，而是大好特好的好卦。乾是刚，睽是外。用“刚”来对付外，就是定内。君子刚，就可以行大事。龙飞于天，是腾升之象，驭牛车的人想退其车，在此之后手拉之，而牛则掣而前进，其人黥额且割鼻，是因为宫中有人进谗而遭放逐。宴飨于宗庙，此去必有利。大君自外至，是因为有贤明的宰相依附。应该刚强而不刚强，事情就完蛋了。果敢善断，则不生疑惑。

寿山一听，信心立刻爆棚，“振袖而起”。其他人还有什么话说？

于是，一帮部下把寿山拥上马，然后跟着他一路而去。

当他们路过卫辉时，有人说前面那个地方是比干的坟墓。

寿山立刻对他的部下进行了一场忠君爱国教育：“商纣是个坏皇帝，内荒淫于女色，外搜刮民脂民膏。于是，比干劝阻，纣王不但不听，还剖开了他的心。所以纣王失去了天下。”

到漳水时，突然刮起大风、下起大雪。

大家都很饿。一个老农民给他们送来一盆粥。寿山手下的侍卫在王府里待久了，每天大鱼大肉，这时看到这盆清水米粥，个个都不愿喝，就叫老农回去另换好吃点的东西来。

寿山一见，立马对大家说：“当年汉光武帝刘秀被敌兵追杀时，也不得不吞咽豆粥。大丈夫不经历艰难困苦，就不知道种庄稼的辛苦，往往就变得这么娇情和懒惰。今天就吃这个粥，来个忆苦思甜。”

大家吃完之后，他拿来一匹绫，送给那个农夫，然后勉励一番才上路。

二月十六日，寿山进入大都，就直接入宫，跟母亲一起，在铁穆耳的灵柩前痛哭哀悼后，再回旧官邸住下来。

阿难答的那几个核心智囊看到寿山居然来得这么快，看来形势也有点复杂了。此前他们虽然初定是三月三日宣布召开忽里勒台大会，但他们的保密工作做得不好，早就被李孟知道了，而他们并不知道寿山已经全盘掌握了他们的密谋。他们仍然以为寿山还蒙在鼓里。现在他们虽然看到寿山已经进城，但他们仍然决定按期举行大会。

寿山派人去找哈剌哈孙，说：“还是那句话，先下手为强，后下手制于人。要是皇后一宣布临朝称制，咱们都会完蛋。不如先起事为妙。”

哈剌哈孙说：“好！”半夜时，他派人对寿山说：“现在大太子怀宁王离这里太遥远，哪能很快赶到？不如咱们先动手。”

寿山知道自己的力量还是很单薄的，便派手下一个万户囊嘉特去找另一个宗王图喇，请他加入自己的阵营，跟自己联合起来，搞定皇后集团。

图喇当场表示愿跟寿山一起干。

这些准备活动完成时，已经到三月一日了，离阿难答宣布开会的时间只有两天。

只要能提前，他们离成功就更近了。

囊嘉特于三月二日，突然带着侍卫进入内廷，大声宣称：怀宁王派使者过来，请安西王过去议事。

到了这个时候，阿难答居然没有一点警惕性，跟他的死党之一宗王莽赉特穆尔过来跟寿山的代表囊嘉特见面。两人还没有跟囊嘉特对上话，囊嘉特却不打话，挥手叫侍卫把两人直接带走，然后加班审问，让他们画押之后，械送上都。

这两个带头大哥一被抓，其他人就立刻陷于群龙无首的境地，寿山抓起人来，就毫不费力了。寿山在短时间内就把皇后集团一批首要分子阿固岱、巴特玛淋沁、赛音谔德齐、伯颜等人全部抓获，当场处死。

可以说，发展到这里，全是寿山一派在拼死搞事，最后把阿难答一把扳倒，因此，算起功劳来，寿山是说有多大就有多大。于是，寿山手下的一干人都认为，寿山完全有资格当皇帝：而且铁穆耳此前表示兄弟俩都喜欢，两人都被划进接班人的候选名单中。现在既然寿山把皇位夺了过来，那这个皇位的宝座理应由寿山来坐了，海山只能老老实实当皇兄了。于是，他们就都过来开展劝进工作。当然，不是每个人都有资格劝进的。只有贵族身份的人过来劝进，才算是有效的。这时，是两个宗王库库楚、伊克图对寿山说："现在阴谋集团已经被彻底粉碎，作为世祖皇帝的嫡系子孙，请尽早登上大位，让天下民心定下来。"

## 海山毫不客气

寿山当然想即位，但他能即位吗？他比任何人都了解他的哥哥海山。海山对这个皇帝之位，也超级热爱。而且他有热爱的资本：他手握漠北大军，而且都是久经战阵的精锐之师，刚刚把那个曾令忽必烈都感到头痛的海都游击队打败，可以这样说，没有哪支部队可以跟海山手里的这支部队一比高低。而现在他正带着这支部队南下——这明显告诉全世界所有人：谁敢抢在他面前当皇帝，他就用这支部队把他打下来。而寿山一直跟着老妈在贬所，手里的武装力量，就是身边的几个侍卫，能跟海山比吗？

他对这事肯定作过长时间思考，因此在劝进声刚一落地，他就大声说："你们怎么说这样的话？这几个阴谋家跟皇后勾结，把我们的家法搞乱了，所以才杀了他们。我杀他们，不是为了自己当皇帝。怀宁王是我的亲哥哥，他才最有资格当这个皇帝。我已经派人拿着玉玺去迎接他了。"

他只是自称监国，跟哈剌哈孙一起搞了个过渡政府，处理国家大事。两人继续留在宫里办公，以防不测。

不过，寿山还是任命李孟为参知政事。

寿山能取得这次政变的最后胜利，全靠李孟这个谋士。李孟从头到尾都保持着旺盛的斗志，情绪高昂，从不退缩。他当这个参知政事之后，也同样保持这个风格，才上班没几天，就提出把那些一心要邀功图赏的人清理出去，坚决不能重用。本来，作为一个汉人，立了这么大的功劳，那些向来比汉人优越得多的蒙古贵族以及色目人就已经十分眼红他了，这时看到他果然从一个师爷变身为国家决策中心的核心人员，而且还要把他们清理出去，更是心理不平衡。

李孟是什么人？当然一眼就能看得出这些人心里想的是什么。他是汉人，知道自己是斗不过他们的，而且他也不愿跟这些人争斗，于是找了个理由宣布："按照有关规定，执政大臣是要由皇帝亲自任命的。现在皇帝还在半路上，我跟皇帝还没有见面，实在不应担当这个职务。"他把辞职报告交给寿山，但寿山不同意。李孟就不再辞职，卷起包袱，独自逃走，不知去向。



海山听说铁穆耳死后，立刻从勒台山进至和林。他的手下也跟阿难答和寿山的手下一样，个个希望自己的主子成为皇帝，以便自己成为皇帝前面的红人，因此大家都齐心协力地劝他在这里即皇帝位。但海山还是很冷静的，说："现在我母亲和弟弟都还在大都，还是等宗王们都到齐了再说吧。"

从内心来讲，海山兄弟的老妈答己更希望寿山来当这个皇帝。她被卜鲁罕赶出京城到怀州居住，基本都是寿山跟她在一起生活，从感情上讲，当然跟寿山更亲密一点。但她也知道大儿子的性格，那是不好惹的。最后，她又向老祖宗学习，通过占卜来决定——既然人不能决定，就让老天来解决吧。

她请来了个占卜大师，要求大师推算一下，这两个兄弟谁当皇帝最合适。占卜大师虽然平日里到处找生意，现在大生意自动找上门来，可这个生意实在太难做了，让他掐着手指定皇帝，要是定出偏差来，他全家的性命就都偏差完了。

占卜大师掐着手指、眯着那双眼睛念念有词了一阵，睁开眼时，只说了两句话：“重光大荒落有灾，旃蒙作噩长久。”

很多人一看到这两句话就蒙了，这到底是什么意思呢。其实这两句话很简单，只要你弄清其中的四个专业术语。这四个专业术语就是：重光、大荒落、旃蒙、作噩。这些术语其实就是古代纪年法的一种。占卜大师这两句话解释起来就是：辛巳年生的人当了皇帝会碰上灾难，乙酉年生的人当皇帝才可以长久。

辛巳是海山出生的年份，而乙酉则是寿山出生的年份。

这正是老美女答己需要的答案——估计这个八卦大师事先已经得到老美女的暗示，或者他在跟老美女的接触中，那双阅人无数的大师之眼从里到外看透了这个老美女的心思，于是就搞出了这么一句话来，说两个儿子都可以当皇帝，但弟弟当皇帝会更长久——完全切合当时的实际啊。现在你知道了吧，在关键时刻，谁先请到大师谁就抢得先机。

答己有了这个理由，就派人去告诉海山：“你和你弟弟都是我的骨肉，我爱你们的程度是一样的。但是大师的话一般都没有错，请你认真考虑一下。”

海山一看，这怎么可以？他对托克托说：“我保卫边疆十多年，没有功劳也有苦劳，而且又是长子，不管从哪个方面来讲，我都有优先权。如果我当上皇帝之后，所行之事上合天意、下顺民望，即使只有一日之短，也足以流芳万年。怎么能被阴阳家的胡说八道吓唬住呢？你去大都一趟，看看情况如何，再回来向我报告。”

托克托出发后，海山并没有歇着坐等消息，而是兵分三路：王昂辉率中路，绰和尔率东路，他亲自率西路军，一路南下。

大家一看到这个阵势，就是用脚跟去思考，也能想得出，如果他老弟硬是在大都登基，他就会彻底撕破脸皮，用武力解决弟弟。以前他用这支部队打赢了远房叔祖海都，现在他再次用这支部队来面对他的弟弟和老妈。

托克托快马进了大都，在第一时间去面见答己。

答己一点都没有想到，她的这个大儿子居然如此强硬，知道阴阳家的话除了起反作用外，没有别的用处了。她也是宫廷中人，深知到这个时候如果不小心谨慎一点，她的两个儿子立马就会变成两个仇人——历史上这样的例子太多了。她急忙对托克托说："命运长短的话，是大师说的，我只是因为太担心，这才派人去对太子说的。现在大阴谋家集团已经彻底肃清，各位宗王也已经作出决议，可是太子却没有过来。现在听到你的话，看来太子没有来，肯定是受了奸邪小人的挑拨。你赶紧回去，把我的意思转告他，向他解释清楚，让他尽快过来。"

答己其实也怕海山不听大师的话，为了防患于未然，她已经事先派阿实克布哈去迎接海山了。

海山看到老妈已派使者来迎接他了，就跟着阿实克布哈一路南下。到半路时，他从车里看到托克托正逆向狂奔，就叫住了托克托，让他上车跟他一同南下。托克托把他跟答己会谈的成果向海山进行了详细的报告。海山看到老妈的立场终于软化，心里当然很高兴，自己通往权力巅峰之路看来已畅通无阻了。

海山到了上都，为了让弟弟和老妈放心，还没有宣布登基之前，就先任命阿实克布哈为平章政事，然后派他到大都去向监国和老妈报告。按照传统，在他还没有登基之前，权力仍然掌握在监国手里，他还必须向监国报告有关事项。

寿山看到哥哥开始时虽然气势汹汹，率着大军一路南下，但现在终于隔阂消尽。他不能再等哥哥到大都来即位——因为上都才是海山的势力范围，在那里举行登基仪式，才能让大哥放十二条心。于是，他带着老妈北进上都。

海山兄弟虽然成功和解，但海山坚决不放过卜鲁罕集团的那几个首要分子。他首先下令把卜鲁罕流放到东安，然后再在那里杀掉她。而更该死的阿难答和宗王莽赉特穆尔他就更不放过了，直接砍头。

海山于三月二十一日登基，成为历史上的元武宗。

## 钱又不够用了

海山是在三月二十一日辞掉怀宁王职务，宣布即皇帝之位的，改元至大。

作为对老弟的报酬，海山当场任命弟弟寿山为皇太子。这个任命里面，兄弟俩在幕后到底如何交涉，旁人已经不清楚。

这次事变中，立下最大功劳的有两个人：李孟和哈剌哈孙。现在李孟已经逃官逃得不知去向了，但哈剌哈孙还在。海山就加封哈剌哈孙为太保，并总领军国重事。其他人当然也都跟着加官晋爵，皆大欢喜。

哈剌哈孙骨子里是个大汉儒，因此成为首席大臣之后，就建议按照中原历代皇帝的传统，给已经死去的皇帝加谥号和庙号。此前，元朝对那些已经驾崩的皇帝，都可以称名，而没有谥号。这时，他建议都给这些大行皇帝上尊号以及庙号，一起在太庙里供养，不能老是把那些大行皇帝的名字叫来叫去，以后涉及忽必烈时，就叫世祖皇帝，涉及成吉思汗时就叫太祖皇帝……

哈剌哈孙好像大受重用，其实，海山并不怎么信任他。

海山虽然手握重兵，但长期在漠北，远离权力中心，因此跟朝中的大臣们的亲密度并不高。虽然哈剌哈孙在这次事件中，作用无人可代替，但海山兄弟仍然没有把他当成自己人——虽然无法找到海山不信任哈剌哈孙的具体原因，估计当时寿山部下向寿山劝进时，可能也有哈剌哈孙的份。但这个原因海山又不能说出来。没几天，海山又下了个文，加右丞相塔喇海太保、录军国重事、太子太师衔。于是，塔喇海现在的职务跟哈剌哈孙一样了。

寿山要提拔自己的人上位。寿山在起事时，最先得到宗王图喇的支持。当时他们抓捕阿难答阴谋集团首要分子时，阿固岱不服。阿固岱长得人高马大，肌肉发达，没谁敢上去跟他动手。

图喇看阿固岱在那里嚣张地摆着架势，就很气愤，撸起袖子上前去，硬是用一条绳子把他捆住。图喇的这个表现，寿山当然把他列入自己的死党圈中，因此跟哥哥提议，加封图喇为越王。

但哈剌哈孙却不同意，理由是：按有关制度，不是宗亲诸王是不得加封一字之王的。图喇跟皇室的关系已经很疏远了，早已丧失加封一字王的资格了，怎么可以因一日之功而做出违反制度的事来？

海山不听，制度也是人制定的，为什么一定要死守？他大笔一挥，立刻任命图喇为越王。

哈剌哈孙还能怎么样？

哈剌哈孙没话说，可是图喇却很气愤。图喇很恨哈剌哈孙，皇帝都任命了，你为什么反对？你是什么人？

图喇不但肌肉发达，胆子大，而且对海山的心思也很能揣摩到位。他看到海山断然不理哈剌哈孙的意见，知道海山对哈剌哈孙的信任度已经大大降低了，现在只要敢于给海山进点谗言，就完全可以把哈剌哈孙赶出朝廷，让他远离权力中心。

图喇找了个机会，对海山说："陛下，当初阿难答搞阴谋时，丞相大人也曾经参与，甚至还签过案卷呢。"只要有点脑子的人，就知道这绝对是标准的诬陷。因为当时皇后准备行动时，全靠哈剌哈孙在宫廷旁边严防死守，使得卜鲁罕的命令传达不出去。如果没有哈剌哈孙这么拼，现在的事态肯定会不一样。当时，朝中都是皇后的势力，哈剌哈孙的这个举动，稍不小心，就会丢掉脑袋。朝廷中那么多人——包括图喇在内，谁也没有哈剌哈孙这么大胆。而现在他却出来揭发哈剌哈孙，这个揭发还有几分可信度？

但海山却全面采纳图喇的诬陷，把哈剌哈孙直接贬到和林担任丞相，而且还是左丞相，级别降低了不止一个档次。

可是哈剌哈孙却一点不气馁，他什么意见也没有，接到调令之后，立刻到新单位报到。

和林曾经是蒙古帝国的首都，世界政治中心，后来，忽必烈南迁，此地才开始势微。由于长期受到海都叛乱的影响，此时的和林，不但繁荣不再，而且社会治安十分混乱。哈剌哈孙到任后，立刻抓到一个强盗，当场处死。果然有效地震慑了当地的黑社会分子，社会治安大为好转。由于盗贼很多，再加上海都的残余势力到处打砸抢，搞得社会十分混乱。在哈剌哈孙强硬的手腕下，这些打砸抢分子知道，再这样下去，迟早都会被这个被贬过来的丞相打死，因此纷纷过来投降。

另外，海山灭了海都之后，窝阔台汗国已经基本完蛋，大批原窝阔台汗国的老百姓都举着白旗前来投降。这些投降的人都是裸奔而来，除了那身肌肉之外，别无长物。哈剌哈孙一面下令开仓放赈，给这些改过自新的强盗吃上饭，还给中央打报告，用纱帛换一些牛羊出来，发放给这些重新做人的叛乱分子，让他们金盆洗手之后，有产业依靠。至于那些靠近河边的人，就让他们自己去当渔民，靠捕鱼来养家糊口。

为了让冬天也能把粮食都运送到位，他还下令各部设置传驿之车，每站之间相距只有三百里，共经过十个站传运粮食几万石，让受到饥饿的老百姓保证有饭吃。而且还修建仓库，做好储备，专等继续前来投降的老百姓。哈剌哈孙深受儒学的影响，最知道无农不稳的道理。因此，他在那里还疏通渠道，灌溉田地几千顷，下令各部百姓在屯田里耕种，每年有二十多万石的收获。大家一看，有田地可种，就不再热衷于做强盗。北部边境就这样稳定下来。

哈剌哈孙虽然把北部发展得不错，可海山却越来越觉得钱不够用。

而兄弟两个又都有大手大脚花钱的共同爱好。寿山是个虔诚的佛教徒，才当皇太子没几天，就请老哥拨款修建佛寺，而且把周边的民田都买下来，再免费赠给佛寺，光一次买田的费用就花钞一万七百多锭。

海山大概觉得上台的手段有些不足为外人所道，因此对功臣和死党的赏赐很大方。首先是对自己的兄弟寿山，不但指定为下一任皇帝的继承人，而且还把大量田地分给寿山。这些田地多得连寿山都觉得不好意思全盘接受。寿山上奏："近日来蒙受天恩，赏给安西、吉州、平江等分地，租税全数归我所有。我怕宗亲兄弟都以此为例，以后就不好说了。因此我请求除五户丝之外，其余税赋都输纳给国家。陕西运司每年办盐十万引，过去给安西王，请把这部分财富赐给我就行了。"

海山当然准奏："太子所思甚善，岁以十万锭给之，不足则再赐。"

就在平江、杭州发生大饥荒时，海山觉得太师伊彻察喇曾经很给力，当场赏赐他四十顷田地，而且全是江南上好良田。

如果你以为他只赏赐伊彻察喇这个老前辈，你就错了。他对那些曾经跟他在漠北干过的人，个个赏赐，让大家看到跟自己混都是有好果子吃的。他对这些人大方的程度，实在让人看得有些不适应。很多漠北时期的手下，他在和林就已经大力赏赐了，现在又重新颁发。这个口子一开，负责发放赏赐的一看，受赏者还未及半，而国库却已经归零了。

海山一看，头也有些大了起来。

可是头再大也得解决这个问题。

后来，他觉得，没有钱还可以有官位。不是有很多人愿出高价买官位吗？官位也是很值钱的。现在没钱，咱就用官位当钱赏给他们。于是，滥发赏赐之后，又滥封爵位。早在忽必烈时代就制定了，一字王只有黄金家族的嫡系子孙才可以有资格受封。可是现在没有钱了，海山只能咬牙破例，一口气破格晋封了十五个一字王。除有限几个是忽必烈的直系后代外，其他如出伯等人都是标准的疏族，以前做梦都不会梦到自己能佩着个一字王的大印。如果说这些一字王也只是荣誉性的东西，封了就封了，那也没什么。可是为了安置那些人，海山还不得不增加很多权力部门的编制。比如中书省、枢密院和御史台这样的中枢机构领导的员额，他也大大地增补了一批。枢密院在忽必烈时代只有六名领导，到铁穆耳时代时十三人，到了这时，一下就猛增到三十二人。这些都是实授，而那些"遥领"的人就数也数不过来。史书对这个情况的记载是：今天子即位，加恩近臣，佩相印者以百数。你数数看，在中国历史上，一个朝代能同时出现几个佩相印的人？到了蒙元时期，宰相的设置就有些乱套了，不但有左右宰相，而且有时左丞相、右丞相居然同时有几个人。至于谁排名第一，就看皇帝对谁的信任度最高。

只要他心情好，他就封赏。连他那个宿卫茂穆苏因为参加摔跤游戏，多次取胜，他也来个遥授平章政事。寿山手下有几个喽啰，没有别的特长，只是杂耍演得特别好，居然也被封为高官，以至“微至优伶、屠沽、僧道，有授左丞、平章、参政者。其他因修造而进秩，以技艺而得官，曰国公、曰司徒、曰丞相者，相望于朝。自有国以来，名器之轻，无甚今日”。

本来，官场都有一套制度，现在这些制度不断地被突破。这些制度不断被突破的结果就是官场全乱了套。官场的明规则一成摆设，地方官就完全可以胡来。很多官员擅离职守，拿着国家的工资去干自己私家的活。云南行省丞相铁木迭儿居然离开云南跑到首都居住，被人家抓了个现行，上报到朝廷，按律这要受到严厉处分的。哪知，这位老兄一点不着急，直接去找皇太后，请老太后出面说个情吧——虽然我违反了制度，可那么多制度都作废了，这个制度又何必守得这么死？当然，出血是一定的。答己就笑着颁了一道懿旨，不要处分铁木迭儿了，让他回去上班就行了。他虽然离开了工作岗位，可云南也没有出什么乱子。

于是，处罚程序宣告停止。

至于其他乱象就更严重了。

海山当年在和林守边时，打海都很果断，后来跟弟弟抢皇位时，率兵南下也果断，当上皇帝后，破坏制度更果断，但到了决断很多事的时候，他那些果断的魄力却不知道跑到哪里去了。在这些紊乱的做法面前，他也经常不知所措，这样就经常闹出前言不搭后语的情形来，弄得政令也经常变来变去，制诏变更到快得让人跟不上节奏：甚则朝出而夕改，于事甫行而止者随至。

海山兄弟不把官帽当一回事，也不把钱当一回事，不但大肆赏赐，而且还大兴土木，大搞基础设施建设。现在元朝有两个都城，一个是上都，还有一个是大都。皇帝轮流在这两个地方上班。海山突然觉得光有两个都城还不过瘾，要是还有一个都城那该多好。于是，他在就任皇帝不到十天，就派人到旺兀察都（今河北张北）兴建中都。再兴建一座都城，花费无疑是十分巨大的。何况当时的财政早就入不敷出。

而且他一高兴起来，还为权贵们修造大豪宅。他觉得伊苏特穆尔很好，现在已经加封晋王了，老是住在原来的房子里，太不像样了，就派两千人去帮老伊再修建一座官邸。你想想，两千人去搞的工程，规模到底有多大？耗费的资源又有多大？

海山虽然小时候师从李孟，但因为他在李孟门下的时间并不长，李孟就被派往和林了。因此，他对汉儒尊重的程度并不高。这从他上位之后，提拔的全是他从漠北带来的部下，然后又把有浓厚汉儒背景的哈剌哈孙踢出决策中心就完全可以看得出来。他最信奉的宗教是藏传佛教。因此，对于佛事，他的花费就更大了。他和他的弟弟同时发动数千人在上都、大都、五台山等地大力修建佛寺。

赏赐手下要钱，修建中都要钱，搞佛事更花钱……

当海山到处要钱，而又到处没钱时，那颗皇帝的头也觉得大了。他不得不花点时间去想增加财政收入的办法。他想了很多办法，但好像都不可行。于是，他又觉得还是爷爷那一套最有效——也就是阿哈玛特的理财政策。




## 继续乱套

如果再推行阿哈玛特的政策，第一步就必须再设立尚书省。

可海山才提出设立尚书省的方案时，就被御史台的官员强烈反对。

持反对意见的基本都是崇尚汉儒的那些人。这些人看到阿哈玛特又来了，当然都有点害怕。他们看到海山不理他们这些反对之后，只得又上疏称，以前忽必烈任用阿哈玛特时，就是让太子兼中书令。现在既然恢复尚书省，也应该让皇太子去当中书令。现在的皇太子是寿山。寿山虽然是海山的弟弟，虽然也信奉藏传佛教，但他受李孟灌输的时间很久，对李孟也很崇拜，他掌管中书省，手里的权力大，对汉儒们会好一点。

海山不得不同意。

阿哈玛特的老办法历来就是先改革钞币，然后就是大幅提高税率，扩大海运粮数量，提高盐引价格。不过海山在实施这些政策时，手段比阿哈玛特要委婉一点，没有那么暴力。但此举又引来很多人的批评。

海山以为自己把国库里的钱都发给这些手下了，破格封了那么多的一字王，他们对自己肯定会忠心不二的。哪知，还是有人不满。

这个不满的人就是那个图喇。

图喇成为越王之后，他的封地就在绍兴路——这可是一块好地方，可他仍然不满足，觉得海山亏待了他——那天要不是他拼着老命去跟阿固岱搏斗，也许现在会是另一个样子。

他心里不高兴的时间一久，就忍不住爆发出来。

有一次，海山在万岁山上举行了一个盛大的宴会，请大家大吃大喝了一餐。图喇作为越王，当然有资格参加这样的宴会。图喇在宴会上很快就喝醉了。喝醉了的图喇突然站起来，把身上的腰带解下来狠狠地丢到地板上，然后一脸怒容地瞪着眼睛，逼视着海山大叫："你有什么了不起？你给我的就是这些。现在我都扔地板上了。"

海山虽然也喝了酒，但并没有当场发作，心里却有了怀疑：怀疑这家伙已经有了造反的心理。怀疑别的都好说，但被怀疑到造反的地步，图喇就只有等死了。海山下令有关部门把图喇抓起来，进行审问。图喇这才知道，对皇帝发脾气的后果是很严重的。他知道，如果敢不"供认不讳"，除了多受皮肉之苦外，没有别的用处，于是干脆爽快地招认了。判处的结果，当然被处死。

对于海山的这些政策措施，很多人都有意见，只是不敢当面说出来。但那个张养浩却不怕死。

就是那个著名文学家张养浩，很多人都知道他写了那首《山坡羊·潼关怀古》：

峰峦如聚，波涛如怒，山河表里潼关路。望西都，意踟蹰，伤心秦汉经行处，宫阙万间都作了土。兴，百姓苦；亡，百姓苦。

一看这样的词，就是典型的儒家风格，他能看海山这些以搜刮民财来充实国库的做法顺眼吗？这位大文学家是个富二代，但从小就是个品学兼优的好孩子。在他七岁的时候，有一次他外祖父离开济南去江南，他跟老妈一起去送行，路上发现别人遗落的财物。他捡起来后，转头一看，四周无人——失主早已离得远了。但他并没有把这笔财物划归己有，而是拿着它去找到并退还给失主。他很爱学习，常常昼夜不辍。

这位学霸十九岁时到济南游了一回白云楼，然后就顺手写了一篇《白云楼赋》。这篇文章一出，所有的人都亮瞎了两眼。当此文传到山东按察使焦遂那里时，按察使大人不由拍案叫绝，居然破例接见了张养浩，并推荐他做了东平学正。

他也跟李孟一样，当了这么多年的学霸，对当个学正是绝对不甘心。几年后，在他老爸的催促下，二十三岁的张养浩离开山东东平，跑到北京找官做。开始时，他的运气很不错。到北京后，很快就认识了博果密。博果密看了他的文章后，也大为激赏。

不久，他又被调到中书省当秘书。

几年后，他又被外放任了几年的县官，直到海山即位，寿山又把他召到东宫任司经，再改任太子文学，最后提拔为监察御史。

当海山决定成立尚书省、准备重新捡回阿哈玛特的旧政策时，张养浩觉得自己必须出来说话了。于是，他上疏表示反对，但没有人听。尚书省成立后，张养浩再上疏说这个变法是典型的乱政，如果不改回来，一定会祸害天下。他的上司看到他的言辞太过激烈，就把他的上疏压下，没有送给海山看。

张养浩反复上疏多次，不是海山不理，就是被他上司压下。后来，他再加班加点，奋笔疾书，写了个长篇大论，批评时政，主要列举了十条害处：一赏赐太侈，二刑禁太疏，三名爵太轻，四台纲太弱，五土木太盛，六号令太浮，七幸门太多，八风俗太靡，九异端太横，十取相之术太宽。看看这十条标题，把海山这些年努力做的错误一个不剩地全翻了出来。

海山一看，真的想骂出声来，但一看好像讲的又没有错，只得咬着牙把这封万言书丢在一边。他觉得不能再让张养浩在御史台工作了，就下令把张养浩改授翰林待制——海山真的很生气，把自己这些年来的工作，说成是“十害”，而没有一件是正确的。他又找了个理由，把张养浩罢免了，然后把御史台、尚书省的负责人找来，反复告诫，以后可以起用任何人，但一定不要再起用张养浩，等于是永远开除了张养浩的公职。张养浩一看，知道再在京城这里居住下去，老命肯定不保，便来了个改名换姓，偷偷逃出大都。

海山又把大量的权力放在尚书省，尚书省又基本成了全国最高的权力机构。目前尚书省的负责人是三宝奴、托克托、保八、忙哥帖木儿等人。

这些人都是坚定的汉化反对者。他们靠着皇帝的信仰改变命运，把汉儒们排挤出权力中心，他们当然很想把这个生活永远保持下去。他们在朝廷混了这么久比谁都清楚“一朝天子一朝臣”的道理。

他们迅速把海山和寿山拿来一对照，当场发现，海山虽然时不时也把汉儒挂在嘴边，也封封孔子、做太庙、给死去的皇帝上尊号，但这些都是虚的，骨子里却不把汉儒当一回事。而寿山却不同，寿山虽然也信佛教，带着大钱去修佛寺，但他汉化的程度要深入全面得多了。于是，他们都认为，只有让海山这样的皇帝当权，才能把他们这个生活维持下去，如果寿山上来，他们的权力就会全面被那帮汉儒接管。而且，现在寿山虽然不那么嚣张，但却也在不断地发挥作用，寿山目前是中书令的第一把手，也在不断地培养着自己的团队，暗中在进行准备着——寿山最明显的做法就是又把李孟找了回来。他们都知道，李孟是寿山的顶级智囊，寿山成功搞定阿难答，全靠李孟的操作，因此把李孟搞定，寿山也就基本没有戏可唱了。虽然现在李孟已经是白身一个，但做掉这样一个白身，仍然需要海山出手才能搞定。于是，他们直接对海山说：“老大，你一定要知道，当刚刚平定阿难答集团时，李孟曾经极力劝说皇太子自取大位。”如果海山把这话当成把柄，就完全可以将李孟搞定，但他也知道搞定李孟的后果就是他跟老弟彻底摊牌。因此他一点不理这个话。寿山当然也知道，在跟哥哥的暗中比赛中，他必须有李孟这样的帮手。寿山的智商确实不低，他知道如果他自己找回李孟，然后安排工作，老哥心里肯定不高兴，以后皇帝哥哥就会听信某些人的谗言，最终把李孟弄死，只有让皇帝哥哥亲自安排李孟工作，李孟才能安然无恙。

寿山绝对是个影帝，在至大二年十二月底的一个晚上，寿山陪哥哥吃夜宵。海山吃得很高兴，寿山却突然不高兴起来。海山很快就发现了寿山的脸色，问他：“你为什么突然不高兴起来？”

寿山要的就是这句话，当下站起来向哥哥做出谢罪的动作，说：“我们兄弟母子有今日，全靠李孟老师。刚才我突然想起李孟老师来，所以神态就自动严肃起来。真对不起陛下了。”

海山正喝得高兴，听了寿山的话，当场也感动起来，说：“是啊。李老师的功劳确实最大。马上派人去寻访他，让他回来做官。要不咱们也太不厚道了。”

于是，寻访的人很快就在许昌找到了李孟，然后把他请了回来。

至大三年的正月初五，李孟来到大都，并入宫到玉德殿里进见海山。

海山看到李孟，当场就大声对群臣说：“他就是我的老师李孟。请有关部门赶快做好重用他的方案。”

仅仅过了两天，海山就特授李孟荣禄大夫、平章政事、集贤大学士、同知徽政院事。

这个任命书一下发，寿山就笑了。虽然这些职务是海山送给李孟的，但李孟却是寿山最得力的智囊。有了这个智囊的帮助，寿山的心里就踏实很多了。

虽然海山那一群手下也不断地被提进高位，但看到寿山时，就觉得自己很不保险，觉得寿山永远是个危险人物，而且有了李孟的寿山，危险系数就更高了。

他们还清楚地记得当年寿山在解决卜鲁罕的阴谋时，所使的手段干脆利索，瞬间就化险为夷、扳回局面。因此，他们必须阻止寿山成为下一届最高领导人。而能废掉寿山的，也只有海山。

这时，这个朝廷的政令还是很乱的，不光海山的诏书有效，他老妈的懿旨同样是说一不二，至于寿山签发的中书令文件也常常有效。

这些在权力场上打滚的人当然知道，作为皇帝的海山对他老妈和老弟的做法肯定是很不高兴的——而且这个不高兴由来已久，积累到现在，肯定已经很难受了。于是，他们决定做海山的思想工作，说现在皇上有自己的儿子，为什么不让自己的儿子当接班人，而让弟弟当皇太子？

当初海山和寿山兄弟抢到皇帝位子后，就做了个很折中的约定，由兄弟俩及其后代轮流坐庄，先由海山当皇帝，海山死后，寿山接着当；寿山死后，则由海山的儿子接班；海山的儿子死后，再轮到寿山的儿子当皇帝，用一句简单扼要的话来表述就是：兄弟叔侄世世相承。

而且这个约定已经公布出来。

当三宝奴他们提出绕过寿山直接传给海山儿子时，海山当然很心动，但想到这个约定，再加上寿山和老妈在朝廷中的势力也是不小的，因此就在那里犹豫着。

海山自己不能拍板，就急召托克托回来。当时，托克托正在柳林打猎，被紧急召了回来。托克托一到首都，三宝奴先把意图跟他摆出来："我们准备册立新储君，因此把你请回来。"

托克托一听，不由大为吃惊："你们为什么提这个建议？"

三宝奴说："现在皇子已经渐渐长大，而皇上的身体越来越差了。所以我们请皇上早日把立接班人的大计定下来。"

托克托虽然是海山的心腹，几年来深受重用，但他的人品还是很不错的，听了这话之后，当场说："这是国家大计，不是玩游戏。当年皇太子亲自平定内乱，功劳早已摆在那里。他这才被封东宫——这是有成命的。而且皇上跟他'兄弟叔侄世世相承'的约定也是早已公开的事。现在谁敢打乱这个顺序？"

那几个人看到托克托态度坚决，也不好继续把废立太子的事继续开展下去了。海山也知道这事要是一动，后果是很严重的，因此也直接叫停。但海山对三宝奴仍然加重了信任的分量，在此事发生之后，就宣布赏赐三宝奴珠衣，加封楚国公，封邑在常州。

但李邦宁仗着自己跟海山的关系更铁，找了个机会，再向海山进言："陛下富于春秋，皇子已经渐渐长大成人。历来的规矩都是子承父业，我从没听说过有儿子而立弟弟的事。”

海山当场说：“朕意已定，不能再变。如果你想改变这个决定，请你自己到东宫那里做太子的思想工作。”

李邦宁一听，吓得退到一边。

海山的这个做法是很有道理的，他的手下就这么一些人，贪得厉害，虽有野心但却没有配套智力，哪比得了寿山手下的那些人。

## 有几个清醒的员工很重要

寿山除了李孟之外，还有王约。

王约和李孟一样，绝对不像海山身边那几个权臣，除了会迎合皇帝的喜好以便得到更大利益外，不会说别的话，而王约却一心为寿山着想，敢于提不同意见。

寿山也是佛教信徒，至大二年二月，他去五台山佛寺，叫王约跟他一起去。几个人到了五台山，寿山觉得这地方真不错，就想在那里多待几天。可王约却对他说：“这种地方岂能久留？”

寿山也是聪明人，立刻醒悟过来，立马下山，飞快回到上都。

不久寿山决定设立太子右卫率府，任命托克托和布琳尼敦领府事，选择河南蒙古军一万人隶属府下。这个决定看起来是在增加寿山的实力，但一看就知道，这一万精兵的带头大哥都是海山的心腹大将。

王约一看就知道这个机构的设置对寿山大大不利，便出来反对：“已经有了左卫率府，现在还设置什么右卫率府？大家这是想要把太子置于何地？”本来海山以及他的心腹们对寿山就已经十分警惕了，现在你还高调增加自己掌握的武装力量，这是在制造把柄给人家拿住。这个世界上别的东西都可以制造，但千万别制造把柄给别人抓住。

于是，此事作罢。

不久，寿山听了太子詹事鄂勒哲的建议，下令取阿难答处的军器发给宿卫军士。

王约急忙找到鄂勒哲，说："你下文到千里之外去取兵器，大家知道后，都会感到惊讶和怀疑。如果皇上知道了，会是什么样的后果？"鄂勒哲一听，这才知道，贪这个便宜会把太子置于死地的，红着脸说："我实在没有考虑到这一层。"

家令薛居敬做了个分地方案，请求皇太子派他去执行，可是文件一到王约那里，王约却不为他签名放行。他问为什么？

王约说："这本来是朝廷办的事，不是太子府干的事。太子是潜龙。潜龙是什么？潜龙就是备胎。潜龙还当备胎的时候，就去干预飞龙的事，合规矩吗？"

寿山知道后，身上的冷汗嗖地就冒了出来，对大家说："以后事情没有经过王约先生的眼睛，不得启奏。"

相比王约，海山安置在尚书省里拿大权的心腹就差了几条街。他们只知在面上争取利益，谁也没有像王约这样，能把很多细节看透，直接点醒寿山。因为寿山虽然很聪明，但花花公子出身，时不时会做出一些出格的事，如果这些出格的事被皇兄抓住，后果就大大地危险。

海山寿山兄弟两边手下的死党，都在拼命地为着海山之后的事着想，由此可见，海山的身体是什么状况了。

海山曾上过前线，并且有过很牛的表现，好像身体素质很不错，但他也跟很多皇帝一样，日常生活基本都浸泡在酒与色里。这样的生活方式，再牛的身体也会被弄垮的。

早在至大元年初，海山最信任的大臣阿实克布哈看到海山的脸色已经十分憔悴，就直接对他说："陛下这个脸色说明，陛下很不爱惜自己的身体，投入酒色活动太多了。美酒和嫔妃，就像两把斧子一样，不断地砍伐陛下这棵孤树。要是再让它们砍下去，孤树绝对会被砍倒。"

如果海山的身体这时十分健壮，他也不会这么说。而且，他说过之后，海山也十分虚心地接受了他的意见，说："天下只有你敢说这个话。朕好好敬你几杯。"说罢下令摆酒，为阿实克布哈进酒。

阿实克布哈说："臣刚才劝陛下节制饮酒，现在陛下反而劝我喝酒，臣要是遵命喝了这几杯酒，这不是巨大的讽刺是什么？”

海山只得红着那张脸作罢了。

海山虽然表扬了阿实克布哈，但他却继续坚持酒色爱好不动摇，不断把身体向虚弱的方向稳步推进。

他的那几个心腹大臣，别的本事并不大，但对他身体状况的预测却超准确。他们天天怕这个老大提前死去、寿山接过权力大棒，他们会死无葬身之地。到了至大四年的正月，他的身体果然不豫起来。不豫到什么地步——连大年初一的朝贺都宣布免去了。他虽然不听劝告，又酒又色，好像一点不爱惜生命，可是事到临头，他也很怕死。他觉得自己这次的病跟往常不一样，就急忙在大年初一那天宣布大赦天下。

然而这个大赦文件一发，救了很多犯罪分子，却救不了他。

七天过后，也就是至大四年的正月初八，海山在玉德殿宣布驾崩，成为大行皇帝，享年三十一岁。初十就葬于起辇谷。

# 第三章
# 废除约定

## 还是抢不过太后

海山一死，最受益的就是寿山，当然表现得最悲痛的也是他。他在海山的灵前哭得一塌糊涂，哭得要死要活。

家令察罕看到寿山哭了这么久，表现得已经很生硬了，再不劝，就显得手下太不会配合了，于是，就对寿山说：“一般小民的寿命，都还有个定数呢，何况堂堂天子？现在皇帝大行了，天下安危都系殿下身上。即使殿下十二万分悲痛，也要为宗庙、太后以及老百姓作想一下。”

寿山马上收住了眼泪，然后说：“以前，每遇到大丧，都要请和尚来做佛事，除了花大量经费外，其他用处一点都没有。不如把府库里的钱拿出来，救济那些孤寡老人，如何？”

寿山在哥哥死后出台的第一个政策，就是改革了这个丧葬制度，说明他对哥哥还是不满的。上台后，肯定要把海山的政策否定。

寿山对海山的恨，全撒在海山的那帮部下身上。寿山现在仍然是皇太子，但他跟别的皇太子不同。很多皇太子被指定当接班人很多年了，每天只是在东宫那里，坐等老爸死去，才被大臣们带到大殿上，就任皇帝职务，事前根本不能染指一点权力，因此他们当皇帝的前一段时间，基本都是顾命大臣在那里支配着权力。而寿山在当皇太子的时候，就兼任中书令——中书令是最高权力机构，所有政策的出台，都经过这里。因此他的权力已经很大了，即使还当皇太子期间，他发布的命令就几乎可以等同于皇帝的命令了。现在海山死掉了，所有的权力自然就全部集中在他的手里。他立刻下令罢免尚书省——就是这个尚书省把他中书省的权力夺了很多，然后把那几个积极在海山面前提出改换太子建议的三宝奴、乐实、保八、王罴，就连反对废掉他的托克托也全部处死。

寿山对老哥的这些人实在太气愤了，杀了几个首要分子之后，还想扩大打击面：把那些赞同设立尚书省、乱改体制的大臣，统统套上误国害民的罪名，然后全部处死。

延庆使杨多尔济一看，如果这事来个扩大化，估计朝廷也剩不了多少人了，急忙出来进谏："当了政、拿了大权就崇尚杀人，这绝对不是一个好皇帝所做的。"

寿山这才作罢，但仍然听从御史台的建议，把一批原来尚书省的官员处理掉，然后彻底废除尚书省，所有权力全部并于中书省。当然，也中止了中都的建设——这个项目费用实在太大了。

寿山拿了大权，杀了一批哥哥的死党，大量高管职位都空了下来，很便于任命自己的心腹进入中枢。他目前最信任的人就是李孟和太子詹事鄂勒哲，因此他立刻任命两人为平章政事。李孟和鄂勒哲绝对是三宝奴那个团队的反对派，重用他们其实就是想让他们来个政务改革。然后准备把两人再提拔一格成为他的头号助手。

哪知，他还没有来得及提拔，他的老妈却先下手了，在太后宫里发个文件，直接把云南行省左丞相铁木迭儿提拔为右丞相，抢先把首席大臣的位子拿到手中。这个铁木迭儿几个月前因为撤离云南跑到首都，被人告发，差点被海山处理，幸亏答己出面，把他保了下来，不但官位不动，现在居然还把他提拔成右丞相。

去年海山拿老妈没有办法。

现在寿山也拿老妈没有办法。

这些事都做完之后，当年三月十八日，寿山才宣布即皇帝之位。

答己本来对这个儿子很喜爱，当年她就是想尽办法要让这个儿子当皇帝，差点闹成大乱，现在这个儿子终于成了皇帝。她偏向于寿山当皇帝，并不是她看得出寿山比海山强在哪里，而是觉得寿山更听她的话，更孝顺她——如此一来，她手中的权力就更大一些。现在寿山终于当了皇帝，她当然要出头来管事。而且管得还很具体，比如，在寿山准备即位时，她还请来几个大师，叫大师们算算看，在哪个地方举行登基大典才吉祥？

大师们说，隆福宫。

皇太后就要求寿山在隆福宫即位。既然老妈都说在隆福宫好，那就在隆福宫吧。

寿山没意见，但御史中丞张珪却有意见。

他说："皇上登基应该在大明殿，而不是在隆福宫。"

御史大夫说："皇太后和皇上都已经做出了决定，你就是上书一百遍也等于零。"

张珪说："现在还没有上奏一次，你怎么就敢肯定没有用呢？"他坚持把这个意见送上去。

恰好王约也认为："即帝位是大事，应该在大内举行典礼。"

寿山一听，也觉得对，这才把仪仗转移到大明殿上，然后在那里宣布即位，接受群臣拜贺。

寿山当了几年实权皇太子，对政局的把握是很有分寸的，头脑也很清醒。

他知道尚书省那伙人这段时间的经济改革，其实就是通过滥发硬通货，导致物价不断飙升，老百姓越来越苦，因此他上台才几天，就废除了至大银钞，以便遏制通货膨胀。有一天，他来到便殿，李孟说："陛下登上大宝，物价顿时应声而降，让天下万民知道圣人变化的妙处。臣在此冒昧地向陛下祝贺。"

如果是别的皇帝，听到自己老师说这样的话，肯定会高兴得鼻子往上翘。可寿山却看着自己最佩服的老师的那张脸，说：“你们尽力辅佐我，使老百姓太平无事，这样也许能够合乎天意。至于天下大治，现在还不一定。现在朕即位还没有一个月，哪里有物价顿时应声而降的道理啊。老师这样的表扬，朕真的不需要。”

李老师的那张老脸顿时挂不住了。

连李孟这样的人都过来猛拍寿山的马屁，那些地方上的老大哪能丢掉他们的特长？

寿山虽然很清醒，可以不接受大臣们拍马屁的话，可是他对自己的老妈没有一点办法。尤其是他老妈给他指定的首席大臣铁木迭儿，这让他那一帮心腹都施展不开手脚。

当然，寿山还有一大批精于算计的汉儒当智囊，玩几下东方智慧，完全可以把铁木迭儿这个水平欠缺又没有人品的家伙搞定。但寿山却不能跟铁木迭儿进行这个智商比赛。他也有他的难处。这个难处的来源是他的私心。而且这个私心很重——就是他想推翻他跟海山哥哥以前的约定，不立海山的儿子为皇太子，而是直接让自己的儿子当接班人。

如果要推翻这个约定，光靠李孟那一批汉儒是做不到的，必须得到所有蒙古贵族的支持，尤其是老妈的点头，否则就后患无穷。而铁木迭儿是他老妈的头号亲信，近来一直得到老妈的力挺，要是得罪了铁木迭儿，就等于得罪了老妈。别人可以得罪，但他这个老妈是万万不能得罪的。何况铁木迭儿年纪已经很大，在皇庆二年的正月，他突然病了，无法履行首席大臣的职务，只得向寿山请求去职。本来，寿山完全可以趁着这个机会，把自己最敬爱的李老师提拔到更高的位子上来。但他仍然不敢，而且李孟也不愿在这个时候上位——李孟比谁都知道答己的性格，这个位子她仍然留给铁木迭儿——等铁木迭儿的病好了，就让铁木迭儿复出，再加上李孟前段时间老爸刚死，他仍然在守孝期间，按儒家礼仪，这个时候是不宜出来当官的。所以，寿山只得让秃忽鲁接替中书右丞相的职务，而让张珪取代李孟为平章政事。

张珪也是个坚强的汉儒，敢于撕破脸把话说到位。寿山跟他的前任们一样，信仰很杂，一边相信藏传佛教，一边还跟道教搞好关系。他经常请道士做醮事——也就是道家做法事。这些醮事是要花很多钱的。宫中一帮工作人员看到那么多钱，眼睛就红了起来，私自把这些金子全部瓜分完毕，然后集体诬告是道士们贪走了。

寿山大怒，我请你们这些道士来，是要你们作法祈祷的，不是要你们来偷金偷银的。他下令把这些道士统统抓起来，全部处死。

当时，张珪任御史中丞，坚决反对处死道士，说按律量刑，道士们也罪不至死。

寿山脸色大变："张中丞要用台纲来跟我对着干吗？"

张珪一点不怕，说："御史台是陛下的御史台，那么台纲就是陛下的台纲，陛下怎么自己毁坏自己的台纲呢？"

寿山没有话说，只是怒气冲冲地喝令左右把张珪搀出去。

可第二天，张珪又说："陛下如果一定要相信那些谗言去杀无罪之人，那么请先杀我。"

寿山一怔之后，便免除了对道士的处罚，然后解下自己的衣服赐给张珪。过了几天，他仍然很为张珪的行为感动，对左右说："张中丞乃张忠臣，非官中丞也！"张中丞是张忠臣，不只是一个当了中丞的官。然后他又召见张珪，说："我本来很想隆重地赏赐你。现在没有这么做，不是我没有宝玉，而是怕违背了你的心意。"

秃忽鲁同样是个聪明人，他知道自己既不是太后朋友圈里的核心人物，也不是皇帝眼前的红人，现在占着这个首席大臣之位，其实是在帮铁木迭儿顶角。所以基本不乱说什么，只是不断地表示自己随时可以让位。

那边，答己也没有停歇。

答己打死她也不愿让大权落到别人的手里——哪怕是她儿子的死党。在铁木迭儿养病期间，不能正常履行丞相职责时，她仍然下了个命令，让铁木迭儿为太师。读过三国的人都知道，董卓当年最后的职务就是太师！太师虽然不是最高行政领导，但却是最高的荣誉性头衔。有了这个最高荣誉头衔，以后再去当中书省第一把手，那就容易得很。而且，她还顺便任命了个亲信万户博实为参知政事。

## 李孟的任务完成了

张珪一看，觉得这个任命有点过分了，就直接对寿山说："太师的职责是做皇帝道德方面的老师。我看铁木迭儿的人品节操远远够不上。至于万户博实什么功劳都没有，哪能让他来做参知政事？"

寿山认为他说得很对，但答己却十分恼火，马上把失烈门找来，说："你当前最重要的任务就是诬陷张珪，一定要好好收拾他一下。"

你叫失烈门去干一件好人好事，那就等于要了他的命；可让他去干诬陷的事，那真是找对人了。不到一个月，失烈门就顺利完成了任务。

失烈门虽然做不了好人好事，但智商还是很发达的。他也知道张珪是寿山的红人，而且性格也很强悍，又不怕死，如果诬陷得不对，是不能成功的。

机会很快就来了。

皇庆二年的五月，也就是答己给失烈门布置任务的第二个月，寿山巡幸上都。

寿山一走，张珪就没有了保护伞，而大都的事都是答己说了算。

失烈门这时连诬陷都懒得去开展，直接用皇太后的懿旨把张珪招来。

张珪一点没有防备，很快就来到宫门下。

失烈门早已等候多时，看到张珪过来后，就指责张珪专门做违抗太后懿旨的事，然后叫几个打手上前，用木棍把张珪狠狠地暴打一顿。张珪的性格很强悍，但身体并不怎么强悍，被这伙人一场猛打，立刻皮开肉绽，被打成重伤，最后需要用车才能拉回去。可还没吃一天的药，第二天就又把他逐出都门——当然也免去了他的职务。

当时张珪的儿子张景元也是皇帝身边的工作人员，负责掌管皇帝的印符，天天跟在皇帝的身边，得到这个消息后，就对寿山报告说老爸病重了，请皇帝放他几天假回去。

寿山一听，觉得很奇怪，说：“我出来的时候，你父亲的身体还健康得很，怎么才几天就病重起来呢？”

张景元哪敢把实际情况讲出来？只是在那里一边流泪一边叩头。

寿山便派人给张珪送了一坛好酒，然后再拜张珪为大司徒。张珪知道这个江湖自己再也混不下去了：有皇帝当后台，都还被人打成这个样子，你还有理由待在这个位置吗？他以身体有病为由，引退在家。

这时，又闹了几场自然灾害，答己集团的几个人就抓到了个把柄，说现在天旱到这个地步，田地里的麦子和稻谷都枯死了，肯定是那些调理阴阳的人搞错了，让奸臣蒙蔽了皇帝，造成老百姓含冤、伤了和气才导致现在这个样子。

寿山也没有办法驳这套歪理——因为这套理论明显是汉儒的学说。

于是，李孟就出来承担责任，说：“调理阴阳的责任，儒臣中应当由我来承担。请让我辞去现任职务，给有水平的来代替我。”

李孟为什么要辞职？难道他真的想承担这个阴阳失调的责任？其实，这些年来，他力主恢复科举，要努力把汉儒那套选拔人才的传统形成大元的制度——只要建立起这套制度，则汉儒就会永远成为大元意识形态中的主流。然而由于阻力太大，使他不由得感到自己有些累了，这才主动不断地辞职。

李孟刚当政时，确实很想大有一番作为，针对当时的一些弊政，提出了自己的改革措施：首先是节赏赐。大元的皇帝历来有个爱好，就是不管国库如何，只要心里一高兴，就拿出钱和官位来封赏大臣，造成极大的浪费。解决这个弊端的办法是“复其旧”，严格按原来规定的例行颁给，削其额外增赐，坚决停止滥赐的行为。其次是重名爵。海山当政时，简直把名爵看得比鹅毛还轻，曾经被汉儒们大力批评过，不但封授三公的人无数，连很多和尚和道士都有公务员的身份，另设管理机构，不断地扰乱政事。所以必须削夺这些滥发的名爵，罢僧道之官。再次是核太官之滥费。宣徽院是专门负责宫廷伙食的机构，太府监领左、右藏等内库，掌钱物出纳，而这些机构的收支情况，从来不受政府的审计，冒领、滥支的情况十分严重，应该严格审计。最后是汰宿卫冗员。早在铁木真时代，就搞了个怯薛制度，也就是宿卫军（即禁军），共分四支部队，分别由博尔术等四杰带领。能进入宿卫的人基本都是蒙古贵族大将等功勋子弟，每名普通的怯薛军士兵都有普通战将的薪俸和军衔，怯薛军有着严格的纪律，同时也享有非同一般的特权，一个普通的怯薛军人的地位甚至高于千户官。可以说，进入宿卫是当官的一条最快的路子，因此很多人都削尖脑袋进入宿卫，导致四宿卫的编制不断被突破，成为财政沉重的负担。

一看这四个改革措施，基本都符合儒教的治国理念，但却像四把大刀砍向那些既得利益集团的头上。而当时由于大元的制度，这些既得利益集团的构成基本都是蒙古人和色目人。他们当然对李孟恨得要命，只是因为李孟不但是寿山的红人，答己对李孟也很有好感，因此除了对李孟咬牙切齿之外，不敢有别的动作。

当然，李孟并不仅仅提出这四点建议。他更大的动作就是推行科举制度。他上任时，就奉命兼领国子监学，花了大量精力整顿学政，并建议："四方儒士成才者，请擢任国学、翰林、秘书、太常或儒学提举等职，俾学者有所激劝。"寿山完全同意。其实在忽必烈时期，就有很多人建议推行科举制，但因为被蒙古贵族反对，而没有推行成功。因为按蒙古帝国的制度，主要依靠世袭制来补充官员队伍，如果用考试这个方式来选官员，很多蒙古贵族子弟就会落榜，严重损害蒙古贵族和色目人甚至汉族贵族的特权。另外，就在推行科举的事情上，连汉儒们都分成两派，一派主张按金国模式，一派主张按宋朝模式。金国模式主张以文学和经学为重点，而宋朝模式则以朱熹的学说为标准模式，以经典和策论为重点。于是，吵来吵去（或者说是讨论来讨论去），一直吵到现在还没有决定。到了这个时候，李孟发现，理学已经开始进入人心，完全可以大力往前推进了。而且，寿山对儒学的尊重也远超过他的那些前任。

在李孟的强推之下，皇庆二年十月，下诏"行科举"，由李孟、程钜夫、许思敬拿出方案来，然后颁行天下。他们很快就作出方案。

其实这个方案很简单：皇庆三年八月，也就是第二年的八月，由各级地方政府（主要是郡县）负责把人才推选好，然后再组织他们于次年的二月到北京参加会试。会试过关之后，就参加殿试。殿试是由皇帝亲自主持的，参加殿试的人都被赐予及第、出身不等。其实会试考中之后，基本都可以有资格当官了，殿试只不过是排了一下座次，由皇帝来宣布哪位是状元，哪两位是榜眼、探花，从此后三年开科考一次。这些基本都是炒前朝的旧饭，没有什么新意，不管从出题还是内容，都很适合汉族读书人去考。但当时大元国里还有蒙古人和色目人，而且这些人的国民地位又比汉人高，更是既得利益集团的骨干分子，你科举也不能把他们排挤出去。因此，考题要分卷，蒙古人、色目人与汉人、南人要分别命题。最后，还有一个奖励政策：如果蒙古人、色目人觉得自己的汉学基底好，愿意参加汉人和南人的考试科目，中选之后，加一等授予官职。现在你知道了吧？当然，李孟他们定的这个政策并不是为了巴结蒙古人和色目人，而是通过这个照顾政策激励蒙古人和色目人加紧汉化的速度，同时也让这些既得利益集团支持科举制。

至于考试的内容，基本都在朱熹注解的《四书》里。汉族考生还得增加朱熹及其他宋儒注释的《五经》。

这套科举方案一经制定，使宋代的理学成功上升为国家正统学说地位，也使得汉儒得以延续下来，对中国传统文化而言，其意义是说有多大就有多大。后来明清两朝的科举制，基本都采取这些方式。

大元朝首场科举秀在延祐元年的春天举行，中书平章政事李孟和礼部侍郎张养浩为贡举，全面主持这场科举活动。三月，寿山廷试进士，赐予护都沓儿、张起岩等五十六人及第、出身。把进士分为两榜，蒙古人、色目人为右榜；汉人、南人为左榜。注意，元朝尚右，而元朝所指的汉人不是现在意义上的汉族，而是原来金国统治地区的汉人，至于南人，则是生活在原来宋朝土地上的人民群众。

放在中国历史上，李孟算不得牛人，但他成功地成为大元皇帝的一代帝师，然后得以强力推行以汉儒学说为标准考试内容的科举制，使得中国传统文化得以延续下来，其功也大焉。

他的这些做法，虽然得到皇帝以及很多贵族的支持，但贵族中的当权者都会有一批顽固派，而要命的是，这些顽固派都是大权在握的大佬，他们整起人来从不手软。现在这批顽固派都在坚决地反对李孟提出的各项政策。李孟自己也感受到“贵戚近臣恶其不利于己”，只是因为他有个皇帝老师的身份，才不敢公然跳出来批斗他，但却在他施政过程中处处使坏——他们使坏的最典型做法就是通过答己的懿旨来干扰。李孟是汉人，社会地位属于天然就低下的那种，现在能到这个地步，完全是因为“帝师”这个称号。他也知道，这个称号是不能太过倚重的。宫廷里的争斗，连兄弟父子都可以相残，遑论师徒？作为一个满腹诗书的大儒，他一边在尽力进取，一边又不断地做着急流勇退的准备。如此一来，他既能保住他的改革成果，也能保住自己的性命和前途。当他成功主持大元朝第一次科举之后，就以调理阴阳不顺的责任提出辞职。当然，寿山不同意。

寿山还让他把《资治通鉴》重要的章节用蒙古文抄写好，给他学习。

这段时间，汉儒们的工作还是比较顺利的。但铁木迭儿和答己是不可能让他们再当权下去了。



## 互相利用

铁木迭儿的病也在延祐元年好了，于是当年的九月，他又复出为中书右丞相。

铁木迭儿拿到相印之后，立刻加强中书省的权力，把自己打造成一个权臣。当然他也不蠢，他深刻地知道，虽然他跟答己关系亲密，得到答己无条件力挺，但如果让寿山不高兴，他的后果仍然十分严重。

现在寿山最想做的绝对不是科举，更不是其他改革，而是想推翻他与海山哥哥的约定。如果按照他跟海山哥哥的约定，他在登基那天就可以直接宣布让和世瑓当皇太子。和世瑓是海山的长子。可他已经当了几年皇帝，却仍然没有让和世瑓到东宫，明眼人都看得出，他不想让和世瑓当接班人。不让和世瑓当接班人，那就只有让他的儿子硕德八剌来当了。可是寿山又不好意思开这个口，而李孟他们也不好意思说出来。

铁木迭儿看到这个形势，心里就笑了，你们不说出来，那我就立这个功了。他知道，只要他站起来把这事搞定，寿山一族会对他感激一辈子，不管他在右丞相的位子上待多久，寿山都不会把他赶下台。

他复出没多久，也就是延祐二年的十一月，就向寿山提出，请立皇子硕德八剌为皇太子。至于海山原来指定的那个和世瑓就封为周王，去云南镇守——离首都远一点，安全系数就高一点。

寿山撕毁约定的策略做得很到位，整个活动他以及他的亲信都没有出场，基本都是由铁木迭儿操作。铁木迭儿确实是这方面的人才，他在此之前，做了大量的工作。叫那个善于诬陷别人的失烈门出马，制造了大量不利于和世瑓的谣言，然后又在两宫面前诋毁和世瑓——答己向来不偏向海山，另外一宫是寿山的皇后，是硕德八剌的老妈。而且，铁木迭儿还顺利地把绰和尔拉进这个阵营。如此一来，和世瑓就成了彻头彻尾的坏分子，能当上周王完全是看在你老爸的面子上。

和世瑓被封为周王后，朝廷于延祐三年的三月就命令中书右丞萧拜住及陕西四川省臣各一人，护送周王和世瑓去云南。

寿山毁约的目的达成之后，也开始抑制铁木迭儿的权力了。

五月，寿山再作了一次人事调整，任命大都留守拜特穆尔为中书平章政事，提拔中书右丞萧拜住为平章政事，左丞阿尔哈雅为右丞，郭贯为左丞，参议布哈为参知政事。按照元朝的官制，中书左右丞相最高，而平章政事为丞相之副贰。这次人事调整的亮点，就在于萧拜住成为平章政事。萧拜住是契丹人，他的爷爷曾跟忽必烈、伯颜南下伐宋，任过湖北提刑按察使，死后追封顺国公。他的老爸叫哈剌帖木儿，先是真金太子的典宿卫，后来出知檀州，死后也追封顺国公。用现在的话说，萧拜住就是个典型的官N代。他年轻时就跟铁穆耳北征过，后来不断地被提拔，直到成为中山知府，不久又“以忧去官”——这个“忧”就是“丁忧”的意思。有一次，寿山路过中山，有人对寿山说:“萧知州之所以辞官，实际上是怕迎驾太麻烦了。”

寿山心里很不高兴。

这时，正好看到一个老年妇女走在田里，寿山就问她：“府中的官谁最有水平、谁的人品最好？”

老年妇女说：“我只知道有萧知府，别的都不知道。”

寿山他们又到一个神祠前，看到几个老人在那里一边焚香一边祈祷。寿山就派人去问他们：“你们为什么祈祷？”

老人们回答：“萧知府去奔丧，我们希望他赶快回来，因此就在这里祈祷。”

寿山一听，这才知道，萧拜住真的是奔丧了，而且还知道这位仁兄是有水平的。那时寿山还是皇太子，回京之后，就向哥哥推荐，让萧拜住为中书左司郎中，不久就外放河间路总管，不久再召回来当右卫率使。之后，先后任户部尚书、御史中丞。萧拜住这一连串的任用，基本都是寿山在操作，因此他绝对可以划归寿山亲信之列。再加上萧拜住又是契丹人，社会地位比汉人更高一点，让他来牵制一下铁木迭儿，也是很合适的。如果让汉儒来牵制，矛盾就会激化。从寿山后来被谥为仁宗来看，他在处理政治矛盾这方面，还是很讲究方式的，采取的手段还是比较温和的。

寿山他们以为把和世㻋调离北京，和世㻋就会心甘情愿地去当他的周王了，这事的麻烦就全部了结了。

哪知，和世㻋表面虽没有意见但内心根本不服，海山那帮遗臣也根本不服。

延祐四年十月，和世㻋奉命在延安驻扎，一帮海山的亲信都跑到延安，举行了一场海山部下的聚会。在这个聚会上，原海山朝的高管嘉晖说：“这个天下是武宗皇帝的天下，现在殿下外出镇守这件事，根本不是皇上的本意，都是他身边那些奸臣离间的结果。我们一定要把这个原因向行省报告，然后请他们上奏朝廷。否则，不知道以后还会出什么乱子来。”

嘉晖办事很讲究效率，说过之后，立刻就翻身上马，带着几个手下飞奔而去。

当时陕西行省的左丞相叫哈斯罕。此公也是个牛人，曾任过太师，是朝中一等一的大臣，可是他跟铁木迭儿不和，当太师还没有找到感觉，就被铁木迭儿免掉了，然后下放到陕西当个行省左丞相。

嘉晖他们也知道哈斯罕心里很气愤，所以他们快马来找他。

根本不用说太多的话，双方见面后就一拍即合。接着哈斯罕就把陕西行省的平章政事塔齐尔、行台御史大夫图鲁布、中丞托欢都叫来，说咱们去清君侧，然后拥立和世㻋当太子。

几个人一听这话，也不过一下脑子，就直接举手同意。

几个人就联合调动关中的军队，分道从潼关、河中府进兵，要以武力解决中央。

眼看大军浩浩荡荡地杀向大都，大元内战一触即发。寿山接到这个消息后，大吃一惊，这才知道把这个事件看得太简单了。自己撕毁了约定，为什么还要让和世㻋带兵出镇？这不是给自己制造后患是什么？但事到如今，只有出来应对了。他宣布京师戒严，如果有必要，他就御驾亲征。

在寿山准备出来迎敌的时候，造反派却出了乱子。他们雄赳赳地杀到半路时，塔齐尔和托欢仔细一想，觉得好像不大对，这可是去造反。造反成功了，大权肯定会落在嘉晖和哈斯罕这些人手里，如果不成功，那是全家被砍头的后果。他们就怕了起来，两人就商量，与其去造朝廷的反，不如现在反这几个家伙。两人二话不说，直接带着部队冲过去，把嘉晖、哈斯罕等几个全部抓起来，当场杀掉，叫停了部队前进的步伐。

和世㻋闻讯之后，更是大惊，没有了军队，他当然只得逃跑。他连夜向西逃去，一干人一路狂奔，“于雷雨盈满之际，盘桓屯难，草行露宿”，穿过沙漠到达金山的察合台汗国边境。

察合台汗国历来跟中央王朝不合拍，就是在忽必烈时期，也已经高度自治，现在中央王朝对汗国们的掌控比以前更弱了，因此察合台汗国也跟其他汗国一样，只是名义上的蒙古帝国属国，其实早就单干很多年了。大元很多年来，战斗力也不断地弱化，连南方几个小国都没有彻底摆平，哪还敢主动来找这儿大汗国的碴儿？

现在，和世瓎逃到察合台汗国边境内，只要察合台汗国现任大汗也先不花不为难他，他就彻底安全了。事实上，也先不花很欢迎和世瓎的到来，让他在边境上安营扎寨。

一场差点就爆发的内战，暂时宣告停止。

寿山并没有因为和世瓎和海山遗臣们的不服而不立自己的儿子为接班人。在和世瓎跑到金山那里当流亡贵族一个月后，他准备任命自己的儿子硕德八剌为皇太子，而且兼中书令、枢密使。这时，硕德八剌才十三岁。这位小帅哥倒很谦虚，听到这个消息后，就去找皇太后奶奶，说："我现在太小了，又没有什么能耐，而且上面又有哥哥。还是让哥哥来当太子吧，以后我帮他。"

太后不答应。

于是，在当月十九日，寿山立硕德八剌为皇太子，算是把约定彻底撕毁了。

铁木迭儿看到寿山确立了皇太子，觉得自己为寿山立了大功，就更加嚣张了——史书对他这个时候的描述是"贪虐日甚，中外切齿"。

只有中丞杨多尔济不怕他。杨多尔济认为自己在这个位子上坐着，主要职责就是给这个顶头上司提意见，纠正他的过错，因此只要铁木迭儿犯错误，他就毫不留情地指出来，一点不怕这个有太后撑腰的权臣。

上都有个土豪叫张弼，家里很有钱，而且他也相信有钱就可以胡来，可以杀人。于是，他就成了一个杀人犯。杀人犯张弼很快就被当地有关部门抓了起来。但杀人犯张弼一点不在乎，他一边很嚣张地在那里坐牢，一边差人到大都找到铁木迭儿。铁木迭儿很快就派了个家奴来到上都，直接去威胁上都留守贺胜，叫贺胜立刻无罪释放张弼。

这个家奴叉着腰把一大堆威胁的话摆完之后，贺胜说："我不放！"

铁木迭儿气得要命，在那里大骂贺胜，准备搞个黑材料把贺胜也关进去。

但此时，杨多尔济也知道了这个事，同时也暗查到铁木迭儿贪赃"巨万”，就找到萧拜住商量，一起联手上奏朝廷，揭发铁木迭儿的罪行：桀黠奸贪，欺上罔下；占据晋王田及卫兵牧地；窃食郊庙供饲马；受人珠宝之贿，动以万计。且既位极人臣，又领宣政院事，以其子巴尔济苏为之使，诸子无功于国，尽居贵显，纵家奴凌虐官府，为害百端。以致阴阳不和，山移地震，灾异数见，百姓流亡；己乃恬然略无省悔。私家之富，又在阿哈玛特、桑哥之上。四海积怨已久，愿早加显戮以示天下。

寿山等的就是这个揭发，他接到这个奏章后，大为震怒，立刻派人去把铁木迭儿逮捕归案。铁木迭儿先前也曾被海山抓过，因此有着丰富的逃避抓捕的经验。那些办案人员还在半路，他就已经提前逃跑到兴圣的侍卫家中，躲藏起来。寿山看到抓捕人员都空着手回来，也感到非常郁闷。他知道铁木迭儿之所以敢于逃跑拒捕，是在找机会给太后通气，让太后出手救他。如果不在很短时间内把他定罪，太后肯定会果断出手，到时此事又将不了了之。因此他下令有关部门尽快把他搜捕到手。接连几天，这些捕快都一无所获，寿山在那里郁闷得吃不下饭。

在这几天当中，寿山已经下令把铁木迭儿的几个死党全部杀掉。

杨多尔济带着大家经过多日的加班工作，仍然抓不到这个老家伙。后来，果如寿山所料，徽政院的几个近臣过来，把杨多尔济召到宫门前，把他猛批一顿，天下那么多人该查你不去查，为什么一定要查老丞相？他当了这么多年的丞相，犯了那点错事，你们就一定要把他置于死地？

杨多尔济显然已有思想准备，因此并没有慌乱，回答说：“我在御史的位子上，完全是按照祖宗定下的法规办事，并不是故意违抗太后的旨意。”他的原话是：待罪御史，奉行祖宗法，非敢违太后旨也。

既然太后都出面了，寿山只得叫停了追杀铁木迭儿，只是下令罢了他的丞相之职，然后提拔杨多尔济为集贤学士。

在跟答己的关系上，寿山其实跟他的哥哥一样，一直在与老妈进行暗战。当然，明面上是与铁木迭儿集团较量。现在他虽然成功地把铁木迭儿扳倒，但仍然输给了老妈，他费了九牛二虎之力，抓到了铁木迭儿的证据，最后仍然让这个大老虎成功地逃脱了制裁。

谁也说不清，寿山当了几年皇帝，却仍然在东宫里住着。他虽然知道他哥哥的身体是给酒色拖垮的，但他也贪杯贪得没有节制。监察御史马祖常多次提醒他说：“你现在是皇帝，应该在皇宫里办公，那里才是正衙，是群臣朝贺的地方。你既然是受命于天，继承法统，就应该爱惜身体，不要暴饮暴食。”可是寿山也跟很多酒鬼一样，不管你怎么劝他，他就是要喝，一直喝到死。

一年过后，延祐七年的春节——春节似乎对元朝皇帝都很不吉祥，连续几任皇帝都在这个举国欢庆的时候龙体“不豫”起来。寿山也是在这个时候，身体不舒服，宣布“辍朝贺”。

到了初七这天，寿山的病情加重起来，皇太子看到老爸无比虚弱，情知有些不妙，在夜间焚香向上天祷告说：“我老爸以仁慈治理天下，使大元各项事业得到迅猛发展，老天爷为什么一定把大祸降临到他的身上？老天爷你有什么意见，就罚我吧。”

类似这样的招数，好像周公也玩过，而且据说周公成功地把武王救了过来。但硕德八剌却白白烧了这炷香，一点效果也没有。

到了二十一日，寿山终于熬不过重病的摧残，驾鹤西去，享年三十六岁。

忽必烈的命很长，但他的子孙却都是短命鬼，而且大都在春节期间离开人间。

寿山是儒学的铁杆粉丝，为儒学的重生作出了巨大的贡献。因此，他死后，中国史家对他的评论还是很高的。

明代大儒宋濂对他的评语是：仁宗天性慈孝，聪明恭俭，通达儒术，妙悟释典……平居服御质素，澹然无欲，不事游畋，不喜征伐，不崇货利。事皇太后，终身不违颜色；待宗戚勋旧，始终以礼。大臣亲老，时加恩赉；太官进膳，必分赐贵近。有司奏大辟，每惨恻移时。其孜孜为治，一遵世祖之成宪云。

后来，给他的谥号是仁宗！

## 答己后悔了

寿山一死，最悲痛的是他的太子硕德八剌，最高兴的当然是铁木迭儿。

寿山于正月二十三日刚入土为安，答己在第二天就下令罢免中书右丞相巴达锡的职务，任太子太师铁木迭儿为右丞相。答己这么急就恢复铁木迭儿的职务，看来在这段没有铁木迭儿当她代理的日子里，她过得很郁闷。

铁木迭儿本来就是一个嚣张人士，此时重新进入中书省，寿山已死，太子还是个初中生，最有权势的太皇太后又全力当他的坚强后盾，他这个中书第一把手说是权倾天下是一点不过分的，于是他就更嚣张了。

他跟所有的权臣一样，一到台上基本就是坚持“顺昌逆亡”的权臣准则不动摇。他那一双权臣眼睛一扫，就发现参议中书省事韩若遇不依附自己。他去找皇太子硕德八剌，说韩若愚是个坏蛋，请处死他。

硕德八剌年纪虽然小，但却是个很懂事的中学生，看到这个老人家才上任没一天，别的工作都还没有开展就先要求杀人，因此就摇摇头不同意。铁木迭儿没有想到自己会在太子面前碰一鼻子灰。但他仍然不罢休，那就不杀他了，但不能让他再当官，把他的公务员身份取消掉，叫他滚回原籍。硕德八剌没有办法，只得同意。

当然，如果只处理一个韩若愚，铁木迭儿是不甘心的。他接着把中书平章政事齐勒帖木儿、御史大夫托欢一起免掉，改任集贤大学士，成为退居二线的高官——这几个官员都是他的反对党，当年寿山用他们来对付他的。

其实，他最恨的是四川省平章政事赵世延。赵世延虽然姓赵，但他真实身份也是个少数民族，因为他的爷爷按竺迩当过蒙古汉军征行大元帅，镇蜀，所以全家都搬到四川，因此改姓赵。当时，很多少数民族改姓时，都爱改成赵姓，因为赵姓是大宋的国姓，觉得改了姓赵，自己的身份就跟着高贵很多。

赵世延小的时候就很聪明，而且十分喜爱读书，还在很年轻时就出了名，二十岁就被忽必烈破格召入枢密院御史台。

至元二十一年，赵世延任云南诸路提刑按察司判官，参加过讨平云南少数民族武装的战斗。至元二十六年，他被提升为监察御史。当时正是桑哥当权，他才到任不久，就组织五个同僚积极履行职责，弹劾桑哥的不法行为。当时，他以为奏章送上去，桑哥就会应声落马。哪知，官场的水太深，他根本看不出。他的奏章送上去了，却被桑哥的铁杆中丞赵国辅压下，并把这件事报告给了桑哥。桑哥立刻展开报复行动，把这几个敢于跟他作对的家伙都挤出朝廷。但因为赵世延有忽必烈担保，没有被踢出御史台。

他不但有胆跟权臣过招，其他政事办得也很有效率。大德十年，他任安西路总管。他的前任绝对是个懒得要命的庸官，离任时，留下的积案多达三千多个。

但赵世延拿出全部精力去处理这些旧账，只用了三个月的时间就把那一堆案件全部处理完毕。后来，陕西行省发生了一场严重的饥荒，行省高管们在一起商议，准备上奏朝廷，要求放粮赈济。赵世延说:“救灾如救火，等你把这些程序走完，很多人都饿死了。还是先开仓放粮，如果朝廷不允许，问责起来，我愿倾家荡产以偿。”大家看到有人出来担责，当然都表示赞同，“遂发廪赈灾，救活者甚多”。

皇庆二年，朝廷下诏，要起用汉族名儒。大家一看，赵世延不就是个汉儒？他不是汉族，怎么会有这样的名字？于是，都推荐给寿山。寿山却知道，赵世延不是汉人，说:“世延……雍古人氏，非汉人，其署右。”把他的名字排在最前面，成为这一批提拔人员的带头大哥，先拜参知政事，后来迁御史中丞。此时，他的人气已经十分高涨，他到御史台上任时，一大批大小官员都前来相送，场面很壮观。

那几个大佬就不服了，你就这么一个级别的官，能有这么大的排场，比我们去上任时还有气场，这不是侮辱我们是什么？你敢给我们不好看，我们就让你不好过。于是这个排场一过，那几个大佬就以太后的名义把他赶出朝廷，直接下放边疆，到云南当行省右丞。

铁木迭儿他们看到太后的懿旨已经生效，心里很高兴，你有皇上撑腰，可皇上也怕他老妈。

赵世延拿到调令后，就去向寿山辞行。

寿山看到这个调令，才知道此事，说调谁也不能调赵世延，便又下了个文，让赵世延仍旧当御史中丞。

铁木迭儿们一看，也只得在那里气得要命，连李孟那样的牛人，他们都可以让他知难而退，为什么就斗不过这个赵世延？其实并不是赵世延比李孟更有水平，而是因为赵世延不是汉人。李孟因为汉人的身份，不得不以退让的方式来自保，然后再找机会图谋进取，是典型的以退为进。赵世延却能以硬碰硬。

后来，在杨多尔济他们弹劾铁木迭儿时，赵世延作为御史中丞，更是积极参与，成为打铁集团的主要力量。他在弹劾文书里，一口气罗列了铁木迭儿十三条罪状，最后要求将铁木迭儿拉出去斩首。

他们虽然成功地把铁木迭儿从权力中心打下来，但却没能把这个老家伙杀掉。

四川发生了饥荒，寿山认为赵世延在解决饥荒问题上很有办法，就于延祐五年晋赵世延光禄大夫、昭文馆学士、宋大都留守乞补、外拜四川行省平章政事。赵世延决定在重庆路屯田，利用江津、巴县一带闲田七百八十顷，召军上一千二百余人垦种，当年就获粟一万多石。

没有人会想到，寿山会这么快就死掉，因此更没有人会预料到铁木迭儿又有出头之日，再次大步走进权力中心。

连韩若愚只是不肯依附铁木迭儿，铁木迭儿都还想把他搞定，赵世延这个曾经把他成功打倒并高调要求砍他脑袋的人，他能放过吗？

他前次直接到硕德八剌面前请求处死韩若愚时，被硕德八剌当面否决，知道这个少年太子还是很有头脑的、不能随便忽悠的，因此，这次他认真吸取教训，下决心把前期工作做好，然后再一拳打下去，把赵世延这个家伙一把砸烂。他给自己的一个死党何志道布置了一个任务，做足赵世延的黑材料，以便把这个硬骨头打死。何志道果然很有办法，设法引诱赵世延的堂弟索哈尔哈呼加入打赵同盟，由索哈尔哈呼出面，诬告赵世延有罪。而且，铁木迭儿还使了一个毒招，就是派人去暗示赵世延，只要赵世延勇于揭发那些跟他为敌的人，就可以官升几级。如果赵世延被这个诱惑，那他的敌人就更多了，名声也就彻底坏了。然而越世延却坚决拒绝说，我只弹劾奸臣，不弹劾无罪的人。

他们很快就把赵世延抓了起来，往首都押解过去。现在朝中的大权紧紧地握在铁木迭儿手中，最后裁决的权力又被答己掌握。赵世延要是被送到大都，被杀是毫无悬念的。

可是赵世延的命却出奇地好。他被解到夔州时，朝廷突然宣布大赦。他这时身体正好有病，就跑到荆门就医。铁木迭儿仍然不放过他，又派人过来把赵世延抓到手，送到大都来，然后下令死党们一定要想尽办法、克服种种困难，务必把赵世延的案件治成死罪，但这事被硕德八剌知道了，派人过去宣布：经过赦免的案件，都不得再追问。谁再追问，我就拿他是问。

赵世延这才又逃过一劫。

硕德八剌虽然年轻，但头脑还是很好用的，虽然这段时间他的身份还是皇太子，大权仍然由奶奶掌管，但由于他被立为皇太子不久，他的老爸就让他接触政事，身兼中书令，因此对朝廷中的事务还是很熟悉的，处理起来，也比较有模有样，尽量做到公平公正。他不但力保了赵世延，对于其他案件处理也比较人性化。比如，参议中书省事奇勒是个大贪官，利用手中权力，大力开展出卖官爵活动，很快被有关部门查了个水落石出。刑部对他的量刑是：杖刑。案卷送到硕德八剌那里时，硕德八剌下令改为笞刑。大家问为什么，硕德八剌说："不能这样判决。法律最关键的就是'公正'两个字。如果根据情绪任意判决，这是在明确地告诉人民，我们的法律是不公正的。"大家一听，也就没有话说了。

虽然硕德八剌看起来很聪明，但他毕竟还年轻，有时还是斗不过铁木迭儿集团那些老家伙的——何况，这个阴险异常的团伙还有他奶奶的强力支持。他现在也必须有他奶奶的支持。如果他丧失这个权欲熏天的奶奶的支持，他就有直接被废掉的危险。

铁木迭儿他们虽然几次在硕德八剌面前碰了软壁，但他们仍然照着自己的风格继续前进。铁木迭儿这个时期给自己布置的任务仍然是以打击反对党为头等大事。

在上次打倒铁木迭儿的活动中，杨多尔济和萧拜住、贺胜是“打铁”集团的三驾马车，是领导这次运动的核心力量。在所有被愤恨的人当中，铁木迭儿对这三人的愤怒程度是最严重的。

铁木迭儿复出不到四天，就把失烈门和御史大夫图勒哈集叫来，命令他们立刻以皇太后的懿旨（这些年来，皇太后的懿旨已经变成他们的“懿旨”了），把杨多尔济和萧拜住叫到徽政院。

杨多尔济和萧拜住到了之后，首先看到的就是太后的红人失烈门和图勒哈集。失烈门和图勒哈集看到这两个硬骨头老老实实地来了，便一脸得意地宣布对他们进行“双规”，他们将代表太后和铁木迭儿太师对他们进行审问，指出他们此前违抗太后的旨意，犯下了不可饶恕的累累罪行。

杨多尔济却一点不怕，等那两个家伙把话说完之后，咬牙说：“我当中丞时最不称职的事，就是没有按照中丞的职责杀了你们以谢天下。如果我真的违抗太后的旨意，你们还能有今天吗？”

铁木迭儿虽然老奸巨猾加怒火中烧，但也没有其他办法让两人认罪，只得再老着脸皮去找硕德八剌，说：“把这两个家伙杀了吧，他们一点不给太后面子。”

硕德八剌却很淡定地说：“人命关天，哪能说杀就杀？刑杀是不能随便使用的。他们两人的罪行还没有弄清楚，不能这样就下结论，还是先禀告一下太后，再处理吧。”

铁木迭儿当然气得头皮差点冒烟，恨不得硕德八剌当场死掉，自己好不容易把权力弄到手，偏偏碰上一个不相信奸臣的小孩当老大。但他还有什么办法？总而言之，像铁木迭儿这样的奸臣加权臣，只能借着上面有人，在大臣们面前嚣张一把，但基本不敢在宫中的实力派面前耍手腕。

铁木迭儿只得又不辞劳苦，找来杨多尔济原来的两个同事，让他们组织杨多尔济和萧拜住的黑材料，而且是当着两人的面捏造。

在这两个专业人员的努力下，铁案终于顺利出台。

硕德八剌一看，也没有招儿了。

铁木迭儿胜利在望地看着硕德八剌那张脸，心里高兴了：现在你知道什么叫姜还是老的辣了吧？

铁木迭儿现在要做的事，就是以太皇太后的懿旨把那两个骨头最硬反对他最坚决的人抓起来，然后拉下去斩首。

杨多尔济和萧拜住就这样被杀掉。

杨多尔济和萧拜住是反对铁木迭儿最坚决的人，但他们手里没有权力，只有满腔浩然正气。他们虽然碰到了一个欣赏他们的皇帝，但这个皇帝的性格也比较弱，寿山也知道铁木迭儿罪该万死，但却碍于老妈，最终放过铁木迭儿。结果，他留给自己儿子的这两个忠臣被人家毫不留情地杀掉了。

铁木迭儿把两个最突出的反对派杀掉之后高兴了，他还想继续把报复事业大力开展下去。张思明对他说：“太师你要好好想一想，先帝刚刚驾崩，新皇还没有登基，你一天到晚不是在挥刀杀人，就是行进在挥刀杀人的路上，人家会怎么说呢？”

铁木迭儿问：“怎么说？”

“人家就会说，太师是在准备把不听话的人全部杀死，然后造反。如此一来，诸王、驸马们也会跟着产生怀疑，然后不来参加忽里勒台大会，你怎么办？”

铁木迭儿这时虽然嚣张，其实手里并没有多少实力，全是仗着太后给的权力，还真没有想过造反这件事，这时听到张思明一说，就怕了起来，不再高举屠刀下手了。

答己的另一个红人失烈门，虽然以前也嚣张，但基本都是当个打手，在铁木迭儿和太后需要的时候，就出来，指哪打哪，这时也大步走到前台，以徽政院使的名义出来，要求硕德八剌按他提交的名单，换掉朝廷的官员。

硕德八剌说："现在是换官员的时候吗？这些官员都是先帝的旧臣，都是先帝信得过的人员，怎么能说换就换呢？等我成为皇帝，跟宗亲、元老们商量之后再决定，贤德的人将加以重用，邪恶的人就把他赶走。"

这时，司农卿鄂勒哲说："我建议把先帝赐给诸臣的田地都收归国有。"

硕德八剌说："先帝都赏赐给哪些人？"

鄂勒哲说："左丞相哈克繖最多。"

硕德八剌说："我曾多次教导你们，办事都要凭着公心来办。你在先帝还活着时，曾经请求过海船的税收，因为哈克繖的反对而没有得到。现在你这么说，其实是在公报私仇。这哪是在尽心辅佐我呢？"当场下文，把鄂勒哲贬出京城，出任湖广宣慰使。

直到当月的二十一日，所有亲王才到齐，硕德八剌这才宣布就任大元王朝最高领导人，下令大赦天下，尊皇太后为太皇太后，铁木迭儿则晋升为开府仪同三司、上柱国、太师。

大家一看这个权力结构，就知道，答己集团已经稳稳拿住大权。但就在硕德八剌登基的这一天，答己的心里就后悔了。这个当时最有权势的女人，权力欲望不是一般的强，自从跟卜鲁罕玩那场对手戏以来，一直做着干涉皇帝任免的工作，当时刚刚把卜鲁罕拿下，政权还在摇摆着，她就在两个儿子之间玩起权谋，最后被自己的儿子海山以武力威胁，这才不得不收手。现在废立大权紧紧地拿在手中，她当然会有效地去使用。她让硕德八剌当皇太子，绝对不是因为硕德八剌是她的亲孙子，而是因为她觉得硕德八剌性格较弱，立为太子时还坚决辞职。她那时天真地认为，这样的皇帝好控制。哪知，就在当天，硕德八剌在宣示就任皇帝之职后，一眼向她看来时，她突然发现这道目光英气逼人，刚毅无比，哪是以前那个皇太子柔和的眼色？

答己在这一刻就知道，自己看错人了，如果让和世㻋来当，可能还要好。

她这个想法一产生，大元王朝的悲剧种子就此埋了下来。

## 矛盾越来越严重

铁木迭儿当然没有这样的敏感，继续挥舞着手中的权力，看谁不顺眼就打击谁。他老早就看李孟不爽，只是李孟深谙官场凶险，又得寿山的无比尊重，答己对李孟也有好感，从没什么把柄留给人家，因此对李孟也没有办法。但他仍然是亡李孟之心不死。现在寿山死了，李孟最硬的后台倒下，李孟这些年来又主动不当大官，手中已经没有什么权，看来搞定李孟最佳的时机已到。

铁木迭儿很快就想到了一个计策，突然下个文，把李孟贬为集贤侍讲学士。他以为李孟看到这个降级文件之后，肯定会大为生气，这样就可以说李孟对皇帝有意见。

哪知，这样的招数对于李孟来说，简直是小菜一碟，看到文件后，李孟立刻满脸堆笑，表示坚决拥护。

硕德八剌看到这个情况后直接对铁木迭儿的儿子巴尔济说："你和你老爸不是说，李孟会不肯就任这个职务吗？现在如何？"

硕德八剌跟很多年轻人一样，刚刚上位，满腔热情，很想干出一番事业来，把自己打造成一个明君形象。他对御史台的官员说："你们一定要恪尽职守，该说的话都要说出来，不要有什么保留，对的我会采纳，错了我也不会怪罪你们。"

哪知，他奶奶答己一看，要是都给这帮家伙说下去，铁木迭儿不被这些人弹劾到死才怪。但也不好意思直接说不要让御史台说话，于是就叫硕德八剌下了个诏书：下令朝廷内外不许诋毁铁木迭儿。你们尽可以说别人的坏话，弹劾所有的人，但铁木迭儿除外，谁也不能提他。

铁木迭儿有了这个诏书，几乎可以与传说中的丹书铁券画等号，就更飘飘然了，他认为贺胜那家伙也是自己的死敌，必须把他杀掉。

贺胜跟铁木迭儿同住一条巷子，属于抬头不见低头见的邻里。贺胜看不惯铁木迭儿的做人风格，觉得这家伙道德败坏、人品邪恶，因此坚决不跟老铁家往来。贺胜这个人也是个容忍不得奸臣的人，最后深度参与了杨多尔济弹劾铁木迭儿的活动。如此一来，贺胜就成了铁木迭儿无论如何都不能放过的人。铁木迭儿这时权力更大，诬陷别人的水平更加到位，想把谁搞死，随便捏造个罪名就砍死谁。这一次，他诬陷贺胜的罪名是：穿便服迎接圣旨，这是极端不尊重皇帝的表现。

硕德八剌这次居然被铁木迭儿忽悠了，没有出来说一句话，直接就让铁木迭儿把贺胜抓住。铁木迭儿这次真的是心花怒放，把贺胜绑到闹市里杀死，让大量群众观看，然后陈尸街头，派人抄没贺家的财产。但是京城群众的眼睛还是雪亮的，知道贺大人是被冤枉而死的，都排队过来拿着纸钱烧给他。

铁木迭儿看到硕德八剌当了皇帝之后，居然不像还当皇储之时当面质疑他，觉得这个皇上已经彻底信赖他了，因此就比以前更嚣张了，即使谁因为一点小小的事跟他过不去，他也要大力处理人家。硕德八剌是什么人？看到铁木迭儿不断地把他老爸的旧臣诬陷来诬陷去，心里十分气愤，觉得得想办法制约他一下。

这时，硕德八剌发现了一个人才，这个人才叫拜住，是安童的孙子。拜住也跟他爷爷一样，从小就是一个有远大理想的人，见过他的人，给他的评价是“颇有乃祖之风”。他是贵族的后代，按照当时的制度，一到工作年龄就直接沿袭宿卫长官，一脚走上了晋升的快车道。延祐中，他被授太常礼仪院使。他才到任不久，就深度进入角色，只要参与讨论国家大事，就一定要问：“这个是否合乎典章制度？”有人听得多了，就对他说：“我天朝就只有典章制度可谈吗？”

拜住笑着说：“那请老兄举例说明：国朝什么事情不合典章制度？”

那哥儿们一听，还真不好回答，当场哑口无言。

硕德八剌还在东宫等着当皇帝的时候，就问身边的工作人员，宿卫中哪个人品最好，哪个水平最高？

大家一致推荐拜住。

硕德八剌就派人去找拜住，说要和他聊聊天。

拜住对使者说：“这个好像不大对头吧？我管理皇帝的警卫，却和太子私自往来，这是授人以柄的事情。有猜疑的交往，是君子所应该谨慎的。如果被人当着把柄拿住，我固然要完蛋，对太子也没什么好处。”

虽然这次硕德八剌没有跟拜住见面，但他记住了这个人，因此他在当皇帝没几天，就任拜住为中书平章政事。

硕德八剌对那几个朝廷大佬已经十分不满。他在登基后的第二个月，就把铁木迭儿集团的几个骨干分子拿下。被拿下者的名单：岭北平章政事阿克繖、中书平章政事赫噜、御史大夫图卜台、徽政院失烈门。这几个人被人揭发，说他们与一个已故朝廷大佬约苏穆尔的老婆伊埒萨巴在某个角落里密谋，而密谋的内容是废掉现任皇帝、拥立新君的大事。硕德八剌才刚刚上位，就接到这么一个揭发，心里大惊。他转头四顾，发现自己身边的这些人，基本都是铁木迭儿的铁杆，要是他们真的发动政变，自己这个皇帝还真的没有招架之力。他找来找去，只有刚刚提拔的拜住是一个可以帮自己的人。于是，他来到穆清阁，把拜住叫来，商量如何解决这个事。

拜住很干脆，说：“这几个家伙很久以来就形成了一个团伙，他们长期独揽大权、败坏政治、祸国殃民，现在如果不把他们拿下，估计不用多久，他们就会发动党羽，危害国家。所以，应该马上采取果断措施，毫不犹豫地把他们拿下，然后依法对他们进行制裁。”

硕德八剌一听大喜，激动万分地说：“你说的这些话，也是我的心里话。”于是叫拜住立刻带着卫士搞了个突然袭击，把这几个还在那里密谋的家伙全部捕获归案，而且当场斩首，根本不给他们集团营救的时间。

接着就是收拾与这些人有关的党徒，比如伊埒萨巴的儿子现任浙江行省平章政事的玛噜，基本都是斩首，然后抄没家产。不过，最后这些家产基本都赐给了铁木迭儿。

由此可知，铁木迭儿目前权力之大。

这次，硕德八剌拿下的这几个人，基本都是徽政院出身的。而徽政院是答己干预朝政特别设立的机构，答己常常从这个地方向朝廷发布自己的命令，搞得寿山都很被动。

但仍然没有动到铁木迭儿的根本。这时铁木迭儿觉得用不敬重皇帝的罪名搞人是很容易得手的，因此又以这个罪名把老冤家赵世延抓起来，关在牢房里。当然，只让赵世延在监狱里吃牢饭绝对不是铁木迭儿的终极目标。他的终极目标就是要砍掉赵世延的脑袋。他上奏请求把犯了不敬之罪的赵世延斩首，然后追究中书省、御史台那几个负责人的责任。

他信心满满地认为，硕德八剌一看到不敬之罪这四个字，肯定想都不想就大笔一挥：准奏！

哪知，硕德八剌却把这个奏章丢到一边，说："铁木迭儿几次三番要把赵世延置于死地，肯定是在发泄私愤。我老早就知道赵世延是个忠良之臣，哪能采纳铁木迭儿的意见。"

当这样的话公开说出来的时候，我们就可以知道硕德八剌对铁木迭儿的气愤程度了。

皇帝和权臣的矛盾已经不可调和。

铁木迭儿肯定也知道硕德八剌对他的态度，但他仍然一点不收敛，因为答己在全力放纵着他。海山那么牛，敢于以枪杆子来威胁他妈抢到皇帝之位，要处理铁木迭儿还是下不了手；寿山当了七年皇帝，跟铁木迭儿斗了七年，直到最后一刻才勉强把他拿下，可是仍然拿得不彻底，让他留了下来。现在硕德八剌才多大？铁木迭儿能把他放在眼里吗？

此前，硕德八剌下令修了寿安山寺。由于工程浩大，劳役特别紧急，监察御史索约勒、哈迪密实联合同事观音保、成珪、李谦亨上书劝谏，说现在农事方始，朝廷却在兴土木、劳民伤财。兴建佛寺的本意是祈福，可现在这样做能算祈福吗？而且今年是辛酉年，不宜大兴建筑。

硕德八剌一看，大怒，我这些日子以来，基本都很节俭，就修了个佛寺，你们就说这也不宜、那也不宜，气得说不出话来。

铁木迭儿一看，这是进谗言的最佳时机。他对这几个御史台的高管早就恨得想吃掉他们。前一段，司徒刘夔搞腐败，就是把浙右的民田献出——却称是自己的良田，然后去领政府的补偿，拿了大量的现金。当然，他也知道这个做法要是被揭发出来，他的脑袋就不牢固了，但他同时也知道，只要把铁木迭儿收买了，他的脑袋就会一点问题都没有。于是，他来个大出血，把所得的一半现金用麻袋扛着送到铁木迭儿家里。果然，铁木迭儿那张老脸的笑容很灿烂。但此事很快就被御史台的那些眼睛发现，立刻上书告发他们作弊，非法侵吞国有资产。虽然没有把铁木迭儿告倒，但铁木迭儿十分恼火，咬着牙发誓要找个机会治一治他们。

这时，他看到年轻的皇帝对这班御史龙颜大怒，知道机会已经来了。铁木迭儿在高层深耕这么多年，天天下功夫培养自己的势力，几乎各个部门都有自己的铁杆死党。他在御史台也安置了自己的一个儿子，这个儿子叫索诺木。

索诺木根据铁木迭儿的最新指示，偷偷对硕德八剌说："陛下，这次关于寿安山寺事件，背后的水很深。"

硕德八剌说："什么意思？"

索诺木说："我在御史台工作，最知道这个奏折的来历了。其实都是那些腿脚不便的老臣们，不方便进殿来上奏，就教唆御史们来讥讽皇上。这可是大不敬。"

如果是在平时，以硕德八剌的性格和智商，估计不用听这位仁兄的话，看看他的脸色就知道他是来诬陷的。可现在硕德八剌情绪很激动，直接就听信了这番话，然后下令把这几个上书的老臣们全部处死。

处理的结果，索约勒、哈迪密实和观音保被处死，成珪、李谦享被杖打一顿，外加在脸上刺字，再加流放到纽尔干地区。这两人能保住脑袋，还多亏了张思明。此时张思明是左丞相，刚到新单位不久，看上去派系不明显，正成为铁木迭儿拉拢的对象，因此对张思明的话容忍度还是很大的。张思明对铁木迭儿说："进谏历来是御史的职责。本朝以来，从没有杀过谏官。成珪和李谦享都是谏官，应该按祖宗的法规来处理。"铁木迭儿采纳了，这两人的脑袋才保住。

铁木迭儿把御史台的一批人打倒后，又把自己的一个手下特克实塞了进去，当了御史大夫。

## 障碍消除

几乎所有的人都知道特克实是铁木迭儿的人，但硕德八剌却硬是看不出，居然把他当作亲信，除了任命特克实为御史大夫、佩带金符外，还兼任忠翊军侍卫亲军指挥使，手里有了兵权。

铁木迭儿继续耍他的手腕，在大杀异己分子的同时，也为硕德八剌除去一个潜在威胁。当时，硕德八剌最大的潜在威胁就是海山的儿子和世㻋以及图帖睦尔。硕德八剌虽然已经宣布就任皇帝，但因为他老爸与海山的约定，使得他这位皇帝给人的感觉总是来路有点不正。于是，海山的那几个儿子，自然而然地成了硕德八剌最大的心病。现在和世㻋被打跑到金山那里避难，但图帖睦尔还在当着亲王。

铁木迭儿当然知道他的这个心病。他更知道，对硕德八剌这样的人，现在最好的巴结就是帮硕德八剌除掉这块心病。至治元五月，图帖睦尔回到首都，铁木迭儿知道，硕德八剌看到这个堂兄弟时，内心肯定会超级不舒服，因此就开展挑拨离间活动，叫中政使耀珠出头，告发说图帖睦尔等跟各个亲王暗中勾结，有图谋的嫌疑，必须把这些苗头掐死在萌芽状态。

这个告发一出，立马产生轰动的政治效应，亲王和大臣们个个都陷入人人自危的状态当中。

于是，根据铁木迭儿的建议，把图帖睦尔流放到海南。

硕德八剌看到这个最大的威胁默然离京而去，心里大大地松了一口气，对铁木迭儿的气愤程度又少了一点。

硕德八剌接着又把铁木迭儿的死党特克实任命为阿速军的老大。这支军队的职责是皇帝的护卫。于是，硕德八剌把自身的安全也交到铁木迭儿的手里了。

硕德八剌集团虽然在与铁木迭儿集团的争斗中，取得了一些成绩，但毕竟硕德八剌和拜住年纪都不大，而且势力也不大。硕德八剌刚刚当上皇帝，并没有自己的班底，而他的老爸估计也没有想到自己会死得这么早，因此没来得及为他组建一个顾命团队，更没有为他铲除这些威胁，因此硕德八剌现在全靠自己与奶奶抢夺权力。双方斗到现在，已经把斗争从暗战提升到明面上。铁木迭儿反复陷害几个大臣，硕德八剌却反复把那几个大臣保护起来。几个回合下来，硕德八剌好像都占了上风。但铁木迭儿却敢于不断地挑战，说明他的底气也很足。

这一次，铁木迭儿把矛头又指向了王毅和高昉。王毅现在的职务是平章，而高昉则是右丞，都是决策圈里的人物。为什么他想搞定这两个人？就是因为他不喜欢他们。长期以来他就到处寻找事端要除掉他们，恰巧这时，首都各处粮仓发生粮食丢失事件，大家查来查去，就是破不了案。铁木迭儿就出来说："国家粮仓的粮食丢失这么多，给国家造成了巨大的损失，这个损失必须由王毅和高昉负责，请把他们两个同时就地正法。"

拜住一听，就知道这家伙又在乘机陷害看他不惯的人了，就对硕德八剌说："根据圣贤之道治理国家，这是宰相的职责。现在用钱粮的琐事去追究他们的责任，这样合适吗？"

硕德八剌一听，当然认为拜住的话才是正确的。于是，王毅和高昉这才捡回自己的性命。

如此一来，铁木迭儿就把愤怒的矛头转向了拜住，不断地发动自己的铁杆到处制造谣言，中伤拜住，下决心要把他打倒。很多人都提醒拜住要小心一点，可是拜住却坦然地说："我的祖先是开国元勋，受皇家的恩泽，到现在已经一百多年了。我现在虽然年轻，但深受皇上的信任，都是因为祖上受恩宠的缘故。如果我跟大臣们合作得融洽，这是国家之幸；如果因为右丞相仇视我，我就大力报复他，这是国家的不幸。我现在只知道如何去尽我的忠心，至于生死祸福，就让老天来做主吧。你们别再提醒我了。"

硕德八剌对拜住越来越信任，信任多了，就又追忆起拜住的祖先来，决定在新城为他的祖宗立块碑，而且下令由拜住亲自去督工。

铁木迭儿看到拜住到工地上去了，觉得又有机可乘了。他是右丞相，本来就排在左丞相之前，现在左丞相不在朝廷上班了，他虽然年纪大了，也不得不出来视事啊。这个借口是很有道理的。

哪知，这个道理在硕德八剌面前同样没有道理。

铁木迭儿才进入宫门，硕德八剌就派苏苏拿着酒过来，赐予铁木迭儿，并对他说："右丞相年纪大了，等到明年再来视事也不晚。"

铁木迭儿一听，气得差不多当场爆炸，这是什么话：现在年纪大了不能来视事，明年再来，难道明年比今年要年轻？但他没有办法，皇帝都把话说到这个份上了，你要是还不听，那就是大不敬。

铁木迭儿只得回到家里。他虽然不出门，但他手下的人手多得要命，天天把朝廷的事向他进行详细汇报，然后根据他的指示去开展活动。这段时间，他主要目标是要搞定左丞相拜住，但就是搞不定，这让他感到十分郁闷。

当然，窝在家里的铁木迭儿还是收到了一个好消息。

这个好消息就是李孟死了。虽然不是他亲手害死的，但也算是个好消息。

硕德八剌比他老爸更加崇拜汉儒，至治二年，他终于按照汉儒的传统，亲自到太庙祭祀。当然，他只是把自己汉化了，但对汉人的管制却更严了。在他准备戴着通天冠、穿着绛落袍去太庙的时候，他下了个命令：不许汉人持兵器出外打猎以及练习武艺。

他跟大元所有的皇帝一样，都认为，只要不让汉人习武，就可以把汉人的反抗精神消灭，以后永远成为大元王朝最下等公民。

铁木迭儿绝对是死硬的反汉儒人士，他看到硕德八剌这么大张旗鼓地像汉人的皇帝一样去太庙，心里很气愤，知道这全是拜住一手操纵的。他恨不得立刻把拜住杀死。

哪知这一次，他气愤过度，再加上年纪也大了，还没有找到杀掉拜住的办法，自己就先死了。

这个位极人臣的家伙，虽然权力巨大，弄死了很多反对党，被两任皇帝列为最不受欢迎的人，但因为靠着答己的全力支持，硬是在首席大臣的位子上，工作到死的那一天。

照理说，硕德八剌和拜住最大的对手撒手人寰了，他们就可以放手大干，按照自己的远大理想，把大元带进一个新的时代。

哪知，还是出现了变故，而且是个巨大的变故。

# 第四章
# 政变，接着政变

## 隐患其实未除

铁木迭儿一死，硕德八剌大大地松了一口气，他马上任命拜住为右丞相。拜住坚决推辞。硕德八剌干脆就取消了左丞相这个岗位，丞相编制只设一人。你可以不当右丞相，但你得当这个丞相。

拜住没有办法，只得当了这个首席大臣。

拜住和硕德八剌对铁木迭儿肯定很气愤，他们把铁木迭儿儿子的职务也免掉了，把他贬为翰林侍讲学士。

铁木迭儿集团的人一看，都认为这是拿铁木迭儿集团开刀的前奏。

特克实首先不服，上奏要求恢复索诺木的职务，但硕德八剌不准奏。硕德八剌仍然没有看清特克实的面目，一点也没有想到，特克实是铁木迭儿举荐过来的，而且在这个时间点仍然敢于出头帮索诺木讲话，必定是铁木迭儿最铁的死党——这样的人一定要果断清理出去，可是硕德八剌并没有这样做，然后继续让他当自己警卫部队的最高指挥官。

明眼人都能看出的隐患，难道聪明的硕德八剌和拜住没有看出来？

硕德八剌也许已经看出来了，但他仍然相信，特克实虽然是铁木迭儿的死党，但更有理由忠于自己。这是因为特克实的身份与铁木迭儿不同。他是皇亲国戚，曾被铁穆耳收为养子。而更重要的是他的妹妹还是硕德八剌的现任皇后。

硕德八剌继续执行自己的政策，大力进行体制改革，罢去忽必烈之后设置的那些职位——这些职位都是他前几任皇帝为了笼络大臣而专门设立的。

硕德八剌继续追查与铁木迭儿有瓜葛的事。

第一个是刘夔案件。

还记得刘夔吧？

对，就是那个曾经被铁木迭儿全力保护的贪官刘夔。

刘夔那次贪腐得到铁木迭儿的有效保护之后，贪腐的胆子就更大了。

不久，他又从浙江的一个农民吴机那里弄到一块土地。这块田地原是吴机祖上留传下来的田产，多年没有人耕种了。吴机听说刘夔大人对土地很感兴趣，就找到刘夔大人，表示要把这块土地转让给他。

刘夔一听，哪能放过，当场成交。当然，他是不会用自己贪得的赃款去收购这片土地的，而是又玩老一套，他先拿点钱去送给宣政使巴喇吉斯，让巴喇大人从国库里拿钱出来，把这些土地买下，送给各个寺庙，说是以此来增加和尚们的供给。这一切手续办好之后，两人就利用权力，假传圣旨，从内府库里拿出六百五十万贯作为买田的经费。两人由此大大地赚了一笔。很多人一看，都觉得那点田地，怎么花这么大的代价？比市场高出很多，怎么就不会砍点价？他们哪里知道，这个高出市场很多的钱，其实都进贪官大人那永远装不满的腰包里了。

刘夔和巴喇吉斯知道，空手套了这么个大的白狼，要是独吞，被判刑绝对是大概率，因此又走一个老套路，把一部分钱拿出来，孝敬了铁木迭儿和特克实。哪知，铁木迭儿却死掉了，拜住顺利上位，首先就查这个案件。

第二个案件就是蔡道泰案。

蔡道泰不是历史名人，他只是一个道士。他别的能耐不知道怎样，但热衷于采阴补阳活动，犯了奸淫之罪。他在犯罪过程中，胆子大，手段硬，可被定罪后也很害怕。于是，他拿出钱财直接送给铁木迭儿。铁木迭儿看到大量的金钱，就动心了，下令有关部门，把蔡真人放了。

拜住把这两个案件全部拿下，奏请皇帝，要求重新审理。

审理的结果当然是：田地退还给原主，刘夔、蔡道泰、巴喇吉斯被处死，财产被没收。另外，刑部尚书布达实哩等也受到了处罚。

这些人被追究责任，看起来大快人心。然而，却留下了一个最不该留下的人。

这个人就是特克实。在第一个案件当中，特克实的罪证已经确凿无疑，明眼人都看得出，他绝对是铁木迭儿最铁的跟班、铁木迭儿集团最重要的核心成员，现在又有把柄在手，硕德八剌和拜住居然给他来个特赦。而且是这两个案件中唯一受到特赦的人员。

特克实这次一定吓得不轻。

你想想，当身为太皇太后的答己看到硕德八剌的这个答复，心情能爽吗？

拜住跟安童一样，是汉儒的坚定支持者，他一当政，就把大量的儒者提拔上来。这些年来，由于几大政治团体争来斗去，汉儒虽然长期存在，但并没有稳占上风。从忽必烈以来，每个皇帝似乎都很注重儒家的学说，可是因为环境的问题，蒙古贵族的信仰多元化，唯独信奉儒家学说的不多，反而对西方的那些宗教信得更多更彻底。从忽必烈以来，海山对儒家最为不屑，对汉儒打压最多，其他皇帝对儒家都颇为尊重，但儒家学说在蒙古高层仍然没有多少市场，只有少数精英在努力学习这些汉人的经典，并力争以这些学说来齐家、治国、平天下，然而推行的阻力很大。但汉儒们在这个时候，努力发扬着他们坚忍不拔的优良传统，不断地找机会对高层进行渗透，虽然处于弱势，但从不放弃，这些年来取得了极大的成果。尤其是李孟，成功地成为两任皇帝的家庭老师——虽然海山在师门的时间不长，受到汉儒的影响不大，可他毕竟师从过当代大儒，心里对老师还是有些感情的，后来他打压儒学时，还是手下留情，使得儒学的发展虽然处于低谷，但还是留有种子。至于寿山则长期跟李孟相处，最终变成了一个儒学功底较为深厚的皇帝，执政之后，就在李孟的引导下，大力推行儒家那一套，冲破了很多禁区，尤其是恢复了科举——你只有努力学好儒家的那套学说，通读那些儒家的经典，你才能有当官的资格。

拜住就在这个基础上把儒家学说更推上一层楼。

他重用了一大批有名的儒家学者。儒家学说，在这个时间段得到了有效的恢复。

硕德八剌和拜住的这些措施，对汉儒而言，实在是一件幸事。但对于蒙古贵族顽固派而言，却是莫大的打击。

于是，在硕德八剌的周围布满了仇恨的眼睛。

拜住又建议，治国要有统一的法制，否则各级公务员办事就没有依据，用现在的话说就是"无法可依"，因此必须重新审定旧有法典，作为通用的法制。硕德八剌当然同意，请来几个法学专家把历朝的法律条例都搜集起来，根据需要进行增删，最后整理出二千五百条，定名为《大元通制》，上奏给硕德八剌，然后颁行天下。这个法典的颁行，又是汉儒的一个重要胜利。

另有一件事，对硕德八剌和拜住来说，也是重大的利好消息——答己于至治三年的二月去世。这位太皇太后从当太后的那一天起，就积极干预朝政，从来不在乎儿子孙子的感受，只是凭着心情，动不动就从宫里发出一个号令。两个儿子虽然都很不舒服，但从不敢违抗。但到这个孙子上位后，不但不把自己的话当话，反而不断地挥舞大刀，砍向自己集团的骨干分子。这可是自己力挺上来的孙子，她后来意识到自己看错人了，却也为时已晚。

她对这件事的预料，果然十分精准，没几天，自己集团的核心人物就不断地被踢出圈外。她开始忧虑起来。没几天，她的忧虑就开始成疾了。

再后来，她从自己的宫里发号令，硕德八剌否定得十分干脆，再加上她最有力的打手铁木迭儿死去。在这种双重打击下，她终于彻底垮下去了。

答己一死，可以说顽固集团的总后台终于倒掉了，全国上下再也没有谁可以给硕德八剌的执政制造阻力了。

硕德八剌和拜住肯定是在心里松了一口气。他们虽然很聪明，也很有实干精神，当政才三年，就把答己集团摆平，把大权牢牢地控制在自己的手中，但他们毕竟太年轻。

他们那颗年轻的脑袋没有想到，太皇太后集团的两个标志性人物虽然都已经作古，但他们在权力场上混了这么多年，培养了大批死党。现在这些死党还在各个重要的岗位上咬牙切齿，而且有的人还卡在最为要害的部门，随时有可能给他们致命一击。




## 南坡之变

硕德八剌和拜住继续肃清铁木迭儿的流毒。他们把铁木迭儿的两个儿子都处理了。铁木迭儿生前一边干坏事，一边以朝廷的名义给自己立石碑，现在硕德八剌也把这些石碑全部拆毁，当然，没收家产也是肯定的，而且还向全国通报了处罚的结果，让全国人民都知道奸臣的罪行。

特克实看到硕德八剌和拜住并没有收手的迹象，心里就更害怕了，怕自己哪天也被当成铁木迭儿的流毒给肃清出去。

后来，他觉得自己快要崩溃了。快要崩溃的特克实最后觉得，与其这样等死下去，不如拼着这条老命跟对方一搏。

于是，震惊整个元朝的历史事件就这样发生了。

至治三年的七月，硕德八剌和拜住到上都。当时，硕德八剌不知什么原因，晚上老是睡不着觉，心里很郁闷，就下令请来几个和尚为他做一场佛事，消消灾。硕德八剌是儒佛兼信，听从拜住的建议：以佛修身，以儒治国。

本来这只是小事一件。可是铁木迭儿的流毒们却从这件小事上抓到了一个机会。他们立刻找到那批和尚——当时佛教在蒙古权力上层还是很有发言权的，抓住这批大和尚，也是团结了一个同盟军——对他们说，大师，现在国家要出现灾难了，如果不做佛事、不释放囚犯，这个灾难就无法消除。他们的重点并不在为国家消灾，而是在释放囚犯这件事上，因为他们还有很多兄弟被关在牢里。

可是，拜住却把那几个和尚叫过来，猛批一顿："你们为了几个钱，居然出面来庇护那些犯罪人员？"

那几个教唆的大臣见拜住一眼就看出他们的居心不良，很快慌成一团。

特克实看到这个情况，知道自己这些人已经形成了共识，认为发动大事的时机已到，就找来几个死党密谋，商量着如何搞定硕德八剌和拜住两人。他们也知道，密谋的事，用比较专业的术语就是"弑君"行动。而且他们必须找到一个硕德八剌的替代品。经过反复筛选，他们认为现行晋王也孙铁木儿最有资格当皇帝。因为也孙铁木儿的老爸就是真金太子的长子甘麻剌的长子，也就是忽必烈的长房曾孙。

当时参与密谋的还有知枢密院事也先铁木儿、大司农失秃儿、前中书平章政事赤斤铁木儿、前云南行省平章政事完者、前治书侍御史索诺木、特克实之弟宣徽使索诺木（与前一位索诺木同名）、典瑞院使脱火赤、枢密副使阿散、佥书枢密院事章台、卫士秃满，以及诸王按梯不花、孛罗、月鲁铁木儿、曲律不花、兀鲁思不花等。一看这个名单，就知道其中没有一个汉人。这些人基本都是蒙古人和西域来的人士，是汉儒最坚决的反对者。他们决定让晋王当皇帝的原因之一，就是晋王长期在镇守漠北，估计接受汉化的程度不高，最多也就像海山那样——这样的人来当最高领导人，也许才能保护他们的既得利益。

此时，他们探听到也孙铁木儿正在图剌打猎，就派乌鲁斯跑过去，对他说："我们已经决定发动政变。政变成功之后，就让你来当皇帝。"

据说，当也孙铁木儿听到这个话后，立刻把乌鲁斯关了起来，然后派使者前往上都，把特克实的密谋向硕德八剌报告。从这个动作看，也孙铁木儿是个很聪明的人，他听到这个消息之后，就派使者报告硕德八剌，不管特克实他们成功与否，他都是赢家。

更关键的是，特克实派出的联络人员与也孙铁木儿方面进行具体对接的人员就是晋王内史都尔苏。都尔苏是一个很有野心的人，目前他的儿子哈散也是硕德八剌的宿卫，他与特克实取得联系之后，便立刻跟对方结成统一战线，并让他的儿子直接参与。从后来也孙铁木儿大力重用都尔苏的情况看，都尔苏深度参与谋杀硕德八剌的行动，也孙铁木儿应该是知情的。

而这时，硕德八剌已离开上都南还，并在叫南坡的地方暂时住下来。于是，也孙铁木儿的使者就没有碰上硕德八剌。

特克实也不管到底也孙铁木儿是否答应跟他们合作，仍然按着既定计划行动。

这一天，是至治二年的八月初四。

特克实带着卫兵先冲进拜住的房间，一刀把这个年轻的丞相杀了——拜住死时，只有二十五岁。

硕德八剌那天晚上睡得很舒服，对外面发生的事一点没有察觉。这一次，毕竟是杀皇帝，那些士兵的手都在发抖。特克实一看，再发抖下去，他们的行动就会失败，便大牙一咬，满脸横肉地冲过去，举着大刀，向熟睡的皇帝硕德八剌一刀砍下。

曾无比信任他的硕德八剌就这样被砍死在床上。当时，这个少年天子才二十一岁。

这就是著名的历史事件——南坡之变。

南坡之变，导致元朝中期最有作为的皇帝硕德八剌和年轻的丞相拜住同时死于非命。

政变集团轻易得手之后，都松了一口气，底气十足地认为，以后这个天下就是他们的天下了。晋王以后登基，他们是绝对的首席功臣——首席功臣就是首席大臣，这是历史多次证明的。

然而此时大都城内却又是另一个样子。

当时，还在大都的张珪听说了南坡事件之后，并没有彻底慌乱，在冷静思考后，找到监省魏王库库图说：“我是世代忠臣之后，从来不敢爱惜生命。现在事情到了这个地步，帝位肯定会由晋王来继承。我有个把这伙反动集团一网打尽的方案，只是这个方案必须由魏王来递交给晋王。”

库库图说：“你不怕事情泄露出去，会有危险吗？”

张珪说：“成功了，全是王爷的功劳；不成功，我就是全家粉身碎骨也不会出卖王爷。”

库库图看到张珪都把话说到这个份上了，便在第一时间派人拿着张珪的方案去见晋王，并劝晋王要勇敢地继承王位。

此时，也先铁木儿等几个宗王表现得更加积极，他们把皇帝的信印从硕德八剌的尸体上拿下来，然后北上，去迎接也孙铁木儿。

也孙铁木儿看到朝廷几大派都表示拥护自己，当然就不再假装谦虚了，于九月初四在龙居河宣布就任皇帝之位，大赦天下，并发布了他当皇帝的第一份诏书：

薛禅皇帝可怜见嫡孙、裕宗皇帝长子、我仁慈甘麻剌爷爷根底，封授晋王，统领成吉思皇帝四个大斡耳朵，及军马、达达国土都付来。依着薛禅皇帝圣旨，小心谨慎，但凡军马人民的不拣甚么勾当里，遵守正道行来的上头，数年之间，百姓得安业。在后，完泽笃皇帝教我继承位次，大斡耳朵里委付了来。已委付了的大营盘看守着，扶立了两个哥哥曲律皇帝、普颜笃皇帝，侄硕德八剌皇帝。我累朝皇帝根底，不谋异心，不图位次，依本分与国家出气力行来；诸王哥哥兄弟每，众百姓每，也都理会的也者。今我的侄皇帝生天了也么道，迤南诸王大臣、军士的诸王驸马臣僚、达达百姓每，众人商量着：大位次不宜久虚，惟我是薛禅皇帝嫡派，裕宗皇帝长孙，大位次里合坐地的体例有，其余争立的哥哥兄弟也无有；这般，晏驾其间，比及整治以来，人心难测，宜安抚百姓，使天下人心得宁，早就这里即位提说上头，从着众人的心，九月初四日，于成吉思皇帝的大斡耳朵里，大位次里坐了也。交众百姓每心安的上头，赦书行有。

不要以为你看错了，这确是也孙铁木儿的诏书。这是中国历史上唯一用白话文写成的皇帝诏书。大元皇帝这些年来发布的诏书，都是先用文言文写成，再翻译成蒙古文。这一次，看来也孙铁木儿身边真没有什么人才，连个像样的读书人都没有，最后居然用这样的白话文拟了这个诏书。

## 又一个短命皇帝



也孙铁木儿当天就任命也先铁木儿为中书右丞相，内史都尔苏为平章政事，奈曼台为中书右丞，政变的带头大哥特克实为知枢密院事。其他人都有所提拔。

特克实看到自己那个团队都被大大地提拔了一把，心里很高兴，觉得自己策划杀死妹夫皇帝真是做对了。

特克实显然没有读过中国那些宫廷经典故事，对帝王的心理不了解。所有的帝王都有一个心态：对玩政变的人都很忌讳。

也孙铁木儿还没有登上皇位，从南坡逃出狂奔到晋王帐下的宗王迈努就对也孙铁木儿说："如果不诛杀犯上作乱的奸臣，那么您的名声就会很不好。"

也孙铁木儿说你说得太对了。

只有把这个团伙消灭，也孙铁木儿才能洗刷他靠政变上台的恶名。也只有把这伙人搞定，他以后才能把这个皇帝安全做到死的那一天。否则，从当皇帝的那一天起，他就是一个傀儡皇帝。

当年的十月初六，也孙铁木儿突然下令，免去中书右丞相也先铁木儿的职务，任命舒玛尔节为中书右丞相，任命陕西行省左丞图鲁、通政院使宁珠为御史大夫、苏苏为御史中丞。然后马上下令，要求这几个新的内阁成员立即逮捕特克实等人，直接处死，而且连他们的子孙都一起杀掉，抄没家产。特克实原本以为，杀死了硕德八剌和拜住，他们就可以安全，永远没有性命之忧了。哪知，也孙铁木儿才宣布即位一个多月，人还没有到大都，就把他们全部斩杀。

也孙铁木儿接着要做的就是大力平反被铁木迭儿集团陷害的人，彻底把自己跟特克实这些人切割。他还找来拜住的儿子达勒玛实哩，任命这个年轻人为宗人卫亲军都指挥使，成功地把拜住和硕德八剌的政治遗产继承下来，使得自己这个皇帝有足够的法统依据。

也孙铁木儿知道，硕德八剌的失败，是因为受到蒙古贵族顽固派的阻击所致。他必须跟这个集团搞好关系，因此，他于泰定元年的正月，就下令，把原先迁徙远方的各位亲王全部迁回大都。比如，曾被远谪海南的图帖睦尔，也在这个时候从大同迁回阿尔穆克。不久，还把鲁国大长公主嫁给图帖睦尔。图帖睦尔当年曾被硕德八剌当成潜在的威胁人士之一。

也孙铁木儿同时也知道，硕德八剌和拜住强力推进儒学，才得罪了大批守旧贵族以及朝廷中的伊斯兰教徒和僧人。他这时还是很讲策略的。一边跟贵族们搞好关系，花大钱搞佛事，一边放缓推进儒学的进程。张珪当了平章政事之后，给也孙铁木儿写了一份万言奏折，请皇帝彻底清除铁木迭儿的流毒，尊重儒家学说，要奖罚有度。可是这个奏折递给也孙铁木儿之后，却没有得到答复。

可见他对汉儒的态度还是有所保留的。主要原因，估计一来他长期驻守漠北，接触汉儒的机会不多，二来也是基于目前的形势。朝中的实力派仍然是蒙古贵族以及回回人和色目人。这些人是汉儒最坚定的反对者，为了阻击汉化的进程，他们不惜犯上作乱，杀掉皇帝和丞相，做得斩钉截铁——由此可见他们的实力和反汉儒的决心。

这时，他最重用的人就是都尔苏。这位仁兄原来是晋王的内史，一向深得也孙铁木儿的信任。也孙铁木上位之后，就让他成为左丞相——也就是排名第二的丞相。只因蒙古制度，排名第一的右丞相必须是蒙古人，而都尔苏是回回人，因此只得屈居第二了。尽管在泰定二年十月，因为韩若愚上奏，说按照国家制度，当丞相的人必须当过御史大夫。现在都尔苏从没在御史台待过一天，哪能直接当丞相？也孙铁木儿一看，只得把都尔苏的左丞相免了，降格为御史大夫。可是只过了一个多月，也孙铁木儿就又把左丞相大印交给了都尔苏，而且还顺手加了个“总领军国重事”，让都尔苏手里的权力比排名第一的大多了。

由于大元朝廷里的权贵太多元化，除蒙古人外，还有西域的色目人和回回人，甚至西藏那些高僧，都在权力舞台上，你争我夺。现在都尔苏一当权，就立刻着手把回回人拉进权力中心，当然，他的两个儿子波波和哈散都占据了高位。泰定帝也孙铁木儿绝对不是笨蛋，但仍然纵容着都尔苏玩弄权术，并听从他的建议，在上都和大同修建了清真寺。如果时局照此发展下去，那么，中国之后的文化格局也会有改变。

他们生活得很高兴，可是大元国内的境况却一点不乐观，各地到处爆发群体事件。而且这些事件的规模越来越大，很多地方官还被打死。更要命的是，各地灾害发生的频率也越来越高。如果按照常规，这时皇帝和大臣们肯定没日没夜地开会，讨论如何摆平这些事件，如何打开粮仓去赈济灾民。可是当朝左右丞相达实铁穆耳和都尔苏却说，现在灾害这么多，唯一的原因就是因罪被处理的官员太多了。这些官员被处理之后，怨气太多，最终导致天灾。所以，为了让灾害停止，就必须从根本上抓起——也就是把这些犯罪官员的职务恢复。

这样的建议，你就是用脚跟去想都会觉得荒唐得不能再荒唐了。可是大元的皇帝也孙铁木儿居然全盘采纳这样的建议。

都尔苏因为这个建议，拿了那些官员大量的现金，觉得这样的皇帝实在太好了！可也孙铁木儿仍然没走出大元皇帝短命的怪圈。他才当了不到五年皇帝，就在致和元年的三月，得了重病。

当时，也孙铁木儿正在柳林打猎，突然发现身体出现了状况，就急忙回宫休养。

这时，佥书枢密院事燕铁木儿兼任总管侍卫亲军——也就是主管皇帝的警卫部队，权力虽然不算很大，但职位相当重要。他长期在皇帝身边工作，对局势的了解很到位。他认为也孙铁木儿在位这几年来，权力根本没有得到巩固，再加上都尔苏擅权，大家都看不顺眼。现在皇帝身体有病，正是政变的大好时机。

他从也孙铁木儿的病情中知道，皇帝的身体很快就会垮下去了。也孙铁木儿“不讳”之后，照例会是权力大洗牌。历史经验告诉燕铁木儿，只有做好准备，让自己成为下一任皇帝的亲信，才能在这场权力洗牌的游戏中得到最大的利益。于是，他借鉴了特克实的做法，马上在心中物色下一个皇帝的继承人。他扳着指头数来数去，觉得最好最理想的候选人就是海山儿子怀王图帖睦尔。当然，他也知道，光靠他一个人是完成不了这个任务的。他迅速找来宗王满图、阿穆尔台以及太常礼仪使噶海齐等人密谋，内容就是：现在皇帝的病越来越不见起色了，而且他居然还要到上都去。如果他真的不幸死掉，我们这些跟随过去的人就必须采取行动，把那些诸王和大臣都先抓起来，不服从的就全都杀掉。你们还在大都的，就把在大都的中书省、御史台那些官员都抓起来，然后宣称太子已到，宣布即位。大功就告成了。咱们几个就是以后最有权力的人了。

没几天，也孙铁木儿决定到上都去，随从名单中就有满图和库库楚，而燕铁木儿却被留在了大都。

在燕铁木儿他们密谋要进行改天换地大动作时，达实特穆尔和都尔苏还不知道，还在那里商量着如何把儒家的学说从大元帝国的思想里抹去。他们出台了一个政策：凡是蒙古以及色目人效仿汉人习俗为父母奔丧的，都免去官职。

也孙铁木儿本来对这两人的话就已经无条件采纳，现在又是大病当中，脑子一片混乱，看到是这两个人送来的建议，当然批了个准奏。

也孙铁木儿签了这个政策之后，才过了三个月就一病不起，于致和元年的七月初七在大都驾崩。

## 南北战争（上）

老早就等着这个消息的燕铁木儿听说也孙铁木儿死掉了，便在第一时间找来西安王喇特纳实哩商量，决定按既定方针，组织了一支不怕死的特别行动队，做好行动的准备。

八月初四的早晨，百官在兴圣宫集合。

燕铁木儿一看，这可是一网打尽的大好时机。他带着一批满脸横肉的壮士，举着刀剑出现在大家的面前，大声说：“武宗皇帝的两个儿子才是合法的皇位继承人。我们应该把他们迎来当皇帝。不同意的，我们立马把他砍死。”他为了表示自己说到做到，敢于打倒不听话的人，便亲自上前把平章政事乌巴图尔和伯颜彻尔绑了起来，然后叫那些特别行动队的成员上前再抓了一批，全部关进监狱里。其他人还敢说什么？

燕铁木儿和喇特穆尔进入宫中，亲自镇守，然后派兵把守京城中的各处要害，召集百官听他们的命令。

海山这时还剩下两个儿子，一个就是周王和世㻋，现在还在察合台汗国边境那里过着流亡的生活；另一个就是怀王图帖睦尔，目前在江陵。如果按规矩，和世㻋肯定是这帮政变人士的首选——因为和世㻋当年就曾被海山当成隔代接班人，只等寿山死后接班，而且寿山死后，大家确实也在和世㻋和硕德八剌之间做过选择。所以，他是很有资格的。可是现在他具体在什么地方，这帮政变人士不知道。于是，他们派人到江陵，把图帖睦尔接过来，并叫河南行省平章政事伯颜派部队护送。在图帖睦尔赴京赶路时，燕铁木儿他们并没有闲着。他们按计划，任命湖广行省左丞相拜布哈为中书左丞相，然后还任命了一大批官员，调派部队守住各处关隘。按照规矩，所有被提拔的官员都要向皇帝谢恩。可是这些突然被提拔的人士，拿着崭新的委任状，却不知道去向哪个拜谢。在大家都还傻傻地站在那里时，燕铁木儿伸出他的手，指向南方。大家这才明白，原来他们已经定好了新皇帝的人选。这个人就是图帖睦尔。

当时，护送怀王的人是伯颜——当然，这个伯颜不是以前那个伯颜，他是海山的亲信之一。当他知道，京城那一伙人决定立怀王为最高领导人时，就高兴地说：“怀王是我主人的儿子。”他老早就盼望这个少主人成为皇帝了。他把所有的部属都召集起来，把京城高层的决定向大家宣布了。他知道，虽然燕铁木儿一伙决定力主图帖睦尔当皇帝，但上都的都尔苏那一帮人肯定会表示不服。他们会推举出也孙铁木儿的儿子来当皇帝，双方不服的结果就是南北必有一战。因此，他一边做好战前的准备工作，一边派人到大都传达怀王的指令，叫燕铁木儿处理首都方面的事务。

在伯颜满怀信心地开展工作时，他手下的参政托克台却十分悲观，认为现在情况复杂，蒙古精锐部队和宿卫都在上都，咱们要是跟他们对抗，很难成功。

托克台看到伯颜不把他的话当话，就生气了，到了晚上带着大刀要去砍死伯颜。可是伯颜警惕性实在太高了，他看到托克台拿着刀进来，就情知不妙，立刻拔出宝剑，在对方还没有举刀之时就抢先出手，当场把托克台杀死，并把他的部下全部收编。

图帖睦尔任命伯颜为河南行省的左丞相。此时，燕铁木儿派他的弟弟萨敦带兵去把守居庸关，叫唐其势驻守古北口。燕铁木儿看到京城里的人仍然情绪不稳，便又叫尜曼出来，冒充北使，说是周王已率大部队南来了。宫殿内外，这才人心稍安。

大都方面这些人在忙得不可开交时，跟随也孙铁木儿到上都的那一帮人也在紧张地开展工作。可他们才刚刚联络了一把，商量着如何去配合大都方面的行动，就被都尔苏发现了。都尔苏本来就心里有鬼，在也孙铁木儿死后，为了让手里的权力保持稳定，同时也让自己多当几天“代理皇帝”，居然“逾月不立君”，弄得“朝野疑惧”，这就彻底丧失了先机，让南方集团抢到主动权。这时，他得知大都方面出现了状况，心里正愁得要命，警惕性更是百倍提高，对所有人的监控更加严格，一听说这伙人居然要积极响应大都，哪能放过他们？当场把参与商议搞事秘密会议的十八个人全都杀掉。

杀掉了这十八个人，只能泄一下心里的气愤，却改变不了形势。

在都尔苏处死那十八个人的第二天，图帖睦尔来到汴梁。伯颜一身戎装，跟百官一起把怀王迎进城里，然后带着大家向图帖睦尔俯身齐呼万岁，劝图帖睦尔立刻登上帝位。但图帖睦尔却没有听从，只是解下金铠、宝刀等几件宝物赏赐给伯颜，命他继续跟自己北上。

图帖睦尔此时也深知登上大宝，是抢得先机的一步妙招，但此时他还是有自己的忧虑：因为发起此事的不是伯颜，更不是他本人，而是以燕铁木儿为首的大都那一伙人。他们搞事的目的可不是让他当皇帝，一切为他着想，而是为他们自己着想的——他们想靠着拥立之功成为下一轮最有权势的人。现在你还没有跟他们见面就在这里登基了，他们就会觉得你不把他们当一回事，还会支持你吗？所以，他还得忍！

忍了之后，还得安抚一下燕铁木儿那伙人。他派人快马跑到大都，任命燕铁木儿为知枢密院事。

第二天，本来跟随都尔苏在上都的阿速卫指挥使托克托穆尔突然宣布脱离都尔苏集团，带着他的部队离开上都南下，要投入怀王集团的怀抱。图帖睦尔立刻命令他去守住古北口。

都尔苏也知道，只要图帖睦尔来到大都就会立马称帝，因此他也必须有所表示，于是派兵向大都进发，进行武装对抗。

不久，上都部队在诸王实喇、平章政事柰玛岱以及奇彻的带领下，与大都军在宜兴相遇。双方打了一场，结果是，南军在阵前将奇彻斩首，取得了揭幕战的胜利。实喇等人只得跑了。

图帖睦尔很快到了大都，被燕铁木儿以天子的礼仪迎接进城，然后到宫中居住。此时，上都的贵赤军指挥使托克实又带着自己的部队脱离都尔苏，投奔图帖睦尔。图帖睦尔也让他去守古北口。同时，他也提拔伯颜为御史大夫。

上都方面这时也加紧了军事部署，派梁王旺沁、右丞相达实特穆尔、太尉布哈、平章政事玛鲁、御史大夫宁珠等人带着部队在榆林驻扎。

这支军队显然对大都很多人造成了严重的心理压力。隆镇卫指挥使赫善觉得大都方面会斗不过上都的，于是就做脱离大都归附上都的准备工作。哪知，他的工作还没有展开就被人家抓了个正着，然后当场斩首，暴尸街头，家产抄没。

燕铁木儿知道，如果不把榆林那支军队打败，“隆赫”事件还会继续发生。

九月初一，燕铁木儿亲自到居庸关督师，派他的老弟萨敦带兵向榆林发动袭击。上都那群高层居然没有料到这一招，被萨敦打了个大败，直接从榆林跑了。萨敦对他们一路追着打，一直到怀来一带，这才收兵。

大都方面新任镇隆卫指挥使鄂多曼看到萨敦拿大功，觉得自己也该有所表现了，就带着部队向上都诸王托穆尔和托穆齐的营地发动了一次偷袭。这两个诸王跟达实特穆尔他们一样，虽然身在前线，但毫无警惕性，被鄂多曼偷袭成功。他们比达实特穆尔更悲催，不但被打得大败，自己也成为对方的俘虏，被押送大都。

都尔苏看到自己的部队不断地被人家打败，而且己方的几支部队先后脱离上都，投奔大都，这才知道自己贪当几天代理皇帝，实在是蠢得不能再蠢的一招。于是，在两路部队大败之后，他宣布拥立也孙铁木儿的儿子喇实晋巴为皇帝。喇实晋巴此时才九岁。当你看到这个情况的时候，你就知道都尔苏是真的又贪又蠢。这么一个九岁的小孩，你就是让他提前当几天皇帝，他又能对你怎么样？大权还不是一样稳稳拿在你的手中？

都尔苏立了新君之后，再派也先铁木儿和辽东平章图们岱尔带兵进入迁民镇，希望这两个人能打个胜仗来给大家壮个胆——哪怕是小胜也行。可这两个家伙的级别很高，但军事能力却很差，才一冒头就被萨敦打得一败再败，败得不可收拾。

燕铁木儿看到都尔苏已立了新君，如果本集团的最高首脑仍然是怀王，那也太不对称了，于是就带着一帮人向图帖睦尔劝进。

图帖睦尔照例是推辞。当然，他推辞的理由并不是上都已经有了皇帝，而是这个皇位应当由他的大哥和世瑓来当。

燕铁木儿他们能同意吗？虽然不管是谁当皇帝，都轮不到他们，但最后在权力分配上就大大地不同。因为和世瑓在漠北那里待了多年，他肯定会有自己的一帮铁杆，他要是当了皇帝，不用自己的铁杆他还是周王和世瑓吗？

当然，他们不能这么对图帖睦尔说。燕铁木儿对图帖睦尔说：“人心向背之机，间不容发。一或失之，悔之无及。”现在已到人心向背的关键时刻，你要是还推辞，咱们没旗号可打，合法性一受到质疑，不就成了彻头彻尾的反贼了？人家就都会跑到上都那里去。

其实，图帖睦尔也是很想当这个皇帝的，只是他必须装一下，到了这时，仍然要再装一下，做出很不情愿的表情，说:“既然是这样，那我就暂时代我的大哥当几天皇帝。不过，一定要把我的这番心意向天下告知。”

三天之后，也就是致和元年的九月十三日，图帖睦尔宣布登基，接受百官朝贺，大赦天下，改元天历。他知道他能当这个皇帝，并不是靠自己的努力，而是靠燕铁木儿的野心以及对他们家的忠心，因此他即位的第二天就封燕铁木儿为太平王、赏赐燕铁木儿平江官地五百顷，加开府仪同三司、上柱国、录军事重事、中书右丞相、监修国史等职务。

此时，上都方面派出的辽东军在图们岱尔的带领下已经隆重开到蓟州，离大都已经很近了。

图帖睦尔对燕铁木儿说:“上都的部队来了，请右丞相去把他们打败。”

燕铁木儿带着部队进军三河地区，准备跟图们岱尔决战。

哪知，上都方面的部队这时来势很急，向居庸关、古北口、迁民镇、紫荆关等全线出击，进攻大都“讨逆”。当燕铁木儿还没有赶到目的地，旺沁的部队已一口气拿下居庸关、古北口、迁民镇。

燕铁木儿只得带着部队急速行军，没日没夜地跑步，这才抵达榆河关。

图帖睦尔一看形势已经有些紧张起来，也坐不住了，从齐化门出来检阅部队，表示要亲自去督战，把局面扳回来。

这一下，燕铁木儿急了，赶快骑着马狂奔过来跟图帖睦尔见面，说:“陛下出宫，老百姓一定会以为形势大坏，民心就不稳。因此，打败敌人的事，就由我们这些人全面负责了，请陛下还是回宫，以安定人心。”

图帖睦尔这才返回去。图帖睦尔深知，只有把回回人的关系处理好，才能达到分化瓦解敌对阵营的效果，否则回回人担心他秋后算账，会拼着老命跟他们斗。因此，回宫后，他马上下了一个诏书:“近以奸臣都尔苏、额卜德埒勒，潜通阴谋，变易祖宗成宪，既已明正其罪。凡回回种人不预其事者，其安业勿惧；有因而煽惑其人者，罪之！”

这个诏书，有效地安抚了大都城里的回回人。

此时，旺沁的部队已然杀到榆河关。

燕铁木儿带兵迎战。他深知，如果他这次不胜，后果将不堪设想，因此他咬着大牙，奋力迎战，终于把旺沁打败，然后乘胜追击，一直追到红桥北。此时，上都方面的援兵阿喇特穆尔和呼图特穆尔带兵加入会战。

阿喇特穆尔虽然官至枢密副使，但也是个战场上的狠人，直接舞着长矛冲进阵地，直取燕铁木儿。燕铁木儿急忙用手中刀与他近身格斗。结果证明，阿喇特穆尔的勇气可嘉，但功夫却不怎么样，几个回合下来，他就被燕铁木儿的大刀“斫之”，正中左臂。此时，燕铁木儿的部下和尚也纵马奔来，疯狂向呼图特穆尔砍去，也把呼图特穆尔的左臂砍伤。

上都部队这才发现，原来敌人的几个带头大哥都是猛人，不由气为之夺，纷纷后退。

燕铁木儿稳稳地占住了红桥，与敌人隔河对阵。当然，只是对阵是无法解决问题的。他必须把敌人彻底打败。燕铁木儿从军中挑选出一批神箭手，向河对面的敌人猛射。上都军居然没有想到这一招，眼看利箭嗖嗖射来，只得又向后撤。

燕铁木儿兵分三路，向敌人猛打过去。

上都军只得再逃。

两都主力部队在白浮那边摆开决战的阵势。

九月二十二日清晨，双方宣布开战。

燕铁木儿再次把他的英勇表现了一次。他冲在最前面，连续砍死七个敌人。但这次旺沁的部队军心很稳，并没有被他的英勇吓倒。双方一直打到申时，这才各自收兵。晚上，则对垒而宿。

上都方面的第一把手旺沁觉得燕铁木儿真的是个猛人，跟这样的猛人面对面交手，取胜的把握越来越渺茫，就想到了一个办法——夜袭。

当晚二更，他找来阿喇特穆尔，让阿喇特穆尔带着精锐骑兵一百人，冲到大都方面的军营前，突然擂鼓呐喊、放箭。

就连燕铁木儿都没有想到对方居然打夜战，士兵们就更慌了。大家纷纷起来，胡乱举起兵器，到处乱砍。最后，他们发现，全是在砍自己人，而且砍得人马死伤无数。幸亏旺沁智商有限，没有乘机派出部队猛杀过来，否则大都军的后果就会严重得无法形容了。

次日大雾。

旺沁得了一次便宜，此时看到突然大雾把天地罩得一片混沌，如果燕铁木儿大军突然杀出，自己必然无法抵挡，便偷偷地带着部队溜到山里。

燕铁木儿突然不见了敌人，到处寻找，最后只抓到两个掉队的敌兵。审问，才知原来老对手跑到山里去了。

旺沁到了山里之后，迅速聚集了那些散卒，队伍又在短时间里壮大了起来。然后他又带着这支已经壮大起来了的队伍隆重出山，猛攻大都军。

燕铁木儿看到对方战斗人员突然猛增，也不敢出来硬碰硬了，只得高挂免战牌，死守营垒坚决不动。

燕铁木儿看到旺沁的营垒一片寂静，心里骂道："前天你偷袭我的大营，今晚我也以牙还牙。"他把他弟弟萨敦叫来，说：你带前军绕到他们的后面，我再派巴都尔正面打他们。

这时是九月二十四日的晚上，虽然秋高气爽，繁星满天，但却没有月光，天地一片昏暗。

累了一天的上都军正在军营里放心睡大觉。旺沁在这个夜晚再一次把他的弱智表现了一次：自己刚刚夜袭了敌人一次，应该知道被夜袭的后果是很严重的，却硬是放松警惕，让全军放心睡大觉。在这样的情况下，大都军在夜里，顺利完成了夹攻的部署，然后发起了猛攻。上都军只能在敌人的猛烈夹攻下一片混乱，先是自相残杀，然后争相夺路溃逃，不管旺沁如何约束，都无法再组织战斗了，最后只得随大流向西跑路。

黎明时分，燕铁木儿下令全军追击。他们追到昌平时，终于追到了溃逃的敌军主力，再狂杀一顿，斩首数千，一万多敌人看到跑不动了，只得举手投降。至此，大都军取得了决定性的胜利。

在大都城里焦急地等待消息的图帖睦尔听说大捷之后，当然很高兴，派人拿着美酒送给燕铁木儿，并转达他那一番很关切的话："丞相每临阵，躬冒矢石，脱有不虞，奈何？自今第以大将旗鼓凭高督战可也？”

燕铁木儿一听，当然也一腔豪气地拍着胸脯说：“凡战，臣必以身先之。若委之诸将，万一失利，悔之何及！”

他喝下这碗酒之后，又下令再战。这一次，旺沁人马本来已经不多了，被士气大振的大都军一阵猛击，更是大败亏输，而且败得很彻底、输得也精光，只剩下旺沁单骑逃命。萨敦急追过去，没有追上。

燕铁木儿这边大获全胜，可是古北口那边却传来不利的消息：上都军已经攻陷此地，现在正向石槽一带运动。燕铁木儿急忙派老弟萨敦带着前军去救，自己带着主力部队火速跟上。

上都军拿下古北口后，心情很好，觉得大都军也没什么。他们一点不防备，正在那里埋锅做饭，准备吃饱之后出发，再去打个胜仗回来。等他们看到大都军喊杀震天地举砍过来时，这才知道情况大大不妙，被打了个措手不及，丢下饭碗，仓皇而逃。大都军把敌人打败之后，并没有收手，继续追击，一直追了四十多里，最后到牛头山下，又把他们狠狠地打了一把，俘获了上都集团的驸马爷博啰特穆尔等一批高层人员。上都各位将士知道再跟大都方面对抗下去，已经没有好果子吃了，便纷纷投降。以驸马为首的战俘很快就被送到大都，然后被宣判死刑，立即执行。

萨敦乘胜收复了古北口。

燕铁木儿这边打得很顺，但陕西那边又告急。原来，上都集团的清安王库布哈又带着部队突然从潼关南水门杀进来，驻守在那里的万户博啰只得三十六计走为上——弃关而逃。库布哈的部队由此得以长驱直入，短时间内就突破天险，占据陕州诸县，而且继续引兵前进，使得河南方面也震动起来。河南是大都集团的大后方，目前的军需等都靠河南方面提供，如果河南有失，后果如何，想想都害怕。

大都方面还没有找到解决库布哈的办法来，上都军的图们岱尔和也先铁木儿又带着部队打过来，并且夺取了通州，高调扬言要拿下大都。

燕铁木儿这边似乎只有他和他的兄弟能打仗，他们兄弟一出去，其他方面就显得十分虚弱了。他们没有办法，只得汗流浃背地带着部队跑回京师——毕竟京师才是最要紧的地方。他发现自己的兵力真的不够用了，急忙下了道紧急征兵命令，把一万多适龄青年，全部与原来的部队混编成军，到城上去防守。然后下令附近的城镇关隘，都修筑工事，做好防卫工作。

上都军的也先铁木儿看到对方陕西那边的防守比较薄弱，便带着部队从大散关渡过黄河，果然顺利抓到河中府的一批官员，全部杀死。万户萨里特穆尔没有办法，只好弃城逃跑。

形势似乎对上都一片大好。

恰在这时，图帖睦尔还被几个手下弄得头脑发烧，差点干了一件傻事。那几个手下从浙江出差回来，告诉图帖睦尔说："报告陛下，现在行省中有很多大臣都不服中央，请陛下派人去查一查。"

现在图帖睦尔最怕的就是别人不服他的领导，一听到这个报告，二话不说，立刻派出专门小组去追查这些大臣的不敬之罪。只要谁被套上不敬之罪，后果只有杀头。

如果这个运动发展下去，只怕各个行省的大臣们都会扯起反大都的旗帜而投奔到上都集团的怀抱。

幸亏燕铁木儿手下有一个叫中策丹的人对燕铁木儿说："皇上刚刚即位，现在不光要跟上都集团对打，而且云南、四川等地也没有安定，现在便因几个出差回来的大臣一句话，就杀死行省一把手，绝对不是好事。在我看来，江浙一带原来就是富饶之地，那几个出差的大臣怕是因为得不到自己想要的东西，就想办法陷害行省大臣。现在这个形势，还允许咱们搞内乱吗？"

燕铁木儿本来被上都部队四面围攻，打完这边，那边又出现漏洞，弄得他已经很累了，这时听到中策丹这话，更是惊出一身冷汗。他急忙去见图帖睦尔，把这个话对皇帝说了。图帖睦尔一听，知道当皇帝可以多疑，但万万不可在这个时候多疑，马上叫停了这个追查。

燕铁木儿知道，凭自己一个人是不能到处开打的，只能先把就近的敌人消灭。他于十月一日来到通州，趁着图们岱尔立足未稳，突然发动进攻，把对方狠狠地打了一顿。图们岱尔狼狈而逃，渡过潞河安下营寨。

燕铁木儿第二天又追了上来。

双方在河两边摆开阵势。

燕铁木儿看着敌人的阵地，正想着破敌的办法。突然看到敌人在阵地前面摆了大量的木头和秫秸等易燃物品，并在这些易燃物上面披上毡衣，一时也搞不清敌人玩什么花样，难道他们要用火攻？

在燕铁木儿莫名其妙的时候，对方突然跑出几个人来，个个手举火把，把这些东西全部点燃。燕铁木儿还是弄不明白，他们为什么要烧在自己的阵前？

他们的想法其实很简单，就是烧出一团烟雾来，让这团烟雾掩护自己逃跑。

燕铁木儿不明所以，不敢直接进攻。图们岱尔一看，在那里偷笑着，到了夜里，他就带着他的部队逃跑了。

到天亮的时候，燕铁木儿才看出原来图们岱尔是在玩逃跑，这才下令渡河追敌，虽没有多大效果，但通州之围可以宣布解除了。

上都集团的部队本来很多，但却缺乏统一的调度。通州这边打完了，另一个诸王呼喇台又带着一支部队杀向紫荆关。也跟往时一样，呼喇台毫无悬念地攻下这个关隘，守将不放一枪一弹就直接跑。这些溃散下来的部队仗打得很烂，可是抢掠的功夫很到位，他们一路溃逃一路举着大刀开展抢劫活动，而且一直把这项活动开展到保定，最后武昌万户张景武看不顺眼了，带领民兵拿起木棍，把这些逃兵打死了几百人，这才平静下来。

张景武虽然把逃兵打服了，但却被额森特抓起来，连同五个兄弟全部被处死。张景武的老爸就是张珪，世袭贵族，额森特杀了这几个兄弟之后，便把张家的财产全部占为己有。

## 南北战争（下）

这时，双方的作战行动都搞得很乱，图帖睦尔这边是燕铁木儿特别能打，但其他地方的人基本就是看到敌人就逃跑。而上都集团的人多，虽然取得多次胜利，但这些胜利基本都是在边缘地带取得的，因此这些胜利只能扰乱一下大都集团那些人，对大局的影响并不大，更要命的是，他们不管是谁，只要一碰上燕铁木儿兄弟，基本都保持不胜的纪录。

呼喇台攻占保定之后，看到燕铁木儿还在跟王太平等人作战，觉得这正是攻打大都的大好机会，就带着大军直赴大都，很快就逼近涿州，前锋哨兵已经出现在大都的南城。

这时，燕铁木儿兄弟虽然已经将对手杀得尸骨遍野，并斩王太平于战场上，但一时之间也没有办法急回大都打一场首都保卫战。

图帖睦尔也急了，转头一看，没有燕铁木儿兄弟，还有托克托穆尔、还有章吉、还有额森特，你们就带兵去跟呼喇台打吧。

三人奉命率兵出城，与呼喇台大军相遇，大战了一场，一直打到卢沟桥边。呼喇台在大战中受了伤，当晚就睡在桥上，死死守住。

燕铁木儿知道京师周边都发生了战斗，哪敢怠慢，顾不得刚刚跟敌死拼，个个都还累得要命，就带着诸将沿北山向西。为了赶时间，他还下令把马嚼子解开，把马嘴套上口袋，然后在口袋里装满黄豆和草料，让马一边跑一边吃，士兵也跟马一样，边行军边吃饭，日夜赶路，终于开到卢沟桥。

还在桥上睡大觉的呼喇台一看，是燕铁木儿大军来了，哪敢迎战？连夜向西跑路。

大都南面的危机就这样解除。

燕铁木儿从清门进入大都，受到图帖睦尔的热烈欢迎。

第二天，又传来一个大好消息，号称上都军最为勇悍的阿喇特穆尔等人在紫荆关被诸将生俘，已押送京师。图帖睦尔下令把这些敌对人员统统公开处决。

上都集团继续发扬各干各的战斗风格。这边呼喇台被打败逃得不知去向，那边图们岱尔看到燕铁木儿不见了，便抖擞精神起来，又雄赳赳地打进古北口。燕铁木儿只得又披挂上马，带兵出征。这一次，双方在檀州南的旷野上展开竞赛。图们岱尔这段时间以来，遇燕铁木儿不胜，这次能一路冲进古北口，只是乘着燕铁木儿不在正面阻挡，是典型的机会主义。失败后，图们岱尔一口气回到辽东，不敢再出来。

图们岱尔虽然被打得眼睛都睁不开，深知燕铁木儿的厉害，但陕西行省的那一帮人仍然高举上都的伟大旗帜跟大都集团对抗到底——双方打了这么多天，死了很多人，但到现在谁也分不清，到底谁才是正统。只有到最后时刻，通过"成王败寇"的法则来判定了。陕西行省高层把宝押到上都集团身上。

除了陕西行省之外，湘宁王巴喇实里也把自己当成上都集团的骨干。为了密切配合上都军队的行动，他也带着士兵进入冀宁路。

因为此前大都把大量军队都抽去保卫京师了，太行山各个关口的守卫就十分薄弱，他们看到土匪王爷大砍大杀而来，都纷纷派人向图帖睦尔求救。此时，京师的兵力其实也不够用，但太行山一线又不能不救，图帖睦尔只得派万户和尚（不是佛家子弟，是人名）带着一支部队去救援。而冀宁路的各级官员更知道，如果让土匪王爷这么任意挥刀狂砍，他们只有死路一条，因此也都组织起来，跟巴喇实里对抗。和尚以及这些民兵好容易把巴喇实里挡得一阵，可上都的援兵也杀到。和尚看到自己部队的人数太少，不敢再硬碰硬，便退保故关，冀宁路宣布失守。

上都刚开战时，由于战区远离上都，所以看起来大都要比上都危险得多，调动得燕铁木儿兄弟虽然天天打胜仗，但也累得够呛。可是到了这时，上都的情况也不妙起来。在陕西行省巴喇实里坚定地充当上都集团的打手时，那边齐王伊噜特穆尔和东路蒙古元帅布哈特穆尔却宣布自己愿当图帖睦尔的手下。这位王爷所处的地理位置实在太厉害了，直接带着部队就围困了上都。都尔苏本来在那里向各路部队发号施令，以为敌人现在离自己远得很，只把目光放在大都前线，把大量的武装力量都派到外线作战了，上都的兵力十分薄弱，这时突然被人家大军围攻，顿时就慌了手脚，无奈之下，只得派出城里的部队出战，接连打了几仗，接连败了几次。最后，部队打完了，都尔苏只得带着皇帝的大印出城投降。另外几个骨干分子旺沁则从上都逃跑，辽王托克托被伊噜特穆尔杀掉。

此战打到现在，应该可以宣布结束了，而且结束得没有多少悬念，但还是发生了一件意想不到的事。这件事就是皇帝喇实晋巴失踪了。这个小皇帝还不满九岁，刚当皇帝一个月，就被赶下台，而且还不见了踪影。按照当时的情形，作为这个小皇帝的监护人都尔苏肯定知道他的下落，而作为这次事件的主角之一的都尔苏更没有理由让小皇帝失踪。但现在小皇帝下落不明，肯定是图帖睦尔玩的手脚。从后来图帖睦尔玩他哥哥和世琜的手段来看，他完全可以玩出这个花样来。

不过，陕西行省那帮人并不知道上都已经沦陷、都尔苏已经投降，仍然在那里斗志昂扬地宣布战斗到底，并准备攻打河南。

河南行省平章阿尔哈雅知道后，开了个大会，问大家有什么办法对付陕西兵？但大家都没有办法。

最后，阿尔哈雅说："汴梁处在南北的交叉点上，如果这里被陕西兵占领，则江南与京师的交通就会被切断，以后麻烦就会越来越大。所以，咱们现在要做的一是赶快组织一支武装力量，二是征调更多的粮食，以应付战争。"

他准备好之后，陕西兵果然分成两路向河南进犯。北路经过河中前往怀州和孟州，南路军由特默格带领越过武关，攻下邓州，以襄阳为目标狂奔，连陷三十多处。这些军队跟其他上都部队一样，仍然保持着土匪的优良作风，一路烧杀抢掠，口碑十分恶劣。他们还派人到四川去，请四川实力派人物囊嘉特跟他们结成统一阵线，一起攻打河南。

阿尔哈雅得知后，立刻紧急下令，把粮草往西运送，派栽塔海带兵去对付囊嘉特，然后在江、黄两地设防，加班加点建造船只，做好作战准备。

当年十月十九日，陕西部队终于开到。两军相遇，直接开打。

双方一直打到天黑，虽然损失的人员也一样多，但虎牢关却落入陕军之手，更要命的是，无数军粮也都落到陕军手中。

阿尔哈雅没有办法，只得带着各军后撤，一直撤到汴梁。

汴梁的官员和老百姓都十分紧张，不是说好一定不能让敌人打到汴梁吗？现在怎么一下就打到汴梁的城下了？

阿尔哈雅派出几拨使者去大都求救，哪知，全部被额森特拦住。因为前几天，图帖睦尔不知神经发生了什么错乱，居然把张珪之女许配给额森特——额森特就在不久前，把张珪的几个儿子全部杀掉并抄没财产，现在居然又把其女嫁给这个仇人。这个美女还没有作声，御史台那几个谏官就先开炮了，把额森特杀抄张家的事迹全部复述一遍，说张珪家祖孙三代都为国家做出了巨大的贡献，额森特却把张家男丁全部抄斩，现在居然还要把张家的女儿嫁给他，这不是鼓励杀人是什么？这难道是天朝对待国家功臣的做法吗？图帖睦尔一看，只得下令修正这个错误的决定，但并没有处理额森特。额森特心里的意见却很大，带着部队在那里，不但不去增援河南，反而截住河南向大都派出的使者，明摆着就是看河南方面的笑话。

阿尔哈雅他们盼不到救兵，只得开展自救行动了。他召开了一次动员大会，然后决定出兵与陕军大战，派骑兵前往龙门，截断陕军的后路。正在这时，朝廷的使者来到汴梁，向大家宣布一个特大消息：齐王已经解决了上都，现在上都集团的首犯都尔苏正走在押往大都的路上。

阿尔哈雅他们一听，立刻向江南三省发出通告，把这个喜大普奔的消息告诉他们，还派一个叫兰珠的人跑到陕军那里告诉他们，你们的大哥已经完事了，你们看着办吧。

陕军方面听到之后，也立刻惊呆了，士气全面下降，在那里不敢再有什么作为。此时，大都也派都护伊噜特穆尔带着诏书到虎牢关，命令他们放下武器回陕西老家。

陕军就这样一下全散了。

至此，历时一个多月的两都之战宣告结束。

但事件仍然没有结束，余波继续精彩呈现，只是主角又换了一个而已。

# 第五章
# 哥哥也是隐患

## 兄弟之间

图帖睦尔绝对是个玩政治的好手，他费了吃奶的力气，靠燕铁木儿把上都集团全面打败，顺利巩固了自己的皇位，他深知这个皇位来之不易，因此必须把一切潜在的威胁全部消灭于无形之中。

当然，那些上都的死党是一个都不能放过的。上都集团的首要分子都尔苏、旺沁、宁珠、也先特穆尔等统统被处死。四川行省平章囊嘉特因为甘当上都集团的打手，出兵助陕军进攻河南。现在陕军崩溃了，囊嘉特却毫毛未损。他不知是哪根筋作怪，眼看同类人势力已经覆灭，自己不但拒不投降，而且把调子喊得更高更大，自己封自己为镇西王，在自己的势力范围内大搞顺昌逆亡活动，谁服从自己谁就可以得到提拔、不服从的就杀头。

囊嘉特回军四川，然后向刘邦学习，把栈道一把火烧了。

可是图帖睦尔因为别的事，一时居然无法阻止囊嘉特的行动。

此时，图帖睦尔正集中精力处理着他与哥哥之间的事。这个事，他必须尽快解决。

图帖睦尔肯定经过一番慎重的思考之后，决定全力以赴处理他与哥哥和世㻋的事。

灭了上都集团之后，他先是到太庙去祭祀了一回——这等于是向祖宗报告，现在我是皇帝了，让祖宗承认。其实，是把皇帝法统的外衣披到自己的身上了。

然后，他派使臣到漠北那里把哥哥迎接过来，说准备把皇帝的位子转让给他。

和世㻋肯定也是个很有野心的人，而且他已经把这个野心很突出地表现出来了，只是后来失败了，才跑到漠北寒冷之地避难，他做梦都想当这个皇帝。突然发生了变故，他的弟弟居然高调宣称要把这皇帝宝座转让给他。

和世㻋到现在也算是资深的政治人物了，当然知道，通往皇帝宝座之路，比其他道路都凶险万分，一步走错，就万劫不复。所以，他得到弟弟的通知之后，也很小心地研究着弟弟的心理，到底这个弟弟是真心让位，还是骗他回去，然后消除隐患呢？

可是，跟随他流亡的那些诸王都高度一致地认为，图帖睦尔的转让是真心的。

于是，和世㻋决定带着他的随从南下。

漠北到上都路途还是很远的，而周王和世㻋又走得很慢。天历二年正月，他还在半路上磨着，但面对弟弟的热情，他也不能不有所表示，就派他的手下博啰和特珠勒先到京师，向弟弟报告。图帖睦尔当时就给这两人大量的赏金，还派内侍图嘉珲去面见和世㻋。

兄弟两人见面的时间不断在缩短。

两人其实都还提防着对方。弟弟不断地在皇帝岗位上努力工作，哥哥却尽量在半路上磨时间，这是典型的“听其言、观其行”的表现。

正月十七日，图帖睦尔派的使者图嘉珲在和宁以北见到和世㻋，代表图帖睦尔劝和世㻋即位。和世㻋的手下也一齐努力，说您即位吧，再不即位，人家以为您真的不愿当皇帝了。

其实，稍用点脑子去思考，就知道弟弟是在玩套路。既然真诚地让位给哥哥，为什么不亲自出来劝进？甚至可以等哥哥到京师之后再转让也不迟。为什么一定要在半路上派个使者去代表自己劝进？而且这个使者还不是首席大臣。

不在京师宣布即位的皇帝，基本是因为非常时期才不得已而为之，比如安史之乱的唐肃宗在灵武即位，比如忽必烈不在首都即位，那是要抢先机。



和世㻋就这样被动地成了皇帝。

和世㻋即位的当天，随行的诸王都入内朝贺，摆了一下皇帝的排场，然后派人到首都报告。

和世㻋这次就任皇帝，看起来有点像当初海山和寿山的情节，都是弟弟在京师帮哥哥看住皇帝宝座，然后哥哥在京师之外即位。但细一考量，却有着本质的区别。当时，海山与寿山争夺时，本来是暗战，但海山手里紧握着枪杆子，直截了当地宣布自己一定要当皇帝，谁都不能阻挡，逼得寿山不得不让出，而且当时寿山还只是监国而不是皇帝，因此让起来，还是很自然的。另外，寿山和海山是同父同母兄弟。现在的形势却一点不一样。首先，图帖睦尔已经是皇帝，而且连年号都改了、太庙也祭了，一看就没有转让的意思。再加上，和世㻋目前手里没有几个士兵，除了那点号召力外，基本资本都等于零，最后，他们又不是一母所生的兄弟，关系比海山和寿山又远了一层。

图帖睦尔导演的这场戏，最终目的就是把哥哥那点“号召力”搞定。

## 万里归来会二龙

和世㻋一路过来，其实也是很谨慎的，但当了皇帝之后，脑子就有点膨胀，摆起了哥哥皇帝的架子，对就要回京师复命的萨题说：“你代朕给皇弟传个话：他过去喜读史书，近来还没有松懈吧，还像过去那么努力吗？

听政之余，也要拿点时间、花点精力去跟优秀的读书人多接触，讨论史书中的问题，了解古今治乱的得失。这个话，你们到京师后一定要原样转告。”

图帖睦尔听到这个话，心里能舒服吗？先不说这全是教训臣下、勉励后辈的语气，就是这个内容也让图帖睦尔心里一紧：这不是在暗示我以后只专心读书，不要再管朝政了吗？

图帖睦尔想到这里时，身上肯定会被冷汗湿透。当然，哥哥的这个心思都在他意料之中，只是他没有想到，哥哥的这个意思会表达得这么迅速。他没有当场发作，继续按自己设计的套路走，宣布：我哥哥已经即位，凡是二月二十一日前授予官职的，马上发任命的文件。以后任命的，都要到皇上的行在去奏请。

他宣布这个命令之后，于三月初四，终于派燕铁木儿带着皇帝的大印送去给和世㻋，再命令有关部门给和世㻋的行在运送大量的金银和币帛，用来作为赏赐的物品。

如此一来，皇帝的所有装备全都送给了和世㻋。和世㻋望着皇帝的大印，觉得自己这个皇帝已经做定了，警惕性立刻全面放松，心情一片大好。这个心情从他当皇帝发布的第一个命令就可以看得出，他把他曾经居住的地方都改了地名：建康改为集庆、江陵改为中兴、琼州改为乾宁、潭州改为天临。这些地名，把他得意忘形的心情全面表现了出来。

而这个得意忘形的心情在他跟燕铁木儿见面时，也没有遮掩。当时，他对燕铁木儿说：“凡是京师百官，受我弟弟任命过的，以后都还继续担任过去的职务。你回去之后，把朕的这个意思转告他们。“

燕铁木儿现在绝对是图帖睦尔的心腹，听了这句话之后，脑子转了个弯，就试探一下：“陛下君临万邦，国家大事所系者，中书省、枢密院、御史台而已，宜择人居之。”

如果当时和世㻋保持冷静，回想自己刚刚说过的话，肯定会否决燕铁木儿的这些话，但他现在的脑子已经无法冷静了，听了燕铁木儿的话，觉得太正确了，这几个部门是国家最要害的部门，当然必须由自己人来担当了。于是，当场就发布了一个任命文件：任哈玛尔图为中书平章政事——这是海山的旧臣，任巴特穆尔为知枢密院事，任博啰为御史大夫。这几个人全是他的心腹。现在他虽然是皇帝，但实权仍旧握在图帖睦尔手里，他这个皇帝跟个皮包公司老总没什么差别，还没怎么着就急着在要害部门塞进自己的人。塞自己人的下一步，就是把弟弟的人踢走。

这些动作之后，和世㻋似乎松了一口气，在行殿里大摆宴席，请诸王和大臣们大吃大喝。

燕铁木儿以及和世㻋刚提拔的那几个心腹当然都在座。

而在这个酒席上，燕铁木儿一边喝酒一边看着和世㻋和那几个心腹的表演。

在这个宴会上，和世㻋先叫一个近臣宣读他的诏书：

“太祖皇帝尝训敕臣下云：‘美色、名马，人皆悦之，然方寸一有系累，即能坏名败德。’卿等居风纪之司，亦尝念及此乎？世祖初立御史台，首命塔察儿、奔帖杰儿二人协司其政。天下国家，譬犹一人之身，中书则右手也，枢密则左手也。左右手有病，治之以良医，省、院阙失，不以御史台治之可乎？凡诸王、百司，违法越礼，一听举劾。风纪重则贪墨惧，犹斧斤重则入木深，其势然也。朕有阙失，卿亦以闻，朕不尔责也。”

这番话说得很不错，燕铁木儿觉得松了一口气：和世㻋可能在极寒之地磨炼了这么多年，把境界磨炼出来了，胸怀也有些宽广了。

哪知，才过一天，和世㻋特别命令博啰等人拿着诏书专门告谕燕铁木儿等人：

“……密院当即以闻，毋以夙夜为间而稽留之。其他事务，果有所言，必先中书、院、台，其下百司及纮御之臣，毋得隔越陈请。宜宣谕诸司，咸俾闻知。倘违朕意，必罚无赦。”

和世㻋在此期间，把自己刚刚说的让图帖睦尔任命的官员全部留任的话，基本忘记了，在几天之内，他就发布命令，任命一大批官员，从中央到地方，都不断地换上自己的亲随，而且让图帖睦尔超级不爽的是“选用潜邸旧臣及扈从士，受制命者八十有五人，六品以下二十有六人”。

图帖睦尔从和世瓎的这些作为看，知道这位老哥是不甘当一个弱势君主的。他一不甘弱势，自己就危险万分了。

当然，和世瓎在大力搞这些任人唯亲的动作之后，还记得照顾一下弟弟的情绪。他知道，这个皇位是弟弟抢过来再送给自己的，因此也学当初海山一样，表示自己当完皇帝后，就按照兄终弟及的原则，把皇位再送回给弟弟，因此就派武宁王库库图、平章政事哈玛尔图跑到京师，宣布立图帖睦尔为皇太子，设立詹事院——这可是皇太子的办事机构。

图帖睦尔的这些让位活动，就是一场戏，如果和世瓎继续把谦虚装下去，把弱势嘴脸做到极致，图帖睦尔想搞定他还真不容易。现在和世瓎却完全被皇帝这两个字蒙住了，才拿到皇帝的大印，就把历史上那些宫廷争斗的凶险抛到脑后，毫无顾忌地当起皇帝来，而且还大量任用亲随，给图帖睦尔制造了一个好好的把柄，给了他除掉哥哥的最后决心。

当然，图帖睦尔并没有在那里暴跳如雷，而是按部就班，继续笼络燕铁木儿这样的实力派，给燕铁木儿的爷爷和老爸同时立了纪功碑，还下令有关部门给行在的宿卫发放衣服、粮食和马匹，把和世瓎的警卫部队也都收买了。当然，还要收买那些官员，他草拟了一份六部预备任用的官员名单，然后奏请哥哥同意。

这时，和世瓎那一边还出现了个很窝囊的事，就是他早已任命图帖睦尔为皇太子，可是就是找不到皇太子宝印。

图帖睦尔当然不在乎这个权力，他继续按自己的剧本把情节推进下去，带着燕铁木儿等一班大佬从京师出发带着皇帝的所有用品，外加三万部队，一路浩浩荡荡向北，去迎接皇帝哥哥，做最后的权力交接。

八月初，两人终于在上都附近的鸿和尔见面了。

过程是这样的，八月初二，皇太子图帖睦尔来到了皇帝临时的住所，入宫觐见皇帝哥哥。皇帝哥哥为了表示自己的热烈欢迎，在行殿里举行了一场盛大的宴会，热情招待皇太子以及百官。至于他们见面后，发表了什么感言，做了哪些动作，历史没有记载。见面之后，他们还举行了什么活动也语焉不详，而且直接把几天时间也忽略成了三天。直到第四天，也就是八月初六，和世瓎被宣布暴崩，这年他刚刚三十岁，身体强壮。他死后，皇太子图帖睦尔在第一时间里入宫，放声大哭。皇太子的泪水还没有落完，燕铁木儿就依照皇后的命令，手捧皇帝玉玺塞到图帖睦尔的手中。

到了初九，图帖睦尔回到上都。燕铁木儿跟一班大臣立刻开展劝进工作，于是图帖睦尔举行第二次登基大典。

关于和世瓎之死，几乎所有的人都在怀疑，是图帖睦尔和燕铁木儿合伙下的手。

这次事件发生之后，当时的大诗人萨都喇写了一首诗，可谓道尽了其中的意味：

当年铁马游沙漠，万里归来会二龙。
周氏君臣空守信，汉家兄弟不相容。
只知奉玺传三让，岂料游魂隔九重。
天上武皇亦洒泪，世间骨肉可相逢？

和世瓎比小皇帝的水平高，但他的势力比都尔苏差得太远，因此把他处理掉之后，几乎没有其他尾巴。图帖睦尔复位之后，做的第一件事就是杀掉那个囊嘉特。

## 太子又死了

再来说说这个囊嘉特吧。

由于图帖睦尔把处理哥哥的事放在优先考虑的位置，没有精力去对付囊嘉特，只是派近侍星吉巴勒拿着诏书去作囊嘉特的思想工作，劝他回头是岸，但囊嘉特不听。囊嘉特还派人去跟镇西武靖王绰斯班取得联系，叫他跟自己一起干。只是绰斯班看出囊嘉特没有什么出息，因此不但不答应跟他联合，反而派兵镇守住关隘。

囊嘉特也不气馁，他在天历二年的正月，刚欢度新年之后，就带兵出来开工，攻下了播州猫儿垭隘。当时驻守那里的宣慰使杨雅尔布哈打开关门，把他迎接进关。他看到这个宣慰使都自动配合自己的造反，就想到自己的弟弟——陕西蒙古军都元帅布哈台，如果能拉这个弟弟入伙，他的力量就会壮大得多了。于是，他派人去找布哈台，哪知，使者的话还没说几句，布哈台就把这个使者的脑袋砍掉了。

囊嘉特没有办法，只得靠杨大人了。杨大人还真的十分积极，当他的向导，把他带到乌江边。当时守在这里的是八番元帅图楚克。双方在乌江边打了一仗，囊嘉特被打败，连原来的关口都丢失了。不久，诸王伊噜特穆尔也带着五万五千部队来到乌江，跟图楚克会师，一起去打囊嘉特。

囊嘉特胆子再大，也不敢跟这么多的人对抗，就放火烧了鸡武关大桥和栈道，阻止政府军打过来。等伊噜特穆尔退兵之后，囊嘉特又出来，攻占了鸡武关、三叉、柴关，然后又做好巩昌总帅汪延昌的思想工作，让他跟自己干，当他的带路党，成功地进军金州，占据了白土关。陕西行省派兵抵御，但手忙脚乱，毫无办法，只得上书求救。图帖睦尔只得下令察罕托诺尔宣慰使萨特密实带领本部的蒙古军会合镇西武靖王的部队前去攻打囊嘉特。

囊嘉特看到陕西那里有防备，就把枪口转向河南，直取襄阳。湖广行省又慌乱了，急忙调兵卫守播州和归州。

诸王伊噜特穆尔进驻播州。他知道，囊嘉特也是个游击队长，典型的机会主义者，你这边堵，他又往那边打；你赶往那边，他又跑到另一头，弄得你很被动。跟他玩游击战是玩不过他的，因此就修改了此前的思路，搞了个分化瓦解动作——到处张贴广告，只要囊嘉特手下的人愿意投降，就大大有赏。

这一招果然很灵。

当囊嘉特兴致勃勃地到处打游击时，他手下的一干人却累了，看到政府的招降文榜，就宣布脱离造反队伍，向政府投降，而且连曾经是囊嘉特最坚定的带路党的杨雅尔布哈和他的兄弟都脱离了囊嘉特的革命队伍，到政府军那里重新做人了。

囊嘉特一下就从意气风发的游击队长变成孤家寡人了。

恰在这时，和世琜上位。和世琜这时正想找一些图帖睦尔的反对党来壮大自己的力量，就派人去通知湖广行省，让他们到四川去宣布，赦免了囊嘉特的罪行。囊嘉特这时手里已经没有多少人，当然就愉快地接受了招安。

和世琜以为自己拉了个地方实力派，力量壮大了不少；囊嘉特则以为自己得到新皇帝的赦免，这辈子终于可以安全着陆了。哪想到，才过几个月，和世琜就突然死掉了。和世琜一死，囊嘉特的后台彻底倒下。图帖睦尔对囊嘉特超级愤怒，指控囊嘉特乘坐銮驾，犯了大逆不道之罪，将他逮捕，诛杀弃市。





图帖睦尔这段时间应该是很开心的，哥哥被处理了，麻烦人士囊嘉特也被杀，对自己的潜在威胁全部被消除。

图帖睦尔决定立自己的儿子喇特纳达喇为皇太子。其实，当时已经有了一个皇太子，这个皇太子就是和世琜的儿子妥懽帖睦尔。所以，他必须把这个现任太子搞定，才能再立自己的儿子。当然，图帖睦尔在干这件事时，并没有把工作搞得简单粗暴，而是仍然遵循他一贯的风格进行。他突然宣布，接到妥懽帖睦尔乳母的爆料，大意是说，和世琜在生前，多次说妥懽帖睦尔不是他的亲生儿子。于是，将妥懽帖睦尔贬来贬去，命令翰林学士阿林特穆尔、奎章阁学士乌图噜笃勒哲把这件事写在《托布齐延》一书上，还特别命令当时的大儒虞集起草诏书，向全国播报，彻底搞臭妥懽帖睦尔。

图帖睦尔以为自己搞了这么多的动作，完全可以消除哥哥最后的影响力了，自己的儿子将来可以放心地坐在皇帝宝座上，没有谁可以威胁了。哪知，他的儿子才当了几个月的皇太子，就突然病死了。

这个事故的发生，对图帖睦尔的打击是无比巨大的。

他请来几个画师，把太子的真容好好描绘，然后放在庆寿寺东的鹿顶殿，要求祭祀真容的规格和祭祀历朝帝王的规格一样高。

图帖睦尔把皇太子之死归结到宦官服侍不周，但他仍然怕是冥冥中的另一个原因。因此，他在痛打太监之后，为了让自己的另一个儿子古噜达喇不出意外，命令五台山、雾灵山各举行佛事一个月，为古噜达喇祈求福荫。后来，又觉得光靠和尚念经仍然不够，就把古噜达喇送到燕铁木儿家里做养子，改名燕贴古思。同时，又下诏把燕铁木儿的儿子塔喇哈收为自己的养子。

## 秃坚之乱

这期间，南方一带尤其是云南广西几乎乱子不断，到处是武装暴动，越镇压反弹得越厉害，然而图帖睦尔只是把心思放在肃清哥哥的潜在威胁上，根本没有花多少精力去管这些政权安全的事。

其实很久以来，云南就是大元的问题行省。“蛇节之乱”，把大元闹得就很郁闷。后来，虽然“蛇节之乱”被平定了，但隐患却还远远没有排除。朝廷也知道这个情况，因此云南王向来就有很大的实力。最近一任的云南老大就是梁王旺沁。旺沁在两都之争中，完全倒向上都集团的怀抱，成为冲击大都集团最得力的大将，大都在艰难取胜后，旺沁成为第一批被处死的战犯。梁王旺沁虽然被砍了，但梁王多年在云南的经营，培植了大量的亲信。比如达实不花和秃坚等人，历来就是梁王府中的实力派人物，旺沁死了，他们还活着。

他们本来就是旺沁的死党，向来跟图帖睦尔一派在政治上不一致，他们仗着云南边远，朝廷上又乱象丛生，因此根本不理中央的号令，实行高度自治，驱赶中央派过去的官员，自行任命行省的参知政事。他们在天历二年的三月，集结了五万部队，做好了跟中央叫板的前期工作。

第二年，即至顺元年二月，秃坚和布呼宣布造反，带着部队进攻晋宁州。秃坚觉得只当个诸王，旗号打得不够响亮，就自称云南王，任命布呼为丞相，阿禾和呼喇呼为平章，跟中央直接摊牌。

这时，图帖睦尔刚刚完成毒死哥哥的任务，政局还没有彻底稳定，但接到这个消息之后，也不得不部署军队去讨伐秃坚。他下令河南省平章奇珠为云南行省平章，任命八番、顺元宣慰使特穆尔布哈为云南行省左丞一起去摆平秃坚。

秃坚长期在云南一带混，知道这一带的少数民族力量是很雄厚的，只要把他们煽动起来，完全可以跟政府军拼一拼。于是，叫布呼去收买乌蒙土官禄余，让他跟自己结盟。禄余看到大量现金，眼睛当场放亮，一口答应了对方的利诱，然后一跃而起，带着本族兄弟举起弯刀，冲进政府衙门，把乌撒地区的宣慰使乱刀砍死，算是送给秃坚的投名状。特穆尔布哈听说之后，还没来得及反应，这支少数民族武装就已经杀了进来，把他这个副省级领导直接杀死。

连下几刀之后，禄余派七百部队守住乌撒、顺元的边界。

当时，重庆五路万户奉命带着部队前往云南参加平叛战斗，刚进入云南境内，就被禄余的部队袭击，一万多人被全歼，只有千户祝天祥带着剩下的一千人逃了回去。

消息传到大都，朝廷再不重视还算是朝廷吗？图帖睦尔下诏：令江浙、河南、江西三省调兵两万，由诸王运图斯特穆尔及枢密判官洪决带领，与湖广行省平章托允会合，一同开往云南剿匪。

禄余还处于活跃阶段，那边罗罗斯土官撒加伯便又会合乌蒙少数民族兵一万人去打建昌县。云南行省右丞跃里特穆尔带兵跟他们战斗，在战场上斩首四百人。撒加伯这才知道打仗不是开玩笑，可是已经收不住了——四川派出的官军又已打到现场，再次把他打得大败。

但撒加伯仍然不惧怕，又跟阿陋土官阿剌、里州土官阿答联手，共同率领八千人先把栈道破坏掉，再派使者暗中与西番取得联系，请西番也加入他们的战斗，然后让他们占据大渡河，再去攻打建昌。四川行省知道后，当然不能让他们的计划得逞，急调一千七百人，由万户周勘带领，直插罗罗斯地界，死死地控制住西番和诸蛮部，不让他们连成一片。

撒加伯做梦都想拿下建昌，但他带的部队终究只是业余团队，而建昌的守将跃里特穆尔却是个狠人，时刻都保持着高度的警惕性，使得撒加伯无机可乘。后来连撒加伯派向西番的使者都被跃里特穆尔抓到，然后就地斩首。

朝廷对云南进剿这些反叛势力的进度很不满意，不断地催促四川、云南两个行省尽快解决那一片地区的乱子。四川平章达春只得带兵从永宁出来，与禄余部作战。禄余此前虽然也吃过一些亏，但对他的实力影响不大，此时跟达春一交手，从开始就处于被动挨打的局面，最后支持不住，丢下三百多具尸体，自己带着残部落荒而逃，据点和关口也守不住了，达春此战算是给朝廷有了个交代。

撒加伯联合西番的设想破灭后，心里一发狠，认为没有西番帮忙，自己也同样可以打建昌。他的决心得到阿答的坚决支持。两人立刻合兵一处，共一万五千人，比前次的力量壮大多了。跃里特穆尔看到敌人又上来了，一点惧怕的心理也没有，也不管力量比对方少了很多，仍然带着部队大喊大叫杀出，结果撒加伯又被打了个大败。跃里特穆尔一路追着他们猛打，一直打到木托山下，取得斩首级五百的战绩。

这些少数民族土官搞事到现在，能到处活跃动作不断，主要还是政府军缺乏一个统一的调度，基本都是谁碰到搞事武装谁就打，其他人都没有配合上来。到了至顺二年的正月，镇西武靖王绰斯班和豫王喇特纳实哩终于会合，结集了十多万的兵力，开进了罗罗斯地区。

跃里特穆尔看到主力部队开到，立刻率兵出来会合，一路狂奔，夺取了金沙江。

此时，面对这支大军的叛军是秃坚手下的得力大将阿禾部，双方打了一仗，阿禾大败。大败的阿禾表示投降。其实他的这个投降是假投降，第二天就乘着政府军不防备，带着兄弟们去袭击政府军的营垒。哪知，绰斯班并不蠢，老早就做了防卫工作，最后大出意外的倒是阿禾本人。在这样的情况下，阿禾只有继续被打败，然后狼狈而逃。政府军胜了这一仗，然后大军长驱直入，穷追猛打。阿禾逃无可逃，只得再硬着头皮出战。这一次，他干脆被人家俘虏，然后斩于阵前。秃坚手下的一个悍将就此丢了脑袋。

大军继续前进，直抵中庆。

秃坚部署七千人在伽桥、古壁口一带抵抗。双方打得很激烈。政府军的先锋官跃里特穆尔冲在第一线，左脸被射了一箭，洞穿到耳后，你怎么看都会觉得这个画风很恐怖，但他只是拔出箭头，丢在地下，任血流如注，继续大喊大叫向前冲。大家一看，斗志瞬间飙出新的高度，大获全胜。

连续几战下来，秃坚的主力不断被歼灭，政府军的士气这才振作起来，各路部队也都积极前来会合，恢复了云南的行省治，稳稳拿住了战场的主动权，分兵去消灭那些被打散了的叛军残兵。

捷报送到图帖睦尔的手中，图帖睦尔这才松了一口气，给前线下了一道命令：总兵官可根据适当情况处理事务，不必再事事上报。

在重兵的围剿之下，很多少数民族武装知道，再干下去，真的要灭族灭种了，因此都从山寨里出来，向政府军举手投降，只有首倡分子禄余还在坚持。绰斯班下令把在战场活捉过来的各个叛将都当众斩杀，并肢解示众，以儆效尤。

绰斯班以为这么一来，那些反叛的人就会怕死，不敢再出来搞事了，因此只留下一部分兵力继续镇守云南，而大军都宣布班师。

可他才走了没几天，禄余又从山里冲出来，杀死了乌撒宣慰使伊噜和东川路总管府判官嘉珲迪等几十号人，然后举兵攻打罗罗斯，逼近顺元。云南行省派诺海等人带着诏书前去劝禄余，说只要你不再搞事，朝廷就既往不咎，而且还让他当更大的官。可是禄余表示只爱造反不愿接受招安。接着禄余的大部队开到，直接向政府军打过去。诺海没有办法，只得拼命抵挡，这才把禄余打退。可禄余带着部队又杀向顺元，特穆尔布哈带兵赶来抵抗，诺海还抱着和平的幻想，到阵前大声宣读皇帝的诏书，可那几句话还没有念完，禄余就不耐烦了，下令弟兄们冲过来把他砍了。特穆尔布哈也受了重伤，不得不收兵回营。与此同时，政府军在另一个战场上，取得了一次胜利，而且成果很大，逼得秃坚的弟弟必里克图库图齐带着全家老少跳海而死，秃坚另外两个弟弟和三个儿子都成为战俘，处斩阵前，这对云南一带造反势力的打击十分重大。最后禄余也怕了起来，向四川行省乞求投降。

朝廷经过讨论，同意禄余投降。

禄余一投降，云南一带的造反事件基本告一段落。

秃坚联络禄余出来搞事，从云南打到四川，最后几乎把南方的军队都调集过来，经过非常艰难的战斗，耗费了大量的人力物力，这才勉强摆平。从这场平叛战争上看，大元部队的战斗力已经十分衰弱了，战斗力早就下降到地平线。这场战争虽然在云南一带发生，但战争重担全由江南数省的人民来承担，再加上饥荒肆虐，导致江南人民的生活陷于水深火热之中，最终这些水深火热之中的人民都起来造反。

## 这是唯一的解脱方式

图帖睦尔到了现在，觉得也该松一口气了，哪知，这口气还没有松到位，他另一口气就提不上来了。他虽然连续搞定几个对手，把皇帝之位稳稳地压在自己的身下，然后还为自己的后代也清除了潜在的威胁，权力手腕玩得还很娴熟，但他的身体却不争气，才当了几年的皇帝，到至顺三年的八月就突然发病。

跟往常一样，史书一般记到这个细节时，预示着这个情节的事主将大大地不妙了。

图帖睦尔虽然设下陷阱把哥哥从遥远的漠北骗来，然后杀掉，再把嫂子斩除，然后将侄子流放，这些活动一环紧扣一环，做得有条不紊、得心应手，但也给他造成了十分沉重的心理压力。他也怕史官把这些精彩的细节写进史书里，曾于至顺二年十二月二十二日驾临奎章阁，说是要亲切看望一下各位史学大家，顺便看一看国史编撰的进度情况。其实他是想看看，这些国史工作者是不是把他的事迹都如实写了进去。大家都抬着藏国史的柜子前往，准备给皇帝检查。当时的国史院院长什么也不敢说，但国史编修吕思诚却大声说:“国史记载的是当代人君的善恶，自古以来天子都没有观看国史的。”

图帖睦尔一听，也没有话说了，只得掉头回去。回去之后，心里肯定越来越郁闷，越郁闷就越睡不着觉，这事就这样成了他永远无法抹去的心病。他病重时，觉得自己真的扛不下去了，就把皇后以及皇子雅克特古斯、燕铁木儿都叫来，用那双无力的眼睛扫视着他们，然而用虚弱的声音交代后事："我这些天来心里都不平静，主要是因为鸿呼尼那件事对我的心理压力太大了。这是我这辈子犯下最大的错误，我时时都在后悔。雅克特古斯是我的儿子，但这个皇位应该是我大哥明宗皇帝的。你们要是真的忠于我，就应该在我死后，让我大哥的儿子来继承皇位。这样我到地下见到大哥时，他责问我，也好有话回答他了。"

他说过这些话后，就死去了。

图帖睦尔安详地闭上了眼睛，可燕铁木儿却一点不安心了。燕铁木儿自从政变成功之后，深得图帖睦尔的信任，不管他提出什么建议，图帖睦尔都会无条件地批个准奏。燕铁木儿不但当首席大臣，而且还是个大商人，开了很多门店。为此，图帖睦尔还把宣课提举司的负责人叫来，不准向燕铁木儿经营的商店征税。其他人搞的是官商勾结，他干脆就是官商一体，到后期干脆连皇帝也不放在眼里。

图帖睦尔靠燕铁木儿成为皇帝，更是把燕铁木儿当成自己安全的保障，他对燕铁木儿产生强大的信赖心理，连自己儿子的生命安全都交给了燕铁木儿，觉得只有把儿子送到燕铁木儿的家中生活，才不会生病，才不会有生命危险。这样一来，燕铁木儿成为大元开国以来，最有权势的丞相。现在，图帖睦尔的儿子在他家，他的儿子在图帖睦尔的皇宫里当养子，双方的关系几乎融洽到一家人不说两家话的地步了。他多想把这个关系继续维持下去，让他在这个最有权势的职务里待到死掉的那一天。哪知，图帖睦尔却死在自己前头了。

当然，如果图帖睦尔死时，宣布让自己的儿子雅克特古斯当皇帝，燕铁木儿同样高兴万分。一来这个雅克特古斯年纪还小，小孩一个，什么都不懂，当上皇帝后，军政大事肯定会由他全权处理了；二来这小学生又在他家生活，对他只有好感没有恶意。如此一来，他的权力只有更大。哪知，图帖睦尔临死时，居然搞了个这个遗命，这可是一个让全世界人都不会想到的决定。

当初把和世瑓搞定，那可是他和图帖睦尔共同联手，而且具体方案是由燕铁木儿去实施的，后来，把明宗皇后干掉，把妥懽帖睦尔送到远方流放的，肯定也有他的份。和世瑓的后代能不恨他，他们还是人吗？他们肯定对他恨之入骨。如果让他们家的人当皇帝，他还有好日子过吗？

燕铁木儿是搞政变过来的，对这个道理的认识比任何人都深刻，因此他万万不愿意遵照图帖睦尔的遗言去行事。燕铁木儿就想把事情先拖下来，以后再说。他先把图帖睦尔的遗诏收藏起来，不公开发表，然后把玉玺交给皇后，说："娘娘先管理这个吧。其他事我跟宗室大臣们商量一下再说。"

燕铁木儿派人把各位诸王都召到京师集会，至于此间的大事，都让中书省交由皇后处理。

燕铁木儿这时还有个打算，加强皇后的权威——反正皇后也是听他的，以后不管谁当皇帝，权力都掌握在她的手中，掌握在她的手中，同样等于掌握在自己的手中。于是，他也下令装饰皇后的仪仗，让皇后看起来更威风凛凛。

这个仪仗刚刚装饰完毕的当晚，突然北方发生了一场大地震，声音从北边轰隆隆传来，所有的人都有不祥之感。

大臣和诸王都知道，如果在往常，皇帝归天之后，只要权力结构没有变化，皇后和丞相还正常履职，又没有别的干扰，此时新皇帝候选人名单早就出笼。可现在大家仍然生活在没有皇帝的日子里，在没有皇帝的日子里，所有的事情，都是燕铁木儿说了算，大家都知道燕铁木儿的性格，所以谁都不敢多嘴，只是在那里观望，看他下一步怎么走。

燕铁木儿眼看拖不下去了，他近来虽然气焰熏天，其实心里很不踏实，否则他早就立新皇帝了。燕铁木儿虽然位极人臣，但他还不是曹操那样的权臣，有搞废立的胆量和能力。所以，他也只有拖。他以为拖下去就能拖出办法来。可是很多办法真不是拖得出来的。眼看舆论大起，再不立新皇帝，他就不好交代了。于是，就奏请皇后，要求立雅克特古斯为皇帝。雅克特古斯是大行皇帝的儿子，符合法统。

但皇后却不同意。皇后说还是按照图帖睦尔的遗言去办吧，要不以后死了，她怎么去见图帖睦尔呢？

燕铁木儿没有办法，只得同意不立雅克特古斯为帝，而是让和世㻋的儿子过来继位。即使如此，也不能让那个被流放的妥懽帖睦尔回来当皇帝。和世㻋当时还有个儿子鄜王懿璘质班。这个懿璘质班这时只有七岁。

至顺三年十月初四，懿璘质班在大明殿即位，一个月后，尊称皇后为皇太后。可他实在没有当皇帝的福分，还当鄜王时，硬是身体健康，可到龙椅上一坐，身体就受不住，才当了四十三天的皇帝，就突然宣布驾崩，谥号宁宗。

在皇位出现空档期时，皇太后自然又得临朝听政，大家又在那里开会选下一代最高领导人。

燕铁木儿说，还是让雅克特古斯来当吧。

大家没有意见，但皇太后不同意，说："皇位是天下最重要的职务，我儿子的年纪太小，哪能胜任呢？还是让妥懽帖睦尔来吧。他现在在广西，已经十三岁了，又是明宗皇帝的长子，理应由他来当皇帝。"

燕铁木儿看到她的态度很坚决，当然没有办法反驳了，只得硬着头皮同意——反正这个妥懽帖睦尔才十三岁，自己仍然可以掌大权的。于是，一致决定，派中书左丞奇尔济苏前往广西静江，迎接妥懽帖睦尔回京师就任皇帝之位。

妥懽帖睦尔是延祐七年四月出生的。当时他的老爸和世㻋正在金山一带当避难人士，接受察合台汗国的保护。当时，和世㻋一边避难一边娶了个回回美女，结果就生了妥懽帖睦尔。这个美女生下儿子之不后，就死了。再后来，就发生了毒死和世㻋事件，接着明宗皇后也被杀掉，而妥懽帖睦尔也被图帖睦尔和燕铁木儿列为潜在威胁人物，于至顺元年七月，把他流放在高丽大青岛那里监禁，不许他与外界任何人接触——那时妥懽帖睦尔只有十岁。一个十岁的小孩被关在一个陌生的地方，还不许跟任何人接触，这生活是怎么过的？但图帖睦尔仍然密切关注着这个小孩的动静。第二年，有人又向图帖睦尔报告，说辽阳和高丽人已经商量好，要奉妥懽帖睦尔之意造反。图帖睦尔虽然不大相信，但想想，很多事情从来都不是空穴来风的。因此就又把妥懽帖睦尔从高丽调回来，流放到广西的静江——高丽人跟蒙古族很有些渊源，再加上辽阳也是诸王的地盘，让这个敏感人物留在那里，终究是个隐患。南方向来跟朝廷没有多大的牵连，你把谁放在那里，人家都不会当一回事的。

妥懽帖睦尔到了静江之后，就住在大圆寺中。大圆寺的长老秋江就主动当起这个小孩子的老师。妥懽帖睦尔虽然从小就受尽苦难，被隔离监禁，但生性仍然活泼。他已经到了入学的年龄，秋江长老就教他学习《论语》《孝经》这些文本，而且每天要他练习写两张字，直至现在，被接回大都，他仍然把这些他学习过的书本和文具收入小皮匣中，带回去，随时翻看。他对秋江长老和大圆寺也很敬重，后来，他将大圆寺改为万寿寺，对秋江长老也是大加赏赐。

当时，静江到北京的路途很远，需要走很长时间，去迎接妥懽帖睦尔的中央特使从至顺三年的十二月底出发，来到静江带上妥懽帖睦尔之后，立刻起程北上，直到第二年的二月才到良乡。这里离京师已经很近了。

燕铁木儿的心情极其复杂。他不知道，此后，他将如何处理他跟这个小皇帝的关系。

妥懽帖睦尔虽然已经知道，自己这次回去是当皇帝的。可是他从小远离京城，饱受非人的监禁生活，小小年纪就知道，宫廷中的事是很诡谲的，现在回去虽说是要当皇上，但谁也不能保证不发生其他的事，因此此刻的内心世界是害怕多于欢喜。

燕铁木儿在见到妥懽帖睦尔之后，就跟小朋友并马而行。燕铁木儿这时仍然把权臣的风度狠狠地表演了一回，骑在马上，挥舞着马鞭，把朝廷的事一一跟小朋友摆开，大意是说，现在国家陷于多难之秋，按照老皇帝的遗言、再根据他的意见，这才决定把你接过来当皇帝。

他以为，他把这话说过之后，妥懽帖睦尔就会转过头来，对他说一大堆感激的话，然后诚心诚意地请丞相以后继续尽心尽力辅佐他。

哪知，妥懽帖睦尔这时心情也很复杂，看到这个从未见过的排场，已经紧张得要命，哪还记得去应付这个丞相大人。燕铁木儿把这堆不知打了多久腹稿的话发表之后，妥懽帖睦尔却一声不吭——其实不是不想说话，而是紧张得说不出话来。

可是，燕铁木儿的心情就跟着紧张起来了，他看着妥懽帖睦尔的脸，突然觉得这个小朋友是个深不可测的人物，然后就怀疑小朋友可能已经知道他是毒害他们家的主要凶手了，只怕他坐上皇帝之位后，就会启动追查这件事的程序，心情就更加慌乱起来。

可是事情到了这个时候，燕铁木儿再怎么慌乱，也不能把妥懽帖睦尔赶出京师了。虽然不能赶出京师，但他仍然有一招，就是不举行登基大典，只是让小朋友仍然当皇储而不是皇帝。当然，他还是讲点策略的，让太史出来表态，说妥懽帖睦尔不可立，要是一定让妥懽帖睦尔当皇帝，天下就会大乱。



大家一听，也不敢说话了。因为大家知道，如果一定让妥懽帖睦尔当皇帝，只怕搞乱天下的就是燕铁木儿。

后来，大家又觉得光太史一个人这么说，也不见得是正确的，还是向成吉思汗学习，请个算卦的大师来打一卦看看。打卦的也很聪明，说："如果和世㻋的长子妥懽帖睦尔在鸡年等待六个月后再当皇帝，那么皇运就跟元世祖一样长久。"大元开国到现在，没有哪个皇帝像忽必烈那么长寿，更没有哪位皇帝在位的时间跟他一样长。

燕铁木儿说："既然大师都这么说了，咱就再耐心等一等吧。"

就这样，燕铁木儿一边承担着国家的重任，一边继续又酒又色，到了五月，突然死去。

燕铁木儿的死去使妥懽帖睦尔登基的阻力瞬间消失。

六月，太后在与大臣们商议之后，决定让妥懽帖睦尔正式当上皇帝，当然，还是有个附加条件的，就是让妥懽贴睦尔死后把皇帝之位传给雅克特古斯，妥懽帖睦尔当然完全同意。六月初八，妥懽帖睦尔在上都即皇帝位，下诏大赦天下。这个皇帝就是后来著名的元顺帝。

# 第六章
# 相互倾轧

## 喋血宫廷

妥懽帖睦尔当上皇帝的第三天，就任命伯颜为右丞相。当然，这肯定是皇太后的意思。伯颜以前是图帖睦尔最铁的亲信，在图帖睦尔北上夺取皇位时，行动坚定而果断。图帖睦尔登基之后，对他大加提拔，很快就成为左丞相，在群臣当中排名第二。现在排名第一的燕铁木儿已经死了，他理所当然地变成首席大臣。

伯颜想抓权当权臣，他让一个叫阿鲁辉特穆尔的大臣对妥懽帖睦尔说："陛下一定要知道一个道理，天下事情太重大了，所以皇帝都应该委托丞相来做决断，命令他一定要把事情处理成功。如果由皇帝亲自办理，弄不好皇帝会背负恶名。"

妥懽帖睦尔懂得什么？既然你都这样说，那我就这样办，于是所有大事都交给丞相去办理，自己天天躲在宫中玩耍，什么都不管。

其实，妥懽帖睦尔十分聪明。他当上皇帝后，按规定必须接受佛戒。他刚接受佛戒时，看见玛哈喇佛像前供有一件物品，就问跟在身边的学士实喇卜："此为何物？"

答："羊心。"

妥懽帖睦尔接着问："听说有时还拿人的心肝当供品，有这回事吗？"

实喇卜说："这事，我也只听说过，但没亲眼看到过。陛下最好问一下喇嘛大师。"喇嘛就是帝师——所有的蒙古皇帝，受戒之后，都会聘个高僧当帝师。

妥懽帖睦尔叫实喇卜去向帝师问这件事。帝师回答："是有这种情况。凡是人有萌发歹心想害人的，被发现后，就把他的心肝拿来当供品祭佛。"

妥懽帖睦尔当场就说："那么请问，这只羊曾经害过人吗？"

喇嘛大师当场无语。

此时，伯颜虽然当了第一大臣，但燕铁木儿的势力仍然十分雄厚——伯颜虽然当了右丞相，但燕铁木儿的弟弟萨敦接着当了左丞相，成为燕铁木儿家族的带头大哥，大家让妥懽帖睦尔立燕铁木儿之女奇彻为皇后。

不久，妥懽帖睦尔又封萨敦为荣王——这可是一字王。燕铁木儿的一个儿子唐其势为太平王。当然，也封伯颜为秦王，让秦王和荣王两人共同总管百官，负责政务。

这个命令一下，让伯颜很不高兴，同样是右丞相，以前燕铁木儿多威风，自己这个二把手，几乎没有什么发言权。现在好容易等燕铁木儿死掉了，自己当了右丞相，但还下了这个命令，让左丞相跟自己一起总管百官。但燕铁木儿家族的势力太大，朝廷中哪个要害部门都有他们的人，他才刚刚上来，还没有做好布局，因此只得等——反正已经等了这么多年了。

在这期间，伯颜看似什么都没做，其实，他在暗中却磨刀霍霍，努力等待机会。

到了至元元年三月机会终于来了。

这个机会就是萨敦死了。萨敦一死，燕铁木儿集团的带头大哥就没有了，朝廷也没有了左丞相，伯颜就成了目前唯一的丞相，成为说话最有分量的人。而且，他必须乘着朝廷还没有任命左丞相时，把对方彻底打倒。伯颜做事向来果断，萨敦一死，他立刻对形势作了一次分析，按当时的形势，燕铁木儿集团的唐其势很快就会接替萨敦成为该派的领袖人物，因此趁唐其势还没有冒出水面时，就先抡起打击的“大棒”把唐其势打倒。

伯颜还是需要讲究策略的。他表面上什么都不做，只是把大权收在自己的手里，每天发号施令，做出独一无二的表情来，不断刺激着唐其势。

唐其势果然上当，每次看到伯颜的神态，就愤愤不平地咬着牙说：“这个天下本来是我们家的天下，伯颜算什么东西？”

唐其势是个没有城府的人，骂完之后，立刻就做起了扳倒伯颜的打算。当然，他也是政坛老油条了，知道光凭他一个人是搞不定伯颜的，因此他就去找他的叔叔达朗达赉密谋，准备把伯颜和妥懽帖睦尔全部杀掉，再立诸王鸿和特穆尔为新皇帝。

他们虽然在角落里密谋策划着，但仍然被伯颜知道了。

伯颜依然不动声色，只是叫妥懽帖睦尔召见一下达朗达赉。可达朗达赉因为心虚，居然不应召而来。没几天，郯王齐齐克图揭发了他们的阴谋。

但唐其势不知道，仍然按计划行动。他把军队埋伏在东郊，然后带着敢死队冲进皇宫。哪知，伯颜和一帮死党早在此等候多时了。唐其势这才知道，原来自己这么喊杀连天而来是自投罗网。大量士兵冲过来把他们抓住。唐其势反抗了一阵，最后死于乱刀之下。他的另一个弟弟塔喇海，一溜烟居然滚到皇后的座位下，皇后就用衣服把他遮挡起来。但士兵们仍然把他拉扯了出来。他只得拼命大叫：“皇后救命。”

可是话还没有说完，人家的大刀已经砍了下去，他的脑袋当场滚落在地板上，鲜血溅了皇后满身。

伯颜命令：“把皇后也拿了。”

皇后一听，吓得花容失色，急忙对妥懽帖睦尔说：“陛下救我。”

妥懽帖睦尔说：“你的哥哥们作乱，要杀我。我还能救你吗？”这话果然立场坚定、爱憎分明。

于是，皇后被逐出皇宫贬为平民。过了一段时间，伯颜派人把她毒死了。

这几个首要分子被处死之后，一批余党逃了出来，向北去投奔达朗达赉。达朗达赉虽然知道京师事件已经失败，但仍然高举造反的旗帜，搞武装暴动。妥懽帖睦尔派人带着诏书去宣谕，让他放下武器，但他能听从吗？因此，他干脆把使者也杀了，继续抵抗到底。朝廷派兵去围剿，很快就把他打败了。他逃到鸿和特穆尔处，可是朝廷的部队很快就杀到，把两个要犯都抓了起来，然后送到上都，同时斩首。

曾经在朝廷上说一不二的燕铁木儿的集团就这样完蛋了，大元王朝的全部权力都落入了伯颜的手中。



## 大权在握

在搞定燕铁木儿的集团之后，朝廷就搞了个机构改革，改革的结果就是取消左丞相这个岗位，朝廷只设一个丞相，这个丞相就由伯颜担任。为此，伯颜还叫妥懽帖睦尔下了一道大力表扬他的诏书，使得朝廷得以拨乱反正。可是燕铁木儿的余党继续反扑，联合起来图谋造反。在这样的情况下，伯颜果断采取措施，坚决粉碎了唐其势反革命集团的武装政变，为国家、为自己立下了丰功佳绩。皇帝还下诏赐予伯颜“达尔罕”的称号，世世承袭。

这道诏书一下，伯颜的权臣地位就此确定下来。

伯颜的出身并不高贵，但因为他是纯正的蒙古人，所以有资格当右丞相。他祖上是蒙古蔑儿乞部人，后来蔑儿乞部被成吉思汗打败，他的祖上被俘之后受罚为奴，一直当宗王的家庭服务生。之后，他的祖父辈都立了很大的战功，但他们的身份仍然是宗王的奴才，他们的头上仍然有一个“使长”——也就是主人。到了伯颜这辈，他的主人就是郯王齐齐克图——蒙哥第三子玉龙答失的孙子。

伯颜还很小的时候，就是一个有远大理想的人，而且很早就把沉着果断的性格表现出来。他十五岁时就跟随在海山的身边。大德三年，他随海山征海都，敢于在战场上玩命，因此其功远在诸将之上。大德十一年，海山大会诸王、驸马于和林，给伯颜送了个称号“拔都儿”——意即勇士。

海山当了皇帝之后，任命伯颜为吏部尚书，后又拜御史中丞。先后任江浙行省平章政事、江南行省台御史大夫。后来改任河南行省平章政事。他在河南任职时，正好发生两都之战。他当即毫不犹豫地站在图帖睦尔的立场上，成为图帖睦尔最得力的亲信之一。图帖睦尔当上皇帝后，他成为仅次于燕铁木儿的高官，为他日后的发达打下了坚实的基础。

伯颜在当地方官时，口碑很不错。比如在河南任职时，他获赐良田五千顷，但他硬是将其中的二千顷拿出来，奉献给泰定帝作求福之用，再拿出八百顷助宿卫，自己留下的不到一半，而且也是个勤政的好官员，对于治下出现的害民之人，统统从严从重处罚。

即使在燕铁木儿刚刚死掉、他成为右丞相之初，也仍然表现得很像个有作为的领导人。至元元年，伯颜奏请顺帝遵行本朝传统制度，停止一切有碍于农事的措施，四年之内国内不进行土木营造，暂停彰德、莱芜冶铁一年，免除京城周围千里内漕户杂徭，减少河间、两淮、福建每年盐课十八万五千引，赈济沙漠贫户及南北饥民千千万万。给皇帝讲解经史时，伯颜必与讲官一起简明扼要地以治国之道开导皇帝。太皇太后赐他宅第名“时雍坊”，且规定要同诸王宅第一样华丽壮观。伯颜极力辞谢，要求厉行简约。至元四年，伯颜奏请解除他的职务，皇帝、太后和皇后三宫极力挽留。至元五年十月，诏为大丞相，加号“元德上辅”，赐七宝玉书、龙虎金符。数日前，伯颜面向皇帝奏请将所赐田岁入钞一万锭，赈济帖列坚、末邻、纳邻三道驿站及关北十三处驿站中之困乏者。

可是在扳倒唐其势反动政变集团之后，他的作风就发生了巨大的改变。他跟所有人一样，都知道权力是个好东西，你想过上天下最幸福的腐败生活，就必须保住手中的大权并使之不断增强。目前皇帝还年轻，朝廷中真正说话最有分量的，当然是皇太后了。成为皇太后的人，都是寡妇，而这个皇太后还很年轻漂亮，于是，伯颜就利用机会把皇太后搞到手，让他成为自己的情人。他能有效地打倒唐其势，主要支持力量就有两个地方：一是妥懽帖睦尔的支持，二就是来自皇太后的支持。如果没有皇太后的支持，他想成功，那是不可能的。在宫廷中布置杀手，刀光闪闪地砍倒左丞相，赶走皇后，没有皇太后的点头，谁也不敢做。

伯颜觉得自己把皇太后搞定后，他的权力基础已经坚如磐石、谁也动摇不了了，就开始嚣张起来，“独秉国钧，专权自恣，变乱祖宗成宪”。他虽然长期在汉地为官，但十分仇视汉人，他在当权之初的至元元年十一月，就突然下了道命令，把全国儒学贡士庄田的租赋拿来充当宿卫的粮饷，这就把汉儒的特权拿下。接着更狠的手段也放出：废除科举，杜绝汉人和南人通向仕途之路，让汉人和南人永远只有当奴隶的资格，而没有当官改变命运的途径。

这两个措施连环使出之后，妥懽帖睦尔都照例批准，他接着再祭出一个毒招：建议妥懽帖睦尔杀掉张、王、李、刘、赵五大姓汉人。为什么是这五姓？据说，他家里养着一个从西藏引进的巫婆，这个巫婆叫畀畀。伯颜虽然聪明果断，但有时也爱求神问鬼，内事不决问巫婆，外事不决也问畀畀。他靠杀绝对竞争对手拿到大权，当然也怕别人搞定他把权力抢走，他很想发现谁是他的潜在对手。他就去问畀畀谁想杀死他？畀畀很果断地说，以后丞相会死于南人之手。

他这么一想，就向妥懽帖睦尔上奏，请求杀尽天下张、王、刘、李、赵五大姓汉人。妥懽帖睦尔一看，都吓了一跳，这五大姓跟你有什么仇，非要杀他们不可？这五大姓的全部人口加起来，只怕要有千万以上，哪个皇帝会无缘无故地去杀千万人？现在国内本来就到处有暴动，而且很多暴动都没有这五大姓人的参与——比如云南少数民族、广西的瑶民们，年年闹、月月闹、天天闹，闹到现在咱们的子弟兵都灭不了他们。要是再逼这五大姓造反，除了国将不国之外，还有什么路可走？再说，妥懽帖睦尔在南方待过，南人汉人们并没有对他有什么歧视，他的授业恩师秋江长老也是汉人，他就很好。妥懽帖睦尔当了这些年皇帝，基本都是在伯颜的奏折上写上同意两个字。但这一次，他毫不犹豫地否决了。

伯颜想不到妥懽帖睦尔坚决不同意他的请求，也没有办法，只得退而求其次，下令禁止国内汉人、南人、高丽人执武器，并把这几类人所拥有的马匹全部收缴充公。他以为，如此一来，汉人和南人们就没有武器来杀他了。

接下来他就着手新的布局，坚决防止皇帝对他下手。要做到这一点，就必须把皇帝无死角地全面监控起来，也就是说，皇帝的警卫部队必须由自己掌握，这样一来，皇帝的一举一动就都在自己的眼皮底下进行，即使皇帝想把自己搞定，连个武装人员也没有，最后搞定自己的想法就只能胎死腹中。

伯颜到现在已经变得十分多疑，他反复物色主管宿卫的最佳人选，最后觉得还是让自己的侄儿脱脱出来，才能让他彻底放心。

于是，元末时期另一个重要的角色脱脱出场了。

## 权臣末路

脱脱的老爸叫马札儿台。马札儿台是伯颜的哥哥，人品要比伯颜好得多。脱脱还很小的时候，就在伯颜家生活，长大后他的老爸觉得这个儿子很有前途，就请了一个自己最为佩服的人当脱脱的老师。这个老师叫吴直方，是当时著名的大儒。

在这个老师的教导之下，脱脱成为蒙古贵族中儒学最深厚的人，同时，他从年轻的时候就肌肉发达，武力指数很高，能挽弓一石。据说刚开始时，他对儒家那一套是有一些抵触情绪的，宁愿天天去练臂力，也不愿天天坐在那里摇头晃脑读四书五经。可是吴老师实在是个奇人，硬是对他循循善诱，最后让他全盘接受了儒家文化，而且进步神速。而且脱脱还擅书能画，完全是一个传统儒者的做派，全部按儒家那一套标准来要求自己。十五岁时，他就被泰定帝安排到皇太子的身边当怯薛官。后来，图帖睦尔即位，他开始受到重用，算是伯颜家族中能力最为突出的一员。伯颜也跟很多人一样，自己家有这样的人才，哪能弃之不用？于是，他决定把脱脱提拔起来，先是拜御史中丞，虎符亲军都指挥使，提调左阿速卫，进为御史大夫，成为大臣中的第三号人物。作为从小就全盘接受儒家教育的脱脱，一当上御史大夫，就一改过去御史台的风格，严厉执行法纪，朝廷内外立即一片肃然。伯颜看到自己侄子果然威武，哪能不高兴——燕铁木儿虽然子弟很多，但谁比得上他这个侄子？于是，决定把更大的重担让脱脱来挑——让他当皇帝的宿卫，专管皇帝的起居，这样妥懽帖睦尔不管干什么，都会被自己的侄儿看得一清二楚。可伯颜由于底气不足，怕这个安排会引起物议，于是又自动否决了这个决定，让知枢密院旺嘉努和翰林学士承旨实喇卜共同侍卫禁宫，然后自己亲自率领各卫精兵。当时，他以自己的另一个死党杨珠布哈为得力助手，每天带着一大群护卫，在大街上浩浩荡荡，比皇帝的排场还要大，以至天下人只知伯颜而不知皇帝。

伯颜对脱脱充满了信任和期待，也很合乎人之常情，自己抚养长大又一手提拔起来的侄儿，肯定是家族利益高于一切，肯定会按照自己的指示去办事。

哪知，他彻底忘记了脱脱是在谁的培养下成长起来的。

脱脱可是当时著名大儒吴直方的得意门生，满脑子装的都是忠君爱国的思想，家族利益永远服从于国家利益，忠孝之间，忠字会更加优先。

当脱脱成为妥懽帖睦尔身边的主管之后，对妥懽帖睦尔更加忠心耿耿，就连妥懽帖睦尔出现不符合君主标准的地方，他也会立马出言相劝，这让妥懽帖睦尔觉得脱脱真不错，把他当成了自己人。

伯颜觉得自己这个局布得很好，就更加嚣张了。至元五年，根据他的要求，妥懽帖睦尔任命伯颜为大丞相，加“元德上辅”功臣之号，赐七宝玉书、龙虎金符——这个待遇，在大元朝是史无前例的。

脱脱看到伯颜越来越不像话了，就对自己的老爸马札儿台说：“伯父现在嚣张得有些过分了。万一皇帝生气起来，我们全家族都会被消灭干净啊。我们不如早做准备，在他还没有败露时，想想办法，做好打算。”

马札儿台向来佩服自己的儿子，看到他都这样说了，那肯定没有错。他说：“我也想不出什么办法来，咱们还是去请教吴老师吧。他是当代的诸葛亮。”

两人就去问吴直方。

吴直方说:“《左传》不是有一句话叫‘大义灭亲’吗？如果真的对国家无限忠诚，别的还用去考虑吗？”

脱脱听老师这么一讲，觉得内心充满了所谓的“浩然之气”，在思想上坚决与伯颜划清了界限，在政治上与皇帝保持高度一致。有一天，他单独跟妥懽帖睦尔在一起时，看到周围没有别的人，就乘机把自己的思想向皇帝进行了汇报，说自己无论如何都会把忠君爱国放在第一位——也就是说，完全可以为了国家而舍掉小家。

可是当他进行了这番表白之后，妥懽帖睦尔有些不相信。你这是在忽悠朕吧？

妥懽帖睦尔虽然目前被伯颜架空，身边几乎所有的人都是伯颜的死党，但他仍然有两个亲信，一个叫沙克嘉本，一个叫阿鲁。妥懽帖睦尔在实在没有办法时，也只能偷偷地跟这两个哥们商量。妥懽帖睦尔听了脱脱的话后，虽然不敢相信，但又不愿意不信，于是，就叫两人跟脱脱往来，然后就常常以忠义为题天天进行辩论赛，最后才确定脱脱是真的忠心耿耿。

这样一来，妥懽帖睦尔终于把脱脱当成保皇党阵营的中坚力量。

而伯颜对这一切丝毫不知情。

他继续嚣张地举着大刀，不断地打击自己的反对党。其实，现在朝廷中的反对党已经没有了，如果一定说有反对党，那只有妥懽帖睦尔那几个人，但妥懽帖睦尔现在也只是对他有些不满而已。

最后，他决定把刀砍向郯王齐齐克图。他为什么要砍向郯王？郯王曾经是他的主人，对他们家是有恩的。其实正是这层关系让他很恼火。按照蒙古的规矩，作为郯王家传统的奴仆世家，郯王现在仍然是他们的使长，他们见了郯王仍然得按规矩行礼跪拜。想想，大权在握的伯颜还想总是这样跪拜下去吗？堂堂太师级的大佬，皇帝见我大步离去，还要坐在那里行注目礼，你郯王是什么东西？居然还天天当我的“使长”。他怪郯王齐齐克图没有免除伯颜的奴籍，让他的身份得到有效转换，因此十分生气。当然，要杀蒙哥的曾孙，还必须得到皇帝的批准。他制造了个罪名，派几个死党告发郯王谋反，请尽快采取措施——赐死郯王。他连诏令都已经准备好，然后让妥懽帖睦尔在诏令上“画押”。哪知，妥懽帖睦尔虽然很弱势，但他并不傻，知道伯颜是在诬告郯王，因此并没有在上面“画押”。

哪知，皇帝这时候突然坚持原则起来，不同意杀郯王。伯颜大怒，你不同意，我也得杀。于是，就搞了个假圣旨，宣布郯王齐齐克图及其子共十二人死刑，立即执行。然后又罢免宣让王帖木儿不花、威顺王库春布哈，还没等妥懽帖睦尔反应过来，就把两人赶出京师。

妥懽帖睦尔很生气，现在你任性杀黄金家族的成员，明天你再杀我还不是小菜一碟？如果不提前把这个权臣搞定，他就要搞定自己了。可是，搞定伯颜是需要实力的，现在妥懽帖睦尔宫中的实力基本等于零。最后，他想到了脱脱，脱脱不是说永远忠于自己吗？现在只有把希望寄托在脱脱的身上了。

于是，他找到了脱脱，诉说伯颜的暴行，说自己再也受不得这个窝囊气了，要是再忍下去，伯颜在不久的将来就会做出弑君的行为。脱脱听着。他当时也没有办法，只得回去找吴老师。

吴直方问：“你和皇帝商量时，旁边还有什么人？”

脱脱说：“两个人，一个是阿鲁，还有一个是托克托穆尔。”

吴直方说：“你们太简单了。现在伯颜的威势已经超过天子。如果他哪天突然用富贵来诱惑，这些人出卖你们绝对是大概率的事。到时只怕皇帝的危险时刻就大大提前了。”

脱脱一听，这才觉得真的很危险了，他急忙把两个人都请到家里来，摆开山珍海味，请几个酒量大的人来每天陪两人大吃大喝，硬是不让他们出去。

脱脱知道，这事已经不能再拖了，再拖下去，伯颜就会知道，因此他跟沙克嘉本商议，做好布置，等伯颜入朝时，采取断然措施，把他抓捕起来。他们布置警戒，严格控制宫门出入，到处都布置了士兵。

但此时伯颜已经高度敏感，突然发现连螭首之前的路口怎么会有这么多武装人员拿着武器站岗？不由大惊失色，急忙把脱脱叫来，怎么搞的，突然增加这么多武装哨位？脱脱说："天子居住的地方，不得不这样防卫。"

伯颜一听，虽然没有话说，但心中却增加了疑惧，对脱脱也有些不放心，便也增加了自己卫兵的数量。

到了这时，双方都知道，摊牌的最后时刻就要到了，就看谁出手精准、拿捏到位了。

伯颜终于第一个出手了。

伯颜把自己所有的部队都带上，然后请妥懽帖睦尔过来，跟他一起去打猎。脱脱一看，就知道伯颜要出手了。因此他力劝妥懽帖睦尔不要去。只派现任太子雅克特古斯代自己陪着伯颜去柳林。

如此一来，伯颜只得带着这个太子出发——他不得不出发，如果他不出发，他这次打猎的内涵就彻底暴露了。

在伯颜他们按时向猎场出发之后，脱脱他们知道如果再不出手，他们将没有出手的机会了。这次伯颜做事还有些隐晦，只怕下次时，他就会公开透明地开展行动了，那时，谁也不是他的对手。脱脱跟阿鲁经过密谋，决定动用己方全部力量，把掌管城门的人全部抓起来，然后换上自己人，这就等于把京城全面控制了起来。做完这个部署后，他们奉皇帝进入玉德殿，把省、院大臣都召进来拜见，然后叫他们退到五门那里，等待命令。这就控制了在京的文武百官，杜绝了伯颜的内应。

于是，伯颜现在能指挥调动的力量就仅限于他目前带在柳林猎场的武装了。

到了二更天，脱脱派集赛伊察喇带三十名骑兵，狂奔到柳林，不声不响地把太子接回京师，而伯颜居然一点也不知情。如此一来，伯颜手中连个人质都没有了，基本丧失了讨价还价甚至另立中央的条件。

妥懽帖睦尔和脱脱都松了一口气，召杨瑀、范汇进来，让他们赶快草拟一份诏书，罗列好伯颜的罪行，然后派平章政事珠尔噶岱送到柳林，让伯颜过目。

伯颜仍然不知道京师发生了什么事，黎明起来时，突然接到这个诏书，有点不相信自己的眼睛，妥懽帖睦尔不会翻脸得这么快吧？怎么一点征兆都没有？是不是哪个家伙在开玩笑，就派骑士跑到城下问原因。

脱脱站在城上，大声说："今有圣旨，只贬丞相一人，各位随从官员都没有罪，可以各自归还本卫。"

伯颜这才知道，妥懽帖睦尔和自己的侄儿真的向他下手了。他环顾了一下自己身边的人，知道只要这道圣旨传达之后，这些士兵和官员都会呼啦啦地离自己而去，他立马变成孤家寡人一个。这个昨天还不可一世的权臣，这个可以不把皇帝放在眼里的枭雄，这时才觉得自己原来十分虚弱，十分无力。到了这个时候，他只得服软说，能不能让他面见皇帝，他要申辩。他是大大的忠臣。可是他的侄儿脱脱态度明确，拒绝了他的要求："你没有资格再见皇帝了。根据皇帝的命令，你现在的职务是河南行省的左丞相。现在把诏书给你看。"脱脱说道。

这个诏书的原文是：朕践位以来，命伯颜为太师、秦王、大丞相，而伯颜不能安分，专权自恣，欺朕年幼，轻视太皇太后及朕弟雅克特古斯，变乱祖宗成宪，虐害天下。加以极刑，允合舆论。朕念先朝之故，尚存悯恤，今出为河南行省左丞相。所有元领诸卫亲军并集赛丹人等，诏书到时，即许散还本卫。

伯颜只得收拾行李，直接从柳林猎场启程去河南。他来到真定时，几个老百姓拿着酒菜来招待他。他一看，原来自己还是很得民心的，就对大家说："尔曹见子杀父事乎？"这话说明了他对脱脱的气愤程度。他深知，现在把他搞定的不是妥懽帖睦尔这个皇帝，而是他一手提拔起来的侄子脱脱。

那几个老百姓说："不曾见子杀父，惟闻有臣弑君。"

这话虽短，却直接命中伯颜的痛处，他当即哑然，在那里"俯首，有惭色"。一个月后，妥懽帖睦尔的新诏书又送到伯颜的手里，命令他再次搬家，搬到南恩州阳春县居住。南恩州在今广东肇庆一带。伯颜看了之后，知道妥懽帖睦尔开始不断地折磨自己来了，但他还有什么办法，只得又背着行李向南而去，一路郁闷，而且越走越郁闷，最后到龙兴路驿舍时就走不下去了，发病死在那座小驿舍。伯颜死时，他已身无分文，他那几个跟班的身上也没钱，只得把主人尸体放在上蓝寺中，求得一口薄皮杉木棺材，“尸水流出户外，人皆掩鼻过之”。待元廷官员查验“正身”后，便刨坑埋了。后来，有个江南儒生在伯颜死的驿舍墙壁上题了首诗：

百千万锭犹嫌少，垛积金银北斗边。

可惜太师无运智，不将些子到黄泉。

伯颜的故事就这样结束了。

## 把老爸换掉

没有了伯颜的朝廷，当然一片欢腾，妥懽帖睦尔终于在那里重整旗鼓。这次他成功打倒伯颜，全靠脱脱一个人的力量，因此对脱脱家里的人就特别感激，把伯颜搞定没几天，就任命脱脱的老爸马札儿台为太师、中书右丞相，太尉塔斯哈雅为太傅、知枢密院事，特默齐为太保，脱脱为知枢密院事……

脱脱在这个人事调整当中，排名并不特别靠前，但他现在是皇帝的红人，是粉碎伯颜反动集团的头号功臣，也是皇帝最信任的人，因此他还得到了一项特权，可以佩带兵器进入内廷，其他任何人都不能享受这个特权。

当然，伯颜反动集团的余孽还是要肃清的。伯颜最大的余孽当然就是太皇太后和雅克特古斯了。妥懽帖睦尔下诏从太庙里把图帖睦尔的神主撤出，把太皇太后迁到东安州安置，将雅克特古斯流放到高丽去。

不久，太皇太后就死在东安州，雅克特古斯则在半路上被杀死。

从此，大元王朝正式进入顺帝时代。

由于打倒伯颜集团基本都是脱脱在出力，因此，伯颜集团被粉碎后，大权理所当然地落入脱脱的家庭成员手中。他的老爸马札儿台成为最大既得利益者，不但当了右丞相，还封太师衔。马札儿台很高兴，儿子有出息真好。这位老兄会培养儿子，也很贪钱，当了右丞相，掌握着全国最大的权力，还搞工商个体户，在通州那里开酒馆、槽坊——据说他每天卖出的酒要用一万石以上的粮食来酿造，还贩运长芦、淮南盐，利用手中的权力，把生意搞得红红火火，他看着自己财富的数量日日攀升，胖胖的脸上挂满了笑容。但脱脱却看不顺眼了，老爸你这是以权谋私，再搞下去，咱们全家的下场不会比伯颜伯伯好到哪里去。他知道老爸的性格，自己是劝不动贪钱的老爸的。于是，他把参政佛嘉律叫来，对他说："我父亲很喜欢你，你讲的话他从来都是听从的。你去做他的思想工作，叫他辞职吧。"



佛嘉律就去找老太师进行谈话，列举了很多历史事例，把道理由浅入深、深入浅出地开导了大半天，最后马札儿台只得全盘接受佛嘉律的建议，不当这个右丞相了，只保留太师这个荣誉性头衔，专心致志去当红顶商人。

马札儿台辞职之后，妥懽帖睦尔就让脱脱接过右丞相的大印，成为第一大臣。

妥懽帖睦尔当了近八年的傀儡皇帝，到这时才得以亲政，决心要大干一番事业，而且脱脱也是个年轻人，向来也很有政治抱负。妥懽帖睦尔对脱脱极为信任，把朝中的大事都交给脱脱处理。

脱脱作为儒家学说的铁杆粉丝，一上台要做的肯定是恢复科举考试。这一点当然得到从小就受汉儒熏陶的妥懽帖睦尔的强烈支持。二是为郯王等被伯颜迫害的人平反昭雪，同样得到顺帝的点赞。

当然，只做这些还是远远不够的。当时，大元帝国由于多年动荡，到处天灾人祸，武装暴动事件从没断绝过，如果不想办法把国民经济搞上去，光搞科举让几个读书人有官当，是救不了大元帝国的。作为有政治抱负的脱脱，接过丞相大印之后，思考得最多的是应该如何把国家这些困难克服掉。

至正二年的正月，孛罗帖木儿和傅佐建议凿开金口河，以改善大都的漕运难题，如果这个项目成功，那么对首都的经济状况将有极大的改善。其实，关于凿开金口河项目，早在金世宗时就曾经实施过。金大定十二年三月，金国就启动金口河项目，主要是要引桑干河的水，从金口河经车箱渠故道流往中都城北，再东下通州潮白河。经过几个月的苦干，终于胜利竣工，各级领导到场，隆重宣布开闸放水。哪知，才放水，“以地势高峻，水性浑浊，峻则奔流漩洄，啮岸善崩；浊则泥淖淤塞，积滓成浅，不能胜舟”。当然，灌溉了农田，让农田旱涝保收，也是好事一件。可是金大定二十六年，金口河发生了一次决口事件，让朝廷知道这个地方原来隐患很多。到了第二年三月，金世宗为免水患危及中都，便下旨闭塞金口。

忽必烈时代的至元二年，当时大元主管水利的都水少监郭守敬就请复开金口河。忽必烈那时太想钱，听说开了这个口就能增加财政收入，立刻同意。郭守敬是个专家，又有大金国失败的教训在前，因此他提出了“当于金口西预开减水口，西南还大河，令其深广，以防涨水突入之患”的方案，终于成功开通了金口河，而且运行了三十多年。直到大德五年，因为“浑河水势浩大，郭太史恐冲没田、薛二村，南、北二城，又将金口以上河身，用砂石杂土尽行堵闭”。也算是小有成功了。

这时，很想有所作为的脱脱听到孛罗帖木儿和傅佐二人的建议后，就拿来给大家讨论。很多人都不同意，但脱脱一概不理。左丞许有壬把历史的事列举了一大通，仍然不能说服脱脱。脱脱这时只想到，把这个金口河开通了，是个大大的民生工程，至少能让首都的经济得到有效的提升。他力排众议之后，立刻宣布开工，把大量的人力和财力投了进去。工程从当年的正月开工到四月完工。完工之后，立即宣布开闸放水。这一次放水跟当年大金国开闸放水时的效果一样——流湍势急，沙泥壅塞，船不可行。而强力开挖的过程中，“毁民庐舍坟茔，夫丁死伤甚众。又费用不赀，卒以无功”，激起了极大的民怨。御史台那几个官员一看，当然履行职责，大笔一挥，弹劾建议开挖金口河的责任人。

脱脱一看，心里就全虚了。脱脱虽然敢于作为，此时到了关键点，也不敢担当。他把责任一推，说是孛罗帖木儿和傅佐这两个家伙误导了决策，该杀。于是，这两个水利负责人成了牺牲品，被拉下去斩首，以平民愤。当然金口河工程也宣布废弃。脱脱号称大元贤相，可在这个环节上，把他不厚道的一面表现出来了。

脱脱在丞相位子上干了几年，虽然很用心履行职责，但仍然没有取得什么重大的成就，他就有点累了，累了之后，身体也出现了病痛，于是他向妥懽帖睦尔写了一份辞职报告。开始时，妥懽帖睦尔不同意，干得好好的，怎么突然辞职了？有病？有病可以先休养一段。可是脱脱说什么也不干了。最后，妥懽帖睦尔只得批准，但让他推荐一个人来顶替。脱脱就推荐阿鲁图。于是，妥懽帖睦尔就让阿鲁图当了右丞相。



## 脱脱躲过一劫

阿鲁图干了一段时间，同样没有什么起色，祖国大地上仍然灾祸到处发生，而且连东平路和徐州路这样的富裕地区，都出现了人吃人的情况；更要命的是，黄河在济阴决口，把官府和老百姓的房屋一路冲毁，没有一间幸存。而各级官员也越来越腐败。

为了整治一下这些腐败分子，朝廷命集贤侍进学士苏天爵带了个巡视组巡视京畿道，研究一下老百姓贫困的原因，顺便调查一批贪官污吏。巡视组很快就查到了大量的贪腐线索，弹劾了九百四十九人。

大家一看，巡视组还真有成效，一下就查出这么多贪官来，都睁着眼睛看这些官员的下场。哪知，材料送了上去，几个丞相一看，全是他们的老部下，这是绝对不能处理的。他们一气之下，反而把苏天爵等人都免官回家。

苏天爵虽然被摘了官帽，但天灾仍然发生，贪官们仍然在贪，朝廷除了继续保护贪官们外，对受灾地区基本没有办法。

老天爷似乎真的顺着这些贪官的心理，不断地制造着天灾。至正六年，兴国下了场特大的冰雹，据目击者说，最大的冰雹有马的脑袋那么大。

而山东干脆就发生了一场特大的地震，而且整整震动了七天。

司天监急忙出来解释：“天狗星坠地，血食人间五千日，始于楚，遍及齐、赵，终于吴，其光不及两广。”大意是：天狗星落在地上，要食人间血食五千天，开始在楚地，后来发展到齐、赵，最后这个天狗在吴，它的光芒不到两广。

这时候的妥懽帖睦尔觉得自己打垮了伯颜，任用了很多有水平的大臣，好像大元中兴的时候到了，于是也开始追求享受。妥懽帖睦尔也是个音乐的爱好者，他很快发现了一个音乐家，每天跟那个音乐家唱着草原牧歌，越唱越觉得开心，就提拔他当了文监丞。可他的命令才下了没几天，左丞相多尔齐巴勒又把另一个人提拔到这个岗位来。那个音乐家直接被引见到妥懽帖睦尔面前，妥懽帖睦尔大怒：“你们说说，难道选官只能由中书省说了算而朕没有发言权了吗？”

多尔齐巴勒说：“用一个宠臣来担任这个清高的职务，后世的人会如何议论陛下？现在选用他人，是我的罪，跟中书省其他人没有关系。”

妥懽帖睦尔这时还是比较清醒的，听了这个话之后，立刻转怒为喜，当场提升多尔齐巴勒为右丞相。多尔齐巴勒是木华黎的七世孙，人品水平都很不错，可他只干了几个月的右丞相便被换掉，被换上的就是别儿怯不花。

别儿怯不花算起来也是个官二代。他的老爸是阿忽台，因为后来紧跟卜鲁罕皇后，而被砍了脑袋。如此一来，别儿怯不花还很小的时候就没有爸爸。后来，他被分配到和世瑓身边，成为和世瑓身边的工作人员。再后来，和世瑓被贬云南，他也跟着南下，但到大同后，和世瑓搞武装暴动失败，他就没有再追随下去而回大都了。之后，他入朝当了近卫亲军，图帖睦尔当皇帝时，他被提拔为怀远大将军、八番宣抚司达鲁花赤。八番当时很乱。他到任之后，大力宣传国家的有关政策，竟然成功维稳了那一带。从这件事来看，他的能力还是很不错的。

至正二年，他被任命为江浙行省的左丞相。他才到淮东，听说杭州发生了一场特大火灾，官衙民舍都被烧得差不多了。他火速赶到杭州，也不休息一下，就组成专项工作组，调查灾情，登记到受灾者共二万三千多户，每户给钞一锭，每人每月给米二斗，政府规定以外的课税，一律停征。他在重建省府衙门时，将附近居民的屋基增价收买，请来当地民工，而且多给工钱，然后又宣布减少江浙、福建盐课十三万引。从这个事上看，他是个办事很干脆的人，而且也是个能为民着想的官员。他在浙江两年，口碑十分好。

至正四年时，他拜中书左丞相。当时，朝廷也知道现在各级官员的腐败已经十分严重了，决定派宣抚使到各地去巡视巡视。大家讨论来讨论去，觉得还是别儿怯不花带队最合适。他领命之后，就带队深入各地，还真的洗雪了很多冤案，打掉了不少贪官。

有了这些良好的口碑做基础，他也就成了妥懽帖睦尔眼中的红人。他觉得只当个左丞相实在有点委屈自己。现在右丞相阿鲁图的水平哪比得上自己？阿鲁图这个右丞相全靠脱脱的推荐才当上的。阿鲁图其实是在为脱脱霸占这个位子，等脱脱的病好了，再让给脱脱。他这么一想，就知道只有把脱脱搞定，他才能爬到右丞相的位子上。

于是就成天想着如何把脱脱搞定。当时，脱脱已经请辞，除了贵族身份外，手中已经没有一点权力，但他知道脱脱在大元政治版图上的分量还是很重的，想凭他一个人的实力将脱脱一把搞定，那是不可能的。因此，他就跟当时的右丞相阿鲁图商量，想和阿鲁图联合起来，把脱脱彻底赶下台。

阿鲁图不但是个老好人，而且还是脱脱推荐上来的，他能去害脱脱吗？他听了别儿怯不花的话后，就直接拒绝了他。

别儿怯不花仍然不放弃，多次做阿鲁图的工作，但阿鲁图多次拒绝跟他合作。别儿怯不花很生气，你讨厌跟我合作是吧？那我就先把你这个不合作者搞下去。他便来到御史台，找人弹劾阿鲁图。于是那帮人立刻上奏，说阿鲁图不宜再担任这个右丞相了。

阿鲁图就是一个老好人，听到御史弹劾他后，二话不说，马上出城回避，要等皇帝处理这个奏折后才回来。阿鲁图的亲戚和朋友都不服气，说：“你堂堂丞相，近来做的都是利国利民的好事，御史的奏章全是胡说八道。只要你去跟皇帝说清楚，他们的谎言就会彻底破产。”

阿鲁图说："我是开国四杰之一博尔术的后代，丞相这个职务在我看来，也没什么了不起。只是当初皇上叫我当，我不得不当。现在御史台那帮人诬陷我，我为什么要跟他们一般见识呢？御史是世祖皇帝设立的，我如果跟御史对抗，就是和世祖皇帝对抗。"

他这么说过之后，立马写了一份辞职申请书。妥懽帖睦尔也很快地批准了。于是，别儿怯不花就顺利走上右丞相的岗位。

当了右丞相的别儿怯不花仍然觉得自己的地位不安全——只有把脱脱的政治生命彻底打掉，他的地位才安全。因此，他当了右丞相后，就积极开动脑筋，努力想出打倒脱脱的最佳方案。他突然发现，如果直接向脱脱下手，成功的可能性几乎没有——因为脱脱毕竟是现任皇帝最相信的人，他对现任皇帝的功劳摆在那里。但脱脱也不是无懈可击的。别儿怯不花很快就找到了打击脱脱的突破口，就在他老爸的身上。

于是，右丞相别儿怯不花再次动用御史。在他的发动之下，御史把马札儿台狠狠地参了一把。妥懽帖睦尔一看，事实俱在，就下令把马札儿台贬到甘肃去。

果然，脱脱知道老爸被处理后，立刻请求跟老爸一起去，好照顾一下年老多病的老爸。

脱脱的请求果然得到妥懽帖睦尔的同意。

别儿怯不花拿马札儿台开刀，其实只是第一步，是用来试一试妥懽帖睦尔对脱脱真实的看法。他终于看到他所需要的那一面。在脱脱跟老爸满脸风霜地离开京城到那个"西出阳关无故人"的地方去后，别儿怯不花立刻启动对脱脱的陷害程序。

别儿怯不花信心满满地以为，只要这个奏折递上去，脱脱的政治生命就可以宣告结束，以后就是他的天下了。

哪知，这事却坏在一个人的手里。

这个人叫哈麻，地位并不高。他本来是宁宗皇帝乳母的儿子，跟他的弟弟一起成为宫中的宿卫。后来，小皇帝死掉，妥懽帖睦尔成为皇帝。估计这兄弟俩长得比较帅，所以妥懽帖睦尔对他们很"宠幸"。兄弟俩当时很佩服脱脱，所以脱脱当丞相时，他们也尽力巴结脱脱，脱脱也把哈麻提拔到知枢密院事位子上来。这时，他们看到别儿怯不花陷害脱脱，就利用被“宠幸”的机会，在妥懽帖睦尔面前大力说脱脱的好话，说脱脱这样的好人不能被人家害掉。这才让脱脱躲过一劫。

别儿怯不花仍然不死心，叫人再参上一本，然后下令把脱脱父子迁到萨克苏地区，让他们在那里老死算了。但御史大夫琳沁巴勒说：“脱脱父子并没有多大的罪过，为什么一定要把他们弄到那么边远的地方？”妥懽帖睦尔这时还有点良心，便下诏让他们又回甘肃。

别儿怯不花没当丞相之前，办事很有办法，可是一当丞相之后，除了成功地把马札儿台和脱脱赶出京城之外，并没有做出什么亮眼的政绩出来，全国各地倒是灾害不断。他天天面对着这些灾害的上报文书，除了郁闷真的想不出什么办法来。现在国库太空，官员们太腐败，灾害一来，人们走投无路，就只好起来闹事，各地又到处动乱。大家看到这个形势，没有一个人能想到解决的办法，就都说，天灾这么多，肯定是因为丞相失政导致的。妥懽帖睦尔也没有解决的办法，只得顺应大家的话让别儿怯不花出来背锅，罢免了他的右丞相职务，不过仍然让他为太保。

别儿怯不花成为退居二线的官员，对于脱脱来说，安全系数就大了。脱脱到甘肃几个月后，也就是至正七年的十一月，他的老爸马札儿台死去。

妥懽帖睦尔虽然把天灾人祸发生的原因，都推到别儿怯不花的头上，但他知道这个难题不是一推就可以过关的，这些天灾和动乱仍然需要有人出来帮他处理。他觉得现在只有脱脱最有能力帮他解决这个问题，于是就派人到甘肃去，把脱脱叫回京城，负责主持东宫的事务。

在恢复脱脱当首席大臣之前，妥懽帖睦尔任命多尔济为右丞相、太平为左丞相。

## 复出

朝廷长期处于动乱之中。自从铁穆耳之后，没有一个皇帝活过四十岁，而且居然还有几个皇帝只当了一个月的天子，权臣剪掉一个又一个，谁还有心思去管天下老百姓的民生？而且，天灾比任何时候都频繁。老百姓们既然等不到朝廷的关怀，那就只有起来造反了。

南方少数民族固然不停地高举旗帜，被打败之后又起来，但这些少数民族的暴动，只是那些土司们不服当地官府的领导这才出来搞事的，其目的也只是想在某个地方单干一段时间，捞一票之后便金盆洗手，或者官府答应了他们的条件，他们就可以收手不干。中原灾区群众要是起来，性质就大不一样了。这些地区的广大人民群众一来人口众多，二来那些精英博古通今，视野开阔，深谙天下大势，对改朝换代业务比谁都精通，一旦他们闹起来，则完全可以对现行政权进行致命打击。

此前，即至元四年的周子旺暴动，其实已经明显带有把皇帝拉下马的意图。看过金庸小说《倚天屠龙记》的读者们一定都知道周芷若和彭和尚，也一定知道周芷若是周子旺的女儿，而周子旺正是彭大师的徒弟。

彭和尚的名字叫彭莹玉，他们家很久以前就在江西袁州的慈化寺附近当农民，没有哪代祖先脱贫致富过。他老爸是个忠实的佛教徒，他一出生就被“舍与”慈化寺，成为一个彭姓和尚的徒弟，十岁时正式出家为僧。彭莹玉虽然从小就在寺庙里生活，天天与和尚为伍，念经拜佛，可是那双眼睛却从没有停止过对世俗的观察。他看到农民们的生活越来越艰难，好多邻居过节时都无米下锅，求官府官府不管。于是，这些农民们就都加入白莲教。因此，当地白莲教风行一时。虽然这个现象多次引起朝廷的注意，并多次派兵过来消灭邪教组织，可是这个邪教组织却越来越强大，方圆百里以内的老百姓基本都是白莲教徒。

彭莹玉看到白莲教的势力越来越大，也以和尚的身份加入了这个组织。彭莹玉这个和尚加入白莲徒时，就抱着一个远大的理想宣誓入伙。他很快就成为当地白莲教的骨干分子，然后就成为当地白莲教的老大。他一开始就是以推翻元朝反动统治为最高目标的，因此他一直从事秘密反元活动。他跟很多宗教组织的老大一样，不但会宣传本教教义，大力揭露元朝统治阶级的腐朽坠落，还精通医术。彭莹玉凭着他出色的传教能力和精湛的医术，很有威望。他驻的慈化寺既是一个生意兴隆的门诊，也是他传教布道的好场所。他一面免费帮人们治病，一面宣扬“弥勒佛下世，改换乾坤”“世界光明大同”的教义。一看这个教义，就是一个推翻蒙古王朝、改朝换代的政治口号。在短短的时间内，他手下的教众就有几千人。他的部众都称他为“彭祖师”。

彭莹玉看到自己手下有了这么多信徒，这些信徒都已经无法生活下去了，都在纷纷要求尽快起来搞事。他看到民心可用，信心也跟着爆棚起来，便宣布起事。当然，他并不自己当带头大哥，而是让他的一个徒弟出来扛大旗。这个徒弟就是周子旺。

他们宣布拿起武器时，彭莹玉知道，这些被逼起来的农民虽然热情很高，个个满脸愤怒地要与元朝反动派决战到底，但他们到底都是农民出身，战斗经验等于零，现在个个拍着胸脯要求去战斗，只怕看到敌人举着大刀砍过来时，都怕得要死，那就彻底完了。于是，他想了一个办法，在每个战斗人员的背心处写上一个大大的“佛”字，说现在佛祖已经跟定你们了，你们一上战场就可以刀枪不入了。



周子旺带着这五千人，还真的攻下了袁州。拿下袁州之后，周子旺就自称“周王”，拜彭莹玉为国师，任命他的师弟况天为左右平章。开局很不错，但朝廷派兵镇压，很快就把周子旺打败——周子旺也成了俘虏，最后被处死。然而，彭莹玉和况天却逃跑了。

袁州事件平息了，可并不代表白莲教不搞事了。他们只是潜伏下来，等待时机。

白莲教还没有出来再搞事，那个方国珍却先冒出头来。方国珍是浙江台州人，是个盐贩子。作为盐贩子世家，方国珍的生活应当不很差，所以并不像彭莹玉那样老早就产生改天换地的想法。他只想把盐贩子这个职业做到死的那一天。盐贩子这个职业，其实就是混江湖。在江湖上混，你总会混出几个不共戴天的仇家来。

方国珍也有这样的仇家。只是他家兄弟五个，他又生得身长面黑，再加上肌肉发达，力能勒马，一副黑社会老大的派头再加上那个武力指数，他的仇家哪敢直接找他较量？他们就等，等机会来了再报仇。

机会很快就来了。

当时，有个叫蔡乱头的人在海上开展抢劫活动，而且活动规模越来越大，最后官府不得不派兵去打。方国珍的仇家一看，突然灵感就上来了：蔡乱头在海上当土匪，方国珍也在海上做生意。这个仇家就把都在海上混的这个共性有机地结合起来，到官府那里去举报，说方国珍跟蔡乱头是一伙的。

方国珍知道后，当然怒火万丈，在第一时间找到仇家一刀了结，然后就逃到海上躲命，跟几个兄弟一起，组织了几千人，真的做起了海盗，专门抢劫漕运——这可是大元的经济命脉。他干得比蔡乱头更有规模、声势更大，连海盗千户德流干实也被他一把抓住。

消息很快就传到了朝廷。

妥懽帖睦尔下令江浙参政多尔济巴勒带领水师去进剿，务必把方家兄弟活捉归案，保卫漕运的安全。方国珍兄弟打不过正规军，只好掉头逃跑。多尔济巴勒一路追击，一直追到福州五虎门。方国珍看到政府军紧追不放，自己也不知逃到哪里了，眼见政府军水师乘风破浪而来，情势十分危急，便一咬牙，叫兄弟们把船烧了，再乘乱逃跑。

多尔济巴勒看到对方手忙脚乱，心下大喜，正要下令猛打过去，别让海盗们逃跑了。

哪知，他的命令还没有传出口，他自己的部队却突然乱了起来。

方国珍兄弟一见，也不知这是怎么回事。难道是在忽悠我们？可是看了看，一点不像是忽悠。他们这时得出的结论跟多尔济巴勒的一样：政府军真的自乱阵脚了。

方国珍大喜，老是听说那句"天助我也"，这一次真的是天助我也了。他当然不会放过这个机会，带着他的队伍向政府军打过去。结果，不但毫无悬念地把政府军打得四处溃逃，连多尔济巴勒都成为他们的俘虏。

到了这时，方国珍仍然不愿造反。他知道手下这群兄弟在海上抢劫一下渔民们，那是很猛的，但要真的去打仗，那是没有多少战斗力的。他们抓到多尔济巴勒后，就逼他给朝廷写信，请朝廷准许他们投降。

朝廷决定准许方国珍投降，并任命他为定海尉，但也要追究多尔济巴勒的责任。但枢密参议归旸却不同意："战斗失利，降职本来是应该的，可也要看看具体情况。多尔济巴勒带领的那支水师，基本都是由北方骑步兵临时组成的，向来不习惯水战。朝廷派他去打方国珍，等于叫他去送死。正确的办法是，招募海边熟悉水战的人去打方国珍，必定能把方国珍打败。我们坚决不要同意方国珍的投降，而是出兵把他彻底打败，让天下那些有造反心理的人知道，朝廷对造反人士是旗帜鲜明地镇压的。"但妥懽帖睦尔不同意，他怕又打败仗。

其他几个大臣就乘机又把别儿怯不花弹劾了一把，迫使妥懽帖睦尔把别儿怯不花贬到渤海县。

方国珍那边暂时平息，可黄河又决口了，地震也跟着来，大大小小的强盗遍地都是。

朝廷对黄河实在没有办法，但还得管一管。于是，朝廷就在经常发生水患的河南和山东都设立行都水监，专门治理黄河的水害。当然，这几个部门仍然对黄河没有办法。

这时，别儿怯不花的几个死党很郁闷。他们此前紧跟别儿怯不花迫害脱脱，没有成功，就把怒火转到哈麻兄弟身上。经过一番策划，由太平、韩吉纳组织，最终决定由监察御史沃勒海寿为首的几个大臣出面，揭发哈麻兄弟的罪行，这些罪行主要有：接受宣让王等人的驼、马等物，在皇帝的营帐后设帐户，犯了大不敬罪，随便出入皇后宫，违反上下名分……然后通过御史大夫韩吉纳把这个件事直接上奏妥懽帖睦尔。

妥懽帖睦尔能让他们把这两个兄弟打倒吗？而且在此之前，哈麻兄弟俩就已经知道他们要弄这些罪名来打倒他们，因此就事先在妥懽帖睦尔面前为自己开脱，指出这些罪名都是太平、韩吉纳罗织出来要打倒他们兄弟的。妥懽帖睦尔当然只听哈麻兄弟的话。韩吉纳把御史台的检举信交给妥懽帖睦尔时，妥懽帖睦尔丢到一边，对韩吉纳大骂了一顿，说朕坚决不会被你们这些人误导去冤枉哈麻兄弟的。

韩吉纳也来了脾气，第二天又把奏章递到妥懽帖睦尔面前，意思是你不处理哈麻兄弟，御史台就天天弹劾他们。

妥懽帖睦尔一看，知道再当这对兄弟的保护伞，估计舆论还真对他不利了。这时，他的头脑仍然处于清醒状态，知道他们检举哈麻兄弟的那些罪行还真有，只得下令免去哈麻兄弟的职务。沃勒海寿先生你领衔检举这对兄弟，算是立了功，因此决定外放为陕西廉访副使。至于太平先生，你也要好好休息了，去当翰林学士奉旨，只领工资不用上班，韩吉纳提拔到宣政院当一把手。

这些麻哈兄弟的死对头就这样全部被妥懽帖睦尔来个先扬后抑，调出要害部门，为以后哈麻兄弟卷土重来打下了坚实的基础。

当然，在让哈麻兄弟卷土重来之前，还得让脱脱重新回到工作岗位上。现在妥懽帖睦尔太需要脱脱出来为他解决眼前这一大堆的困难了。

他在至正九年的七月，调整了一波人事变动，脱脱的弟弟也先特穆尔成为御史大夫，右丞相多尔济免职，只当他那个世袭的国王。然后空缺出来的右丞相位置理所当然由太傅脱脱担任。还不忘记把韩吉纳再打压一次，将他外调江浙行省平章政事。

脱脱虽然饱读诗书，向来标榜以儒家那套学说来要求自己做人，可是此前被别儿怯不花们搞了一回，老爸病死贬所，自己又差点儿被他们搞垮，心头愤怒至极，这时拿到大权，决心也狠狠地报复这些人。此时，其他人基本都已被贬出朝廷，只有太平还在京师生活着。太平曾当过别儿怯不花最得力的助手，因此，脱脱深信太平肯定曾经卖力地伙同别儿怯不花搞过自己，便决定把报复的刀子砍向太平，先把太平提拔过的人，不问好坏，全都采取诬陷的手段，将他们全部免官。接着把太平的官也免了。但脱脱的心里仍然不舒服，又继续制造几个罪名，对太平进行打击报复，最后还说太平的儿子也先呼图娶了宗室之女是犯上的行为。其实，太平虽然是别儿怯不花集团的骨干成员，但在陷害脱脱事件中，却是坚定地站在脱脱的立场上为脱脱说话的。

脱脱老爸马札儿台死后，正是太平不断地向妥懽帖睦尔请求，让脱脱回到朝廷任太傅的，只是脱脱不知道。但他的老妈知道这回事，她看到两个儿子疯狂地打击太平，就把他们叫过来，说："我告诉你们，太平是个好人，从没有害过你们。你们为什么一定要迫害他？"

可是脱脱兄弟听不进去。

侍御史萨玛特看不过去了，直接在朝中大叫："御史现在每天都在干陷害正人君子的事，败坏了监察工作的原则，看以后人家会怎么说你们？"然后大步出去，说自己病了，不再来上班。

在这样的情况下，很多人都劝太平干脆自我处理掉算了，可是太平却很淡定，说："我没有罪，为什么要自杀？如果自杀了，那就等于在告诉世人，我真的有问题，而且是严重的大问题。"

想想，连太平这样对脱脱有恩的人，脱脱都不放过，那几个老早被贬出朝廷的人，他还能放过吗？而且，对这些人，妥懽帖睦尔比脱脱更气愤。因此，处理起这几个人来，就顺手得多了：沃勒海寿被直接免官，勒令回家，永远开除公职；另一个别儿怯不花集团的大佬韩吉纳也被诬陷受贿，被处以杖刑之后，流放到纽尔干，然后死掉；图们岱尔则被调到四川担任右丞——他在赴任的路上，还被追加罪名，然后在半路上被追杀而死。

这一次，脱脱跟妥懽帖睦尔联手，把他们共同的反对党干脆利索地处理掉，很是快意恩仇。当然，处理完这些人、快意恩仇之后，就是知恩图报。脱脱把哈麻兄弟当作自己的恩人，又恢复了这对兄弟的职务，其中哈麻再次担任同知枢密院事。

然而，脱脱这时打死也不会想到，这对兄弟救过他，但之后，他会被这对兄弟害得好惨！

脱脱做完这些事后，他的死对头别儿怯不花也在渤海县那里郁闷地死掉。

从别儿怯不花搞脱脱到脱脱的反击，使得大元王朝再次陷于一次官场大地震，本来就匮乏的人才又遭到了一次毁灭性的打击。

而此时的脱脱在经历这个报复风暴后，心态也有些膨胀。

在别儿怯不花死后，脱脱的老妈也死了。脱脱是个深受儒家思想熏陶的人，在为父母居丧这件事上，绝对按儒家的条条框框来执行。现在老妈死了，他当然得为母居丧，请长假不上班。当然，妥懽帖睦尔是不同意的，老是派身边的工作人员过去请脱脱赶快回来处理国家大事。脱脱不好推托，便组织了一个团队，核心队员是：乌古孙良桢、龚伯遂、汝中柏、拜特穆尔等，让这些人暂时代他处理各种事务。于是，朝中大事小事都由这个小团体讨论之后，拍板决定。很多政策已经施行了，大臣们却还不知道。

# 第七章
# 最后的能臣

## 力排众议治黄河

当然，再次当了第一大臣之后，脱脱并不把报复当成自己的首要工作，最主要的还是想办法来挽救这个王朝。

大元王朝经过多年的权斗，虽然给中国历史上积累了大量政治斗争的经验教训，但也把大元王朝伤得不轻。现在摆在脱脱面前的问题可以说是一大堆。官员大面积腐败、纪纲废弛、赋役繁重不均，无一不到了积重难返的地步。

而脱脱和妥懽帖睦尔根本顾不上处理这些事。朝廷的财政危机问题以及黄河的治理问题，才是他们当前工作的重中之重。

脱脱决定先解决财政危机问题。这个问题解决不了，根本不用谈治理黄河的事。

脱脱想了很久，觉得解决财政危机最快捷的办法就是变更钞法。这个办法，以前忽必烈时代就用过好几次，效果如何，已不用多说。

因此，脱脱在至正十年九月提出变更钞法方案时，就遭到了强烈反对。当时的情况是，自从至元后期，纸币发行量猛增，用现在的话来说，就是央行放水过猛，造成纸币严重贬值，再加上伪钞横行，使得钞法已经败坏到无法再败坏的程度了。

于是，在脱脱的授意下，左司都事武琪提出变钞的建议，吏部尚书偰哲笃也支持变钞，并提出了一个方案：以纸币一贯文省权铜钱一千文为母，而钱为子的方案。

脱脱当即会同中书省、枢密院、御史台以及集贤、翰林两院的负责人开了个会，进一步商议变钞事宜。

在这个会上，脱脱提交的方案遭到了强烈反对，其中反对强烈度最高的是集贤大学士兼国子监祭酒吕思诚。偰哲笃与他当庭辩论，居然辩不过吕思诚。后来，偰哲笃说：“现在至元钞里假钞太多，所以一定要变更。”

但又被吕思诚驳倒。最后，偰哲笃生气起来，说，这也不行那也不行，请老先生拿出个可行的办法出来。吕思诚只是大声地说：“我的办法只有三个字：行不得，行不得。”他转头对脱脱说：“丞相不要听这些人的话。比如以前丞相一定要开金口河，成功了就归功于他们这些人，如果不成功了就归罪于丞相。”

脱脱一听这话，便又犹豫起来，但他的弟弟御史大夫也先特穆尔却大声说：“吕祭酒的话很对，但不能在朝廷上这么大声说。这个态度是一个国子监祭酒应该有的态度吗？”

御史台的官员根据这个定论就弹劾吕思诚狂妄，把他贬去当湖广行省的左丞。

于是，大家一致通过变钞法案，以中统、交钞一贯等于铜钱一千文、至元宝钞二贯，仍然铸造至正通宝钱，与历代的钱一起流通，以充实钞法。如此一来，市面上的钞票越来越多，物价就跟着疯涨起来，钞法实行没有几天，物价就暴涨十倍以上。史书的描述是“行之未久，物价腾踊，价逾十倍”。

变更钞法虽然没有成功，但脱脱仍然下决心治理黄河。

当时，黄河决口已经五年了，到现在仍然没有谁去堵住，泛滥了几千里，黄泛区里的老百姓根本不能生活。所有的人都知道，这个工程实在太大了，干系也实在太重了。脱脱知道，只有自己出来当带牵头人，这个工程才能推进下去。于是，他主动出来，兼任治黄工程总指挥。

妥懽帖睦尔大喜。他对脱脱的能力是绝对信赖的。

当然，脱脱还请了个水利专家，这个专家叫贾鲁。

贾鲁曾任过山东道的奉使宣抚首领官，巡视过受水灾的州县。他在巡视的过程中，不断向人们请教，搜集了很多治黄的办法。后来他又任都水使者，奉旨沿黄河巡视，画成一个形势图。他向朝廷进献了两个方案：一是修筑北堤，制止横向泛滥，这个方案的费用相对节约；二是疏塞并举，使黄河继续向东而去，归还故道，但费用很大。

脱脱和妥懽帖睦尔决定采用第二个方案，并让贾鲁全面主持这个工作。贾鲁一听，就有点头大了，极力推辞，但脱脱一定让他干。当时，朝中的大臣都基本不赞同在这个时候开工。

脱脱听到这些论调后大怒，对大臣们进行了猛烈批评，批得大家都不再说话。

脱脱当然比谁都知道，治理黄河是一件十分困难的事，而且风险极大，但他认为，如果黄河不治，则天下就永远不会太平，强盗永远不能肃清。简单来说，黄河水患是天下动乱的祸根。

确切地说，脱脱的这个认识是没有错的。当然，如果往深层次去思考，根本原因就是蒙古帝国开国到现在的等级制度造成了中原各地汉人的极大不满，中原地区的精英只是在等待一个机会而已，再加上吏治的腐败，大元王朝到现在已经成为一只烂透了的果子，马上就要从树上落下来。而作为蒙古贵族、既得利益的代表，脱脱是不可能深入去想到这个问题的。在他看来，不管这个天下如何，蒙古贵族的利益永远高于一切。这一点，他跟蒙古贵族的保守派们保持着调度一致。于是，他只能把一切原因归结到黄河身上。

妥懽帖睦尔当时下令工部尚书成遵和吏部尚书图噜再次巡视黄河，并且一定要在巡视中找出疏或者塞的办法来上报朝廷。

这个由两部尚书大人牵头成立的巡视组于至正十一年的春季，沿黄河两岸走了几千里，途经济宁、濮州、汴梁、大名等地，所到之处，都挖井来计算地势的高下，测量河岸来研究水度的深度，再查阅史料，广泛听取各方的意见，工作做得很详细，最后得出结论：决不能让黄河重回故道。最后他们加重语气说："现在山东发生规模巨大的饥荒，已到了传说中民不聊生的地步。如果在那一带结集二十多万人，恐怕发生的问题，就会比黄河水灾更严重。"

脱脱此前已经全盘接受了贾鲁的建议，这时突然听到这个反对意见，心里超级不爽，大怒道："你这是要威胁我说，会导致老百姓造反吗？"两位尚书倒也很强硬，并不怕脱脱的愤怒，继续跟他辩论，但脱脱就是不听。

第二天，脱脱派人对成遵说："将黄河挽回故道，丞相已经下了最后的决心，而且也已经有人负责了。你们就不要多说了。现在丞相希望你们提出更为积极的建议。"

成遵仍然一脸严肃地说："手腕可以断，但意见决不能改。"

脱脱对成遵没有办法，就只得用老办法——把成遵外调，任河间盐运使，你有意见就让你到一个不能提意见的岗位去工作。

脱脱在治黄这件事上，决心很大，而且推进速度也很快，至正十一年的四月初四，妥懽帖睦尔就下旨：开黄河故道。任命贾鲁以工部尚书兼任总治河防使，征调汴梁、大名等十三路民工十五万人，庐州等处十八翼镇戍军队二万人，全部投入治黄工程中去。

脱脱看到贾鲁奉旨而出，心潮澎湃，脸上布满了希望的神态。是的，要是成功治黄，他将建立不世之勋业而名留青史，大元也将为之中兴。

贾鲁带着近二十万民工从黄陵冈向南到白茅，在黄固、哈齐等地放水，又从黄陵向西到杨青村和故道相结合，工作面整整有二百八十多里。

脱脱当然也知道，这么浩大的工程，黄河沿岸流离失所的难民，这两者相加起来，民变发生的概率是很大的。因此，他命令中书右丞玉枢虎儿吐华与同知枢密院事黑厮带着部队设营于工地边弹压。

当贾鲁站在工地上下令大家挽起袖子干的时候，另一个牛人也站了起来，号召大家撸起袖子干——当然，他是叫大家把大元王朝干掉的。

## 刘福通一伙的机会

熟悉这段历史的人应该都知道这个人，他叫刘福通。

刘福通跟彭莹玉一样，也是白莲教的首领之一。刘福通是颍州人，他还在很小的时候，就表现得很聪明，而且“素有大志”。刘福通青年时曾去当过公务员，任朱皋镇巡检。本来，以他的身份，跟白莲教是拉不上关系的。

可是后来韩山童却把他拉入伙了。韩山童是白莲教世家，他祖辈就因为到处从事白莲教的宣扬工作，到处拉人入伙，被徙到河北永年那里。可到了那里，他们仍然执迷不悟，继续开展传教工作。他传着传着，最后把刘福通也拉进了他的徒弟圈。

这时，他们看到贾鲁带着几十万人在黄河边上，每天在广阔的工地上战天斗地、劳动号角响彻云霄，而旁边的军队却虎视眈眈，四周到处流散着如蚁的难民，地面上时不时横着几具尸体。他们接着又看到，治黄工程难免要毁掉一些住宅，于是矛盾就这样不断地激化。

韩山童和刘福通就从这些画面里看到了契机。他们加紧进行宣传，从弥勒转世到明王出世，然后具体到韩山童，说韩老大是宋徽宗的八世孙，应当成中原之主，而刘福通则是刘光世的后代。这一次，他们比彭莹玉搞事时更讲究策略了。他们打出了宋朝的旗号，这个旗号虽然倒了近百年，但它却能唤醒汉人的反抗精神，成功地在汉人和蒙古人之间划了一条抹之不去的界限。

做足了这些功课后，他们又发布了一句童谣：石人一只眼，挑动黄河天下反。

虽然这句话的内容有些让人不明白，但造反的意思却再明显不过了。

很多人不明白石人一只眼是什么意思，但也都跟着传唱。而韩山童和刘福通很快就让大家彻底明白这个意思了。原来，他们已经事先刻了一个只有一只眼睛的石头人，半夜里扛到工地上埋下。后来，治黄民工们一挖，真的挖出这么一个石人来。这些民工也跟其他人一样，老早就听到那句难懂的童谣。现在他们看到这个石人时，终于弄懂了童谣的意思。

这些人都不是无神论者，这时面对石人，他们也知道要变天了。

也该变天了。

韩山童和刘福通觉得时机已经成熟，于是，韩山童通知所有的弟子都来到河北永年聚会，他们杀白马和黑牛，集体对天发誓，准备宣告举事。哪知，保密工作做得太差，一干人还在那里慷慨激昂地发誓时，消息却已传播出去。当地的官府知道后，当然不敢怠慢，马上点兵过去捉拿。结果是韩山童被当场抓获，而刘福通却逃了出来，韩山童的儿子韩林儿也捡得性命。

刘福通知道事已至此，只得豁出性命来干了。

至正十一年五月，从永年逃回颍州的刘福通宣布举事，以武装来对抗元朝反动统治者。这一次，他行动迅速，果然向颍州发动了进攻，顺利拿下了颍州城。这支军队有个标志性的色彩——“红色”，史称红巾军。

妥懽帖睦尔接到消息后，似乎不怎么重视，他派枢密院事黑厮率阿速军六千人会同几支汉军去讨伐刘福通。

黑厮是回回人，长得肌肉发达、精悍异常，善于骑射，武力指数爆棚，看上去绝对是冲锋陷阵的好手，与他配合的是河南行省一个姓徐的左丞。这两个家伙会合之后，立刻发现两人有个共同的爱好：酒色！于是，一来就成了好朋友，每天一边行军一边尽情喝酒玩美女。至于军纪，他们哪有时间去管？于是，士兵们都举着大刀，一路开展抢劫活动。直到碰见了红巾军，两个统帅还没有制定好打仗的方案。他们每天跟着部队前进，基本不知道走到哪个地方了。

他们还在爽快地干杯，突然有士兵进来报告：“红巾军就在前面了。”

怎么就跟红巾军有接触了？不是说还要走很远的路吗？

两人急忙丢掉杯子跑出来，擦着那双蒙眬的眼睛一看，前面果然有一支部队列阵以待，果然就是传说中的红巾军。

黑厮的武力指数，全军闻名。这时大家都把目光投向他，看他如何下令。

在众望所归的时刻，图克齐举着鞭子……

大家一看，果然要冲锋了。

哪知，接下来的动作却是，鞭子软软地一指，嘴里用回回话大声叫："阿卜，阿卜……"

千万不要以为他在喊一个叫"阿卜"的人。这两个字其实就是"逃跑"的意思。他说完之后，就带头勒转马头，逃之夭夭。众望所归的统帅都逃了，其他人还敢往前冲吗？

这一仗，红巾军大获全胜。

黑厮一脸刷白地逃到上蔡，没几天就死了，不知是被红巾军吓死还是惧怕朝廷治罪而死的。那位徐左丞没有自然死掉，但却被朝廷处斩。曾经是大元最精锐之一的阿速军此时也不再精锐，打了败仗之后，又因从北方赶来，水土不服，病死过半。

脱脱没有想到，他治理黄河，会挑动了这场动乱，而且这场暴动的规模越来越大。

刘福通赢了一场，带着他的红巾军打下了朱皋、罗山、真阳、确山，再进攻舞阳和叶县，声势越来越浩大。

到了这时，脱脱也坐不住了。此前成遵他们说老百姓闹事的概率很大，他不服。可现在治黄才开工不到两个月，刘福通就出来闹事了，而且闹得还这么大。因为，红巾军打的旗号就是大宋，是公开号召汉人们团结起来，把蒙古王朝打倒的旗号，脱脱由此对汉人产生了巨大的怀疑态度。他甚至连朝廷中的汉族大臣也不相信了，在商讨军事时，一定要回避汉人和南人。有一次，他进宫奏事，听到后面有脚步声，转头一看，原来是韩伯高和韩大雅走了过来，估计也是进宫奏事的。他当场条件反射起来，下令门卫把这两人挡住，不让他们进去。他进去见到妥懽帖睦尔时讲的第一段话就是："现在河南汉人和南人起来造反，已经危及咱们的统治。我们应该马上出榜，对那些造反的汉人全部剿捕，对那些迁移、流放在外的蒙古、色目人都必须召回京师。这事要越快越好，不要再耽误了。”

蒙古帝国制定出的种族政策已经让蒙古和色目人与汉人闹僵，汉人这些年来，在蒙古人和色目人面前已经低人一等，心里的怒火已经烧得很旺了，现在再出台这么一个政策，他们与汉人之间的仇恨只有更大了，汉人起来推翻他们的决心就更大了。

他本来是想用这个办法来保护一下蒙古人和色目人，可这个通知才张贴出来，反应最快的不是他的同胞和色目人，而是大汉族的广大人民群众。他们看到这个通告后，都一致认为，朝廷已经把他们划为造反群体，接下来就要对他们展开屠杀活动了。于是，在蒙古人和色目人还没有逃回京师时，他们就已经跑了出来，投奔亲人红巾军，誓与大元王朝斗争到底。

红巾军就这样被逼得越来越强大。

在刘福通搞事之前，那个大海盗方国珍又宣布举事，带着手下兄弟打上岸来，侵犯温州。脱脱得报后，就派江浙行省左丞博啰特穆尔去摆平方国珍。

方国珍虽然长得五大三粗，看上去像一个四肢发达头脑简单的大汉，其实脑袋鬼得要命。他看到博啰特穆尔来了，就马上下到海里，以沿海州县为目标，天天干着杀人放火的勾当。博啰特穆尔只得带兵去追他。到了大闾洋，终于跟方国珍的部队碰上。这一次，方国珍的经验已经老到，乘着夜间带着一批精兵，一边放火一边大喊大叫，向敌人冲杀。官军海战经验本来就不丰富，突然被人家夜袭，都吓得手足无措、到处乱跑。敌人还没有杀上来，有一半多士兵就已经自动落下海里淹死。最后，博啰特穆尔也无限悲催地被方国珍活捉。

博啰特穆尔绝对是个贪生怕死之人，被捉之后，立刻向方国珍求饶。方国珍又赢了一仗，便又请博啰特穆尔帮他讲好话。博啰特穆尔当然按方国珍的指示办事，给朝廷上奏，为方国珍讲了很多好话。他说这些好话的目的，一来为了保命；二来也好在朝廷那里为自己辩护，方国珍本来就不是个坏分子，只是发生了误会，只要朝廷谅解，他仍然愿意归顺的。朝廷再一次相信了方国珍的话，派大司农达实特穆尔率领代表团过去，跟方国珍办理受降手续。

达实特穆尔来到黄岩时，方国珍几兄弟都过来，围着达实特穆尔团团作揖参拜，看起来文明礼貌得要命。见面会结束之后，方国珍把达实特穆尔安排到民间的小楼里休息。当时跟随的绍兴路总管台哈布哈建议派几个杀手过去，直接把方国珍兄弟做掉，以免后患。可是达实特穆尔却不同意，说："我受皇命前来招降他们，并不是要杀死他们。你想违抗命令吗？"

台哈布哈只得叫停这个行动。达实特穆尔后来命台哈布哈到海边，把方国珍的部队全部解散，授予方家兄弟各种官职。达实特穆尔觉得自己很成功。

方国珍这边的事好像平息了，可是徐州那边却出了更大的事。

搞事的人叫李二。这个李二像梁山好汉一样，也有个绰号，只是他这个绰号一点不威武，叫"芝麻李"。他也像梁山好汉那样，很有性格，慷慨大方。徐州发生饥荒时，他家别无长物，但仍有一仓芝麻。他就把这些芝麻都拿出来，救济别人，因此得了这个绰号。不久，朝廷大力治黄，刘福通高举旗帜宣布造反，李二和他的朋友赵君用觉得他们也可以出来搞事了。因为他们知道，芝麻李那一仓芝麻还是很能吸粉的，在这一带还是有号召力的。

在这个动乱的年代，号召力就是生产力、就是战斗力。

两人在一起商量，谋划着如何搞事。赵君用说："据我了解，城南的老彭是个人才，不但武力指数高，而且很有胆略。我们要搞大事，必须请他过来。否则，办不成大事。"

赵君用立马去城南找老彭。老彭的那个身体条件，要是不来搞事，就实在太浪费了，因此赵君用才一提出，他立马就表示赞同，还问了一句："芝麻李能不能参加？"

赵君用说："不但参加，而且还是我们的带头大哥。"

老彭一听，顿时有了信心，然后就去见芝麻李。当时，他们只有八个人，但他们并没有像其他造反势力那样，准备搞事时，就去做大量的宣传工作，去做拉人入伙的事，而是凭着这八大金刚，就在那里立誓同盟，要跟元朝死磕到底。

他们经过商量，决定不在本地搞事，而是直接到徐州那里搞。八个人说干就干，他们把自己打扮成挑河的民工，跑到了徐州。到了徐州，他们也不休息一下，就立刻做好分工，四个人在城里，四个人到城外，半夜四更天时，城中的人都做了纵火犯，点起大火来，城外的人也举火响应，然后到城门那里抢夺守门军人的武器，打开了城门，会合在一起，放开音量大喊大叫。当时城里的老百姓都惊醒过来，出来看情况。这些老百姓本来都是想来当吃瓜观众看他们搞事的。哪知，他们看到观众们都看过来后，就立马把这些人组织起来，跟他们一起造反。观众们本来都很怕死，看着火光之下，他们手里明晃晃的大刀，都只得表示从了。

天很快亮了，芝麻李他们把准备好的大旗竖了起来，然后招募兵马，很短的时间内，他们就招到了十几万人，队伍立刻就浩浩荡荡起来。他们当然不是占领了徐州就停下来，而是分兵四出，把徐州路各属县都统统拿下。

彭莹玉就在这个时候又冒出头来了。

他那次逃脱性命之后，就跑到了淮西，与他的另一个徒弟邹普胜继续从事地下工作。他们在这里很快就发展了另一个徒弟徐寿辉。

徐寿辉是个小商贩，专门做土布生意，但他的形象非常彪悍，身材魁伟，相貌堂堂，而且人品很好，在当地很有影响力。对于长期从事白莲教发展工作的彭莹玉来说，这样的人是他们做梦都要争取的对象。况且，徐寿辉还是个有性格的人，长期对社会现状有着不满情绪，因此彭大师跟徐寿辉见面之后，一拍即合。

彭大师失败过一次，因此这一次他还是很小心的，大家都一边做宣传工作，拉人入伙，一边憋着一股气，等着更好的时机。这时他们发现，连芝麻李八个人都能把局面打开了，他们这么多部众，干起来只有比芝麻李的规模更大、声势更隆重，因此决定搞事。本来，在这个阵营里，彭大师是导师级人物，当带头大哥谁都没意见，可他却不愿当老大。他的意见是徐寿辉当第一把手。为什么？因为徐寿辉虽然“木强无他能”，但他“貌异于众，乃推为主”。

徐寿辉没什么本领，但他宣布起事之后不久，就有一个很有本领的人前来投奔他。

这个人就是陈友谅。

陈友谅是湖北沔阳人，他的爷爷本来姓谢，后来因入赘陈家做了上门女婿，才改姓陈。他的老爸生有五个儿子，陈友谅排行第三。他家世代的职业是渔民。他的出身很卑微，但他小时候还是读过书的，比起其他搞事老大来，他算是知识分子了。他的体格也跟徐寿辉一样，武力指数很高，不但天生膂力过人，而且还专门学过武艺，因此他成年后，还混入公务员队伍，当了好多年的基层干部，算起来生活比其他人强多了，但他却很有野心。某次，有个风水大师看到他家的祖坟后，说了一句：“日后必当大贵。”陈友谅一听，野心立刻塞满心头。



于是，陈友谅那双眼睛开始密切关注着社会动静，总在寻找着让他大贵的机会。他知道，这个大贵还是需要奋斗才能取得的。只有拉起队伍把蒙古皇帝干倒了，否则，你是永远不能大贵的——自从蒙古人执政以来，汉人就已经没有大贵的资格了。这时他看到徐寿辉成功举事，就决定也跑过去跟红巾军闹革命。

陈友谅笑着说：“风水大师的话就要应验了。”于是就去投奔徐寿辉手下大将倪文俊。

徐寿辉这时已经攻下了蕲州和黄州路。元朝派卫王库春格尔带着两个儿子前来跟红巾军对垒，结果父子三人还没有碰到徐寿辉的主力，就被徐寿辉的部将倪文俊打得满地找牙，连两个儿子都被人家活捉。

徐寿辉占领蕲水后，就决定称帝，国号“天完”。他们给这两个字加了一个很丰富的内涵：“大”上加“一”为就是“天”，“元”字在上面加个“宀”就是完。“天完”两个字就表示压倒“大元”。那时天下到处是难民，难民们对大元王朝当然十分痛恨，现在看到徐寿辉称帝，在压倒大元，便都前来投靠。天完两个字，还真是当时最牛的广告语。

## 烽火遍地

在红巾军不断发展壮大、事业节节攀升的时候，贾鲁的治黄工程也宣布圆满成功。他从四月二十二日开工，七月疏凿完成，八月向黄河故道放水，九月就放船航行，到十二月水土工程全部完成。黄河终于恢复故道，向南汇入淮水，再向东入大海。妥懽帖睦尔很高兴，派大臣到黄河边上祭河神，然后把贾鲁召回京师，封贾鲁为荣禄大夫、集贤大学士，还给了很多物质奖励。都水监的三十七位官员，全部被提拔任用。最后，妥懽帖睦尔还下令撰写河平碑来表彰贾鲁。

当然，也感谢脱脱。妥懽帖睦尔赐脱脱世袭“达尔罕”称号，以淮安路为他的封地。脱脱面对这些荣誉时，不知心情如何？黄河成功治理了，万世功业真的完成了。可是红巾军却遍地开打，如火如荼，南方的大地上，到处是打倒大元的口号。他知道，要平息这些暴动，远比治理黄河困难。

这个时期，红巾军到处攻城略地，各地军队也不断地跟红巾军进行战斗，虽然也偶有胜绩，但局势十分不乐观。江浙、江西一大片土地都插上了红巾军的旗帜。

红巾军这时也很讲策略，知道往北进攻，会与大元的精锐对抗，因此他们在蕲州和黄州的北岸大量造船，要打过长江去，先把南方划入自己的版图。

九江、江州路的总管李黼看到这个阵势后，也赶紧修筑工事，做好防范的准备工作，还给江西行省上书，请求让他带兵驻扎在江北，扼守要害。哪知，他的那一群顶头上司只对钱财敏感，对他的建议却一点不感兴趣，根本没有答复他的建议。

李黼这才知道，那些天天教导自己爱国爱家、要勇于为这个国家献身的领导们，原来只爱钱财不爱这个国家——而且行省几个主要领导还是蒙古人，他只是个永远当不得大官的汉人。他长叹一声：“吾不知死所矣！”哪里是自己的死地，他都不敢猜测了。

他虽然十分悲观，虽然长期受到制度的压制、受到蒙古人和色目人上司的看不起，虽然知道凭自己的力量是无法跟遍地杀来的红巾军对抗的，但他仍然杀牛犒劳手下的将士，激励他们忠君爱国的热情，提高他们的士气，一定要跟红巾军拼命到最后一刻。

在江西行省一群官员无动于衷时，湖广行省的平章桑节还是很积极的。他看到红巾军的丁普郎和徐明远已经冲向汉阳，而徐寿辉手下第一大将邹普胜也向武昌隆众开来，桑节就把一群同事和下属都叫来，开了个大会，商议着如何守住首府。有人说：“平章大人，有一位叫郑万户的，是个老将，最好让他出来。”桑节一听，马上把郑老人家请了过来，然后把军队事务全盘交给他。

没几天，红巾军方面突然派出两千人，说是向政府投降。

桑节一听，就跟郑万户商量，两人都认为这个投降肯定是假的，于是将计就计，把这两千人消灭了。这是政府军这些天来少有的胜利，按理说朝廷应该大大地把两人表彰一把才对。哪知，这个胜利传出之后，朝廷就把他调回中央任大司农。他才离开没有几天，他的同事立刻接受红巾军的贿赂，先把郑万户诬陷了，然后放出刚刚俘获的那批红巾军。红巾军的领导们看到朝廷这些高级干部这么好收买，笑得脸都歪了。他们完成这些动作、把郑万户变成罪人后，就公开透明地前来攻城。城内目前级别最高的就是威顺王库春布哈、行省平章和尚。这两个人级别虽然很高，又都是纯正的蒙古血统，此前向来架子很大，脾气也很大，可是这时却把架子放下、脾气也清零，趁着敌人还在进攻的半路，就来个弃城逃跑。

于是，武昌就顺利被红巾军拿下，一点代价都不用付出。

有一个细节，当红巾军占领武昌城后，城内那些蒙古人和色目人的表现基本很窝囊，倒是那个叫冯三的人为大元王朝争了一口气。冯三只是行省里的一个工作人员，连字都不认一个，你从他的名字只有一个数字就知道，这位仁兄的地位是很低下的。可是他却硬是把自己当成大元王朝的爱国分子，当他的领导跑路的跑路、投降的投降时，他一帮同事也都看破了这个世道，要拉他一起入伙红巾军，哪知他却突然大义凛然地拒绝，大声说："红巾军都是土匪。我们坚决不能当土匪！"那些同事一听，都生气起来，咱们的领导天天奴役咱们，蒙古人和色目人没有一个看得起咱们，他们才是罪大恶极的土匪。既然你拥护他们，我们就先打死你。大家就把他抓起来游街，一边游，一边割他的肉。他仍然在那里大骂不停，把他此前听到领导们说的那些大义凛然的话，都感情丰富地大声表述了无数遍，直到死去的那一刻，才停住。

武昌城上插上红巾军的旗帜后，江西行省那些高官们这才震动起来。

可是这些高官们除了情绪波动之外，却没有谁提出防守或进攻的计划来。当红巾军的船只已经浩浩荡荡地蔽江南下时，驻守江州的行省右丞相博啰特穆尔听说之后，就在那里脸色刷白了。于是，当机立断，骑着马逃得路都不见。

蒙古贵族高官跑路了，但汉族的李黼却还在那里挺着。他现在是江州总管，他觉得他要是弃城逃跑，他对不起江州总管这份工作，对不起栽培他的大元王朝。当他看到他的上司逃跑之后，知道自己已到了孤立无援的境地了。幸亏还有个黄梅县主簿伊苏特穆尔说坚决跟着李大人战斗到底。

李黼一看，心里很感慨，要是你们的贵族都像你这样，武昌能沦陷吗？江北能成为红巾军的基地吗？为什么国难一到，底层的人都还舍命保家卫国，而高层贵族却个个方面大耳地逃跑了？

当李黼和伊苏特穆尔还在那里相遇恨晚、向天洒酒立誓时，红巾军已经杀进境内。他们赶紧通知各地加强防守，用树木和石头堵住险要，断绝敌人的退路。由于太过突然，士兵们连个标志都没有，只得用墨涂面，出来战斗。

李黼和伊苏特穆尔知道，现在除了拼命，没有别的办法了。他们两人当先冲向敌人。

红巾军这些天来，仗打得很顺利，哪知这里居然有一块硬骨头。当他们大喊大叫着冲过去时，他们就以为，这支已经孤立无援的部队，肯定会一触即溃。可现实是，在李黼和伊苏特穆尔的带领下，这支满脸涂着墨水的士兵，却发疯般地冲进他们的阵地，在他们的中间大砍大杀。红巾军居然失败了。

李黼继续追击，一直赶了六十里，歼灭敌人两万多。

李黼绝对是个人才，但只有他一个人才，是无法扭转这个局面的。

徐寿辉很快派来更多的部队，向江州进攻。此时，江州四面已经全部被红巾军占领，各地守军都已经逃得不见踪影。李黼仍然在战斗，但终因寡不敌众，江州城宣告失守。李黼仍然不投降，骑在马上舞着宝剑与红巾军死磕，最后被一把长矛刺中，落马而死。

在徐寿辉搞得有声有色的时候，方国珍的情绪又有些波动起来。方国珍搞事比其他人都早，但因为宣传力度不够，发展很不迅速，每次搞事，总是被人家打败，然后以投降换和平，实在有点窝囊。现在看到徐寿辉才短短几个月就大面积地扩大势力范围，自己还窝在海边这个小地方，本质上还是那个盐贩子，便又宣布举事。他是盐贩子出身，一搞事就下海。

刚升任浙东道宣慰便都元帅的台哈布哈派王大用下海，去做方国珍的思想工作，叫他认清形势，回头是岸。

方国珍虽然是投降专家，可他也是觉得前途无望了才投降的，现在他觉得前程远大得要命，他能投降吗？他把王大用拘禁起来，带着小船二百多艘冲进海门，进入黄岩港口，向马鞍山发起攻击。

台哈布哈带着部队跟方国珍对打了起来。

方国珍继续玩他的智商，派他的亲戚陈仲达过来对台哈布哈说，方国珍又要投降了。

台哈布哈居然又相信了。他带着一帮人，高举着受降的旗号，乘船去接受方国珍的投降。受降队伍的船一路而去，突然船只不动了——原来船底触了沙。台哈布哈一看，就有点不妙的感觉，眼看就要与方国珍会面了，就把陈仲达叫来，说咱们商量一下。陈仲达虽然是方国珍的亲戚，但心理素质却不过硬，这时居然情绪不稳定起来，两只眼睛转得很不正常。

台哈布哈从陈仲达的眼色里看出，自己又上当了。本来，他对方国珍是有很高的警惕性的，曾经多次建议把方国珍干掉，以除后患，哪知现在自己同样上这个当。虽然到现在才知道，为时已晚，但他仍然果断地抽出长剑，把陈仲达砍死在船头。台哈布哈知道自己上的这个当是必死无疑的大当了，就冲下敌船，居然连续射死五人，又在船头砍死一人。

方国珍部众看到台哈布哈这么勇猛，都包围过来，各种兵器同时向他身上招呼，先把他的长矛砍断，然后把他绑起来，想送到方国珍的船上去。台哈布哈拼命挣扎，竟然又夺得一把大刀，再砍死一个人。船上的那几个土匪没有办法，只得用兵器把他打死。台哈布哈自称是一介书生，可是拼命起来却相当的无敌，蒙古人的血勇之气，让他狠狠地表现了一回。

在徐寿辉和方国珍一同闹腾的时候，另外一个势力也冲到历史舞台了——郭子兴。

郭子兴是安徽定远人。当然，他原籍也不是定远人，他的老爸是个算命先生，年轻时就穿着那副大师的行头到处帮人家掐着手指算命打卦。后来，他来到定远就定居下来。据说他算命的水平很高，为人预言福祸，准确率极高。当地有个富人家有个美女，因为眼睛瞎了，嫁不出去。郭子兴老爸就把她娶了过来，日子马上就直奔小康，并逐步富有。他们共生了三个儿子，郭子兴是第二个。据说当郭子兴出生时，老郭顺手打了一卦，大吉！这让老郭十分高兴。这三个儿子也很争气，用老爸老妈的钱作启动资金做生意，很快就发了大财，成为当地有名的土豪。

郭子兴并不安心当他的土豪，看到天下越来越乱，觉得在生意场上混远不如打天下刺激。于是，在江南遍地开打的时候，他也决定组织力量向朝廷宣战。他拿出自己的钱，到处招聘人才。很快孙德崖等一干人就团结到了他的手下，成为他的得力助手，他不断地招兵买马，也组织起了一支部队，然后一举占领了濠州。郭子兴看到现在虽然到处有反元武装，但局面打得最好的还是红巾军，因此他也打了红巾军的旗号，成为刘福通手下的高级员工。

相对于徐寿辉和刘福通而言，郭子兴的势力并不算什么。但当他拿下濠州时，有一个人投奔了过来，这个人是中国历史上赫赫有名的人。

这个人的出现，宣告大元王朝即将退出历史舞台。

## 非我族类，不能信任

他就是朱元璋。

关于朱元璋的身世，大家都很熟悉，他绝对是个贫苦人家的后代，父母也只能给他起重八的名字。他还小的时候，体弱多病，但长大后却身材高大，成为同龄人的老大。他在十七岁时，他的家乡发生了旱灾，接着又发生蝗灾，田地里的草都被蝗虫吃光了。人们就不断地被饿死。朱元璋的父母和哥哥也一个跟着一个死去。他也没有办法找到吃的，就跑到皇觉寺里落发当了和尚——至少可以混几口稀粥填填肚皮。他当了和尚之后，就开始到处游走——说好听点是云游化缘，说得接地气点就是拿着个破碗到处讨饭吃。这一段时间，他到过很多地方。三年后，他又回到皇觉寺。哪知，这时安徽已经乱成一锅粥，皇觉寺也遭到了兵灾，大多数和尚都逃跑得不知去向。朱元璋也到外面躲避，可躲了几天之后，他发现前途越来越渺茫，有人劝他去参加红巾军算了。但他有点怕。

当时，朝廷正派彻尔布哈前来攻打濠州。但这个彻尔布哈是个胆小鬼，领了任务之后却不敢进军去跟郭子兴对打。他怕郭子兴，也怕他的领导。于是，他就想了个交差的好办法，抓老百姓来砍，拿着这些无辜的脑袋去顶替红巾军的首级，然后向上级报功领赏。这样一来，方圆百里附近的老百姓都人心惶惶，急着跑到红巾军那里报到。这就是官逼民反的标准动作。

朱元璋这时仍然犹豫，他怕造反不成脑袋被砍。于是，他在极度无法决断时就去问卦：我可以去造反吗？结果是大吉！

这一卦对于朱元璋来说是个吉卦，可是对元朝和陈友谅等人而言，绝对是大凶之卦！

朱元璋这才坚定了他投奔红巾军当义军的决心。

至正十二年闰三月初一，走投无路的朱重八来到了濠州城前。当时，因为郭子兴正与元军作战，因此城门戒备很严。守城士兵看到朱元璋前来，觉得这个和尚相貌独特，明显带有反派特征，就把他当成间谍抓了起来，直接押送到郭子兴面前，让老大问话。

郭子兴是见过世面的人，老爸又是个算卦看相的大师，他虽然没有子承父业，但到底家学渊源，看人的相貌就比那些守城士兵强多了。他一看到朱元璋的相貌，就觉得这个穿着破烂的和尚真不一般，就问："你来这里干什么的？"

朱元璋说是来投军的。

郭子兴很高兴，当场就让他留在自己的身边，当了个十夫长——相当于现在的老班长。朱元璋虽然穷困潦倒，穷得发臭，但脑袋很好用。郭子兴碰到什么难题，就常叫他来商量。他由此很得郭子兴的信任。后来，郭子兴也派朱元璋去打仗。然后郭子兴又发现，小朱原来也是打仗的好手，然后就不断地提拔他，让他成为郭子兴军的核心成员之一。

郭子兴以前有个生死相交的朋友马公。马公只有一个女儿，因此他在临死的时候，就把这个女儿托付给郭子兴。你一看到这里，就知道这个女儿是谁了。是的，他就是后来朱元璋的皇后马氏。当然，马氏现在是郭子兴的养女。现在郭子兴很想把这个养女嫁给朱元璋。他把这件事跟夫人张氏说了。张氏很爽快地表示同意。

朱元璋也是到了濠州之后，才把自己的名字改成朱元璋的。据说他给自己起的这个名字还是很有内涵的："朱"谐音同"诛"，"元"就是元朝，璋是一种玉器名。这三个字合起来，就是诛灭元朝的利器。

朱元璋到了这个时候，已经开始成为坚定的反元猛人。此前，他是一个没有理想的人，是一个从来没有想到活到第二天要干什么的人。彭和尚、刘福通、徐寿辉、陈友谅、郭子兴等人，都是很有理想有抱负的人，一开始就是一个坚定的造反者。然而，后来的历史证明，他们的闹腾，都将为朱元璋的最后登场作铺垫。

在朱元璋成为郭子兴的女婿之后，脱脱大人的弟弟却不断地打败仗。

脱脱的弟弟也先特穆尔现在是御史大夫，正在奉命去打河南一带的红巾军。也先特穆尔虽然是脱脱的弟弟，但水平却很差。他带着部队在沙河那里驻扎，还没有跟红巾军接触，夜间军营居然发生了一场夜惊事故，全营的士兵莫名其妙地发生骚乱，然后举刀来个六亲不认，互相残杀，也先特穆尔惊醒过来之后，看到这个情况，立马觉得自己要是还在这里待着，说不定哪个士兵会举刀冲过来，朝自己的头上砍。于是，他只得紧急逃跑，把物资和器械全部丢掉。天亮之后，收集了一些散乱的士兵。他一看这些士兵，个个残兵败将似的，哪能再开赴战场？于是，他向北逃跑，想就近到汴梁躲一躲。

汴梁的守将叫文济王，听说之后，就来到城头，大声对他说："你身为大将，带兵剿匪，可是见了土匪不去冲杀，反而自己溃逃。我正要弹劾你，哪能放你进来？"

也先特穆尔一听，心头愤恨交加，但却拿人家没有办法，只得望着紧闭的城门，拨转马头来到朱仙镇歇脚。朝廷知道后，便以他不懂军事为由，把他召回首都，继续当他的御史大夫。

也先特穆尔虽然水平差，但也觉得很丢脸，独自一人回来，不敢白天进城，而是在半夜时进入首都。但让人大跌眼镜的是，朝廷对他丝毫没有处分，仍然让他当御史大夫。

大家一看，就都觉得太过分了，西监察院御史鲁哈雅和范文等十二人联名弹劾他，罪名是丧师辱国。这份弹劾奏章定稿之后，必须由多尔济巴勒签字才可以递上去。

多尔济巴勒拿笔准备签字时，说："我签字过后，马上就会被贬去湖广当平章政事了。"

果然，奏章上去之后，脱脱很气愤，当场把多尔济巴勒贬谪了，另外那十二名御史也都被贬到各路当辅助官员了。而也先特穆尔还在御史台当他的一把手。

在脱脱不择手段死保他弟弟的时候，徐寿辉的部将项普略已经杀向了杭州。本来红巾军离杭州还是很远的，可是项普略却玩了个长途奔袭的套路，从徽州出发，绕过昱岭关，直赴杭州城。

元朝的杭州守将没有料到红巾军会这么缺德，一点防备也没有。行省参政樊执敬看到红巾军喊杀连天冲进来，只得带着临时组织起来的士兵投入战斗。樊执敬虽然英勇无敌，亲手射死几个红巾军战士，但红巾军越来越多，很快就挤满了杭州城的大街小巷，到处杀人放火，高叫樊执敬投降。樊执敬当然不投降，最后也受伤而死。

当时，江浙行省平章嘉珲正带着部队打下安丰，正准备乘胜去打濠州。他们在进军濠州的路上接到朝廷的命令，让他们改变行军路线，先去救江南要紧。于是，他们便渡过长江。到德清时，他们接到杭州沦陷的消息。嘉珲一听，就不知道该怎么办了。他手下有个猛人叫董抟霄，对他说：“平章大人一定要明白，那些土匪都是素质低下的乡野之人，他们刚刚进入杭州，看到杭州的美女和财富，一定会放下武器去大肆抢劫，没有什么防备。所以，现在我们要做的就是急速前进，把他们消灭在杭州。如果现在只想退保湖州，等敌人喘回这口气，就会乘胜直指京口，江南就会全部沦陷，我们的后果就会无比严重。”

可是嘉珲却仍然犹豫不决。

董抟霄大怒起来，大声说：“平章大人是江浙方面的主官，江浙失陷，现在不取，朝廷问责下来，谁来担当？”他拔出长剑，对着都低头看着地面的其他将领说：“各位都深受国恩，拿着高薪，平时口口声声说报效朝廷、报效祖国。可到头来却临危而惧，不思进取。现在平章在此，谁敢不服从命令，我就斩谁的首级。”

大家都没有理由反对他的这番话，只得按他的建议急速进军，直抵杭州。

杭州城里的红巾军看到敌人杀来，便到盐桥迎敌。董抟霄带着一批敢死队冲在前面。其他将领到这时也知道，如果再不跟着冲上去拼命，就会被红巾军消灭，也都玩命冲锋。双方总共交战七次，政府军胜了七次。他们一路压着红巾军打下去，一直追到清河坊。后来，红巾军的残余躲进接待寺，董抟霄下令将寺门堵死，然后四面放火烧寺，把里面的人全部烧死。杭州被政府军成功收复。

这时，大家对董抟霄不得不服气，也知道红巾军的战斗力并不那么强大，只要你舍得拼命，指挥得当，完全可以把他们打得没有脾气。

如果大元朝廷对董抟霄这样的人大力重用，令其主政江南军事，也许还可以多支撑一下。可是大家都已经知道，现在大元上下对所有的汉人都已经深度怀疑，哪能放心把兵权交给这些军事能力突出的汉人？于是，董抟霄为他们收复了杭州，他们又把董抟霄调走了。

政府的剿匪大军终于很威武地进了杭州城。

此前，占领杭州的红巾军首领是项葵和杨苏。这两个哥们虽然被政府方面称为贼和匪，但他们进入杭州后，一人屯驻明庆寺，一人屯北关门妙行寺，硬是把纪律定得很好，要求士兵们不奸不抢不杀，城里的群众对他们都有好感，愿意归附他们。嘉珲的政府军进入杭州后，反倒放火烧城，杀死大量无辜群众。大家终于看到，他们口口声声把红巾军称为贼寇，现在他们干的全是土匪的勾当。

红巾军丢了杭州当然表示不服，再次组织部队前来。江浙行省那几个高层一看，谁都不敢去对抗，他们又想到了董抟霄，就任命他为代理参知政事，带兵去打红巾军。董抟霄又打了几个胜仗。

董抟霄很猛，但他的职务也只是个行省的代理参知政事，手里没有多少权力，管辖的范围也很有限，他的胜利也只是局部的胜利，对整个大局的影响并不大。

红巾军遍地开打的消息不断地传入朝中，脱脱也越来越郁闷。他为了强行治黄，坚决否定了两部尚书的反对意见，表示一定不会发生人民暴动的事。哪知，治黄工程才宣布开工，白莲教就宣布搞事。脱脱也有点慌了，他再次把不敢担当的个性表现得很到位，在朝廷议事时，基本不谈这些事。于是，把柄就被人家牢牢地拿住——当然，如果别的人拿这个把柄也就白拿了，对他一点威胁也没有。可是现在拿他这个把柄的人不是一般人，而是哈麻！

## 脱脱出征

哈麻是什么人？一个皇帝宠幸的近臣。

这类人一般职务不大，面上的权力也很小，但能量却很无敌。

本来哈麻是脱脱的铁杆粉丝，在别儿怯不花多次要搞定脱脱时，哈麻多次救了脱脱。后来脱脱复出，对哈麻投桃报李，把已经被贬到草原居住的哈麻兄弟又召回来，官复原职，重新成为妥懽帖睦尔的幸臣。如果脱脱能把这个关系一直维持下去，也许他的命运会更好一点。可是他再次任相之后，急于求成，也加大了用自己人的力度。这本来是权力洗牌游戏中的常规动作，认真算起来也无可厚非。但因为脱脱自从上次失势之后，差点被对手一把搞定，深知如果不培养几个死党，他仍然会壮志未酬身先死。也因此就把自己的弟弟拉到御史大夫的位置上，拿下言官的制高点，使得御史台牢牢地控制在自己的手中，杜绝言官弹劾自己的可能性。他的心态转换到这个份上，私心也就越来越作怪。在任人的事上，终于偏离了一个贤相的标准。这期间，他最信任的还不是他那个弟弟也先特穆尔，而是一个叫汝中柏的人。汝中柏本来只是个左司郎中，脱脱却常常叫他到中书省来议事。强硬处理太平，也是因为听从了汝中柏的意见。当初脱脱果断粉碎伯颜集团、智退老爸的大义形象，至此在人们的心目中彻底崩塌。大家对脱脱也就有看法了，而对汝中柏的意见也很大，但谁也不敢说什么。

别人不敢说，哈麻却敢说。哈麻向来认为自己救过脱脱，现在脱脱应该事事跟自己商量才对，可现在却是汝中柏天天跟脱脱处理国家大事，自己倒无可事事，成了吃空饷的高级公务员，心里就恼火起来。他一恼火，就把矛头指向了脱脱。

当然，如果凭着现在手中的权力，哈麻兄弟是无法搞定脱脱的，所以，他们必须先让妥懽帖睦尔无限地信任他们。如果让他们去对付红巾军，他们肯定一点办法都不会有，但他们却有无数手段让皇帝宠信他们；或者让他们去找红巾军的命门，估计要了他们的命他们也找不到，但让他们去找皇帝的弱点，他们一下就找到了。元顺帝的弱点其实就是两个字：

酒和色。

哈麻兄弟为了让妥懽帖睦尔的性生活过得丰富多彩，过得很有宫廷特色，过得与世界接轨，他们到处打听，到处物色人才，最后成功引进一个西天的僧人。这个大和尚佛学功底如何，不得而知，但对人类性文化的研究十分到位，开发的性技巧领先全球。这个僧人有个性方面的专利，叫“延彻尔法”，译成汉语就是“大喜乐”。他们把这个和尚推荐给妥懽帖睦尔，妥懽帖睦尔听说之后，马上跟和尚练习，果然十分喜乐。

当时，妥懽帖睦尔不但信任哈麻兄弟，还信任哈麻的妹夫集贤学士图鲁特穆尔等人。图鲁特穆尔看到妥懽帖睦尔这么信仰大喜乐，就又把一个西番僧策琳沁引进来。这个西僧更加猛，研究的成果更尖端，而且还会做皇帝的思想工作。他见到妥懽帖睦尔时，直接就说：“陛下虽然是万乘之尊，但也是凡人一个，虽然富有天下，但也仅能保此一世而已。人生能这样快乐的有几年？所以要珍惜。现在老衲这个秘密大喜乐禅定功夫，是天下喜乐的最高境界，请陛下好好修炼。”

妥懽帖睦尔刚玩那一套大喜乐，已经乐不可支，现在看到策琳沁大师又把这个秘密大喜乐禅定功夫——这个功夫多了这么多字，修炼起来，肯定更加过瘾了——不由大喜过望，立刻放下手头工作，虚心向大师学习。这个功夫虽然名字很长，其实都是炒作而已，用道家的说法，就是双修功法。

妥懽帖睦尔自从跟这几个西僧修炼这些功夫后，觉得自己真幸福，便下令任命西番僧人为司徒，任命西番僧人为大元朝国师。妥懽帖睦尔每天在这两个僧人的辅导下，勤学苦练。哈麻和图鲁特穆尔等十多个人则专门负责组团出去寻访美女。他们成立了一个美女猎头团伙，这个猎头团伙的成员主要由高丽女人组成，专门刺探贵族命妇以及其他美女资源。一旦他们认为哪个美女长得漂亮、功夫过硬，就带进宫里，跟皇帝练双修功法，直到皇帝大喜乐之后，才放出宫来。

后来，妥懽帖睦尔突然觉悟起来，觉得光自己一人享受这个双修功法，就有点自私了，便叫弟弟巴郎以及十多个身边工作人员一起分享。于是，很多裸男裸女都混在一起修炼大喜乐——其实这个规模可以称为超大喜乐了。他们开辟了专门的场所，把这个场所称为“色济克乌格依”，译成汉语就是“事事无碍”。为了更加事事无碍，大批僧人都被引进来，随意进入宫中。没几天，妥懽帖睦尔修炼功夫的事迹就传遍京城。这时，妥懽帖睦尔的皇太子已经长大，但脸皮还嫩，听到这些宫廷故事，觉得很丢脸，对图鲁特穆尔很生气，恨不得把这个家伙杀掉。可他能做到吗？

到了现在，哈麻知道妥懽帖睦尔对自己的信任已经到了没有一点杂质的地步了，自己完全可以向脱脱下手了。当然，他在权力中心混了这么多年，深知凭脱脱现在的地位以及妥懽帖睦尔对脱脱的依赖，他要一口气把脱脱搞定是不可能的，得慢慢来。他先是找了个机会，对妥懽帖睦尔说：“陛下，听说现在全国各地红巾军闹得很大。”

刚刚过了大喜乐瘾的妥懽帖睦尔一听，有点不相信：“朕怎么没听丞相说过？”

哈麻的脸上，现出阴险的笑容，说：“看来是丞相故意隐瞒了。不信就把丞相叫过来问一问。”

妥懽帖睦尔立刻把脱脱叫来，问：“你不是说天下太平无事吗？怎么现在红巾军这么多，江南一带到处都是。你现在准备用什么办法来对付他们？”他的原话是：“汝尝言天下太平无事，今红军半宇内，丞相以何策待之？”

脱脱一听，知道瞒报事件暴露了，吓得在那里说不出话来，全身上下都被汗水湿透。他惶恐了一天之后，于第二天，也就是至正十二年七月二十日，请求皇帝批准他带兵去打徐州的红巾军。

妥懽帖睦尔批准。

兵部尚书穆尔哈玛穆特说：“丞相是天子的手足，一天也不能离开中书。请陛下不要同意丞相外出打仗。”

但哈麻能答应吗？

哈麻不答应，所以妥懽帖睦尔也不答应。妥懽帖睦尔下了个诏书，命脱脱以“达尔罕”、太傅、右丞相的身份在外继续领导中书省，总制各路军马，当然还附加了极大的权力：封爵、赏赐、刑罚等，都由脱脱根据情况，自行决定，不用上奏。

对于脱脱而言，这确实有很大的特权了，即使离开京师，仍然很安全。

对于哈麻来说，把脱脱支出京城，是走出了陷害脱脱的第一步。只要脱脱离开了首都，接下来他的发言权就大了。况且，脱脱亲自去打仗，打赢了，脱脱也就是这个位子了，要是打败了，脱脱就彻底完蛋。

十五日，脱脱来到徐州。

这一次脱脱没有急于求成，而是开了个会，问诸将有何破敌之策。

淮东元帅逮善之说：“官军现在最大的问题是水土不服，应当招募各盐场的盐丁来参军，让他们当攻城的主力。”

脱脱一听，大有道理，立刻任命礼部郎中逮鲁曾为淮南宣抚慰使，负责这方面的工作。逮鲁曾很快招到五千盐丁。这时，又有人说，盐丁的素质不高，可以招募城市中肌肉发达、勇敢无畏的人前来使用，这样的部队会更有战斗力。脱脱同样采纳。于是，这两种兵各得三万人。他下令给这两支部队都发黄衣黄帽，故称黄军。

七月二十一日，脱脱下令向徐州发起总攻。

城内的红巾军虽然看到脱脱亲临前线，也不惧怕，出城迎战。他们看到脱脱的位置很靠前，都是大喜，就来个射人先射马，用强弓不断地射向脱脱战马的头部。但脱脱却不为所动，指挥部队继续奋勇进击。黄军看到老大都这么不怕死了，个个都拼命砍杀，把红巾军杀得大败，退入城中。

次日，脱脱继续进攻。官军从四面八方涌向徐州城，双方攻守十分激烈。徐州城十分坚固，官军攻了多时，仍然没有拿下。宣政院参议对脱脱说：“这样打下去，消耗太大，不如用大石炮砸城。”

脱脱说“好！”当时把大炮推出，全用大石头作炮弹，向城墙砸过去，而且日夜不停——反正四周全是石头，城墙不破，他们就不住手。连砸多日，徐州城里的红巾军终于顶不住了，在城破的时候，芝麻李顺利逃走。脱脱缴获了芝麻李的黄伞、旗、鼓等战利品。

脱脱因为红巾军而被妥懽帖睦尔问责，吓得差点大小便失禁，对红巾军的愤怒可想而知。他进城之后，仍然在恼羞成怒，下令屠城。脱脱自小饱受儒学的熏陶，平日里全是斯文做派，可当关键时刻，也原形毕露，重拾了蒙古人屠城的手段，把徐州城中的人全部杀光，以泄心头之愤，做了一件大大丢份之事。

消息传到京师，妥懽帖睦尔派布哈等到军中，拜脱脱为太师，继续为右丞相，请他回朝，再派枢密院同知图济等带着大军去平定颍州、亳州。

脱脱这次胜仗，攻下了徐州，灭掉芝麻李的主力，是官军近来最大的胜仗，但由于脱脱心态已经有些扭曲，老怕妥懽帖睦尔不满意，因此在上报战功时，就加了很多水分，夸大了胜绩，说徐州头号反贼芝麻李已被他活捉——反正谁也没见过芝麻李。

哪知，他离开徐州前线没几天，代他领兵的伊彻察喇却成功地捕获了在逃的芝麻李，并押解京师。

脱脱知道后，这一惊真是非同小可：要是此事被皇上或者某个反对党知道，自己就完全可以坐实一个罪名——欺君！这个罪名足以让他身败名裂，妥懽帖睦尔怎么处理他都不过分。

脱脱再次被冷汗湿透全身。他不能让朝中其他人知道芝麻李还活着，就秘密派人到半路上把芝麻李做掉。

## 朱元璋差点被玩完

脱脱在那里为芝麻李的事提心吊胆，坐卧不安，红巾军这边也出了状况。

徐州被攻破后，芝麻李手下的彭大和赵君用带着残部到处乱跑，最后就跑到濠州，投靠郭子兴。大家知道的，现在虽然大家都打着红巾军的旗号，其实这些红巾军都各干各的，很多老大连面都没见过，虽然大半个中国到处都是红巾飘飘，但跟一盘散沙没多大区别。

不但势力之间没有团结协作过，就是势力内部也不是铁板一块。濠州城里的几个老大，这时一个看一个不顺眼。尤其是孙德崖和郭子兴，两个早就弄不到一块，一个提防一个。此时，彭大和赵君用投奔过来，孙德崖就全面收留了他们。如果按常规，彭大和赵君用是走投无路才来投靠他们的，能在他们手下当个高级马仔已经是看得起他们了。可因为孙德崖和郭子兴闹矛盾，接收两人的时候，干脆把位子也让了出来，给他们当了老大，濠州势力的原创班子反而成为人家的员工。

不但郭子兴和孙德崖有矛盾，赵君用和彭大也不是一条心。在两人投靠过来后，郭子兴和孙德崖也很快就看出两人有裂痕。于是两人也分别把赵、彭二人拉进自己的朋友圈，郭子兴与彭大结成同盟，而赵君用则与孙德崖合成一股绳。郭彭两人相对温和一些，虽然看对方不爽，但也就心里生生气而已。而赵君用和孙德崖的器量就小得多了，老是想着办法把郭子兴搞定。后来，他们居然使出绑匪的手段，派人在大街上把郭子兴一把抓住，然后关在孙德崖家里的地牢里。





他们以为抓住了郭子兴就可以万事大吉，以后濠州的事就是他们说了算。哪知，他们忘记了，郭子兴还有个女婿朱元璋。

朱元璋听说郭子兴失联后，立刻从淮北前线狂奔而回，朱元璋是什么人？一看就知道这个事是赵君用和孙德崖两人干的。他立刻去找彭大。彭大听说之后，大怒：“我都还在这里，你们就搞出这个名堂来。”马上招呼士兵，叫朱元璋带着去找孙德崖。

孙德崖想不到朱元璋来得这么快，而且来得这么不留情面，根本不说话就全面包围了他的住宅。他深知到了这个时候，他要是不交人，朱元璋是什么都能做得出来的。朱元璋打开牢房，砸烂枷锁，把郭子兴背了回来。郭子兴这才免于一死。

濠州城里的红巾军头领们闹到这个地步，这时只要官军用力一击，取胜的机会还是很大的。事实上朝廷已派贾鲁带着大军隆重开到，把濠州全面包围了。

贾鲁不但是个水利专家，上前线也是一把好手。脱脱很希望他一举灭了濠州，自己在朝廷的底气就更足了。贾鲁也往这方面去努力，他部署好部队之后，和总兵平章伊撒罕喇来到第一线督战。他现在的兵力远胜于濠州里的红巾军，因此当他骑着马来到前沿阵地时，就信心满满地对大家说："咱们来到这里已经七天，今天大家一定要努力攻城，争取在巳午时完成任务，然后进城吃午饭。"

如果按照他的作战计划进行，中国历史的拐点将在这里出现。哪知，历史在这里跟大元王朝开了个玩笑——一个致命的玩笑。濠州大元前线总指挥贾鲁在马上准备做着下令总攻动作的关键时刻，突然头晕起来。他急忙下马，下令士兵不许散开，然后回营休息。可是到了营部之后，病情迅速恶化。贾鲁也是命该如此。人家劝老大赶快服药，可他硬是要强不听。要强的结果就是不要命——当天就宣布去世。

贾鲁一死，军中没有了首领，于是只好撤围而去。濠州城里的红巾军本来都已经感到末日来临，哪知最后城外的大军却突然撤走，实在是天助我也！确实是老天救了他们。

朱元璋经历了这些风波后，知道濠州城里这些老大是成不了气候的，再跟下去，估计自己也会被拖到死地，因此就跑回家乡，自己拉出一支队伍。这支队伍中的骨干成员，后来都是大明王朝的开国元勋。他出来单干时，身边只有二十四个人。他搞了个阴谋诡计，收编了一支土匪队伍，共有三千人。他又打听到横涧山那里有一支队伍共两万人，领头人物叫缪大亨。

朱元璋大喜，叫花云带着部队，对缪大亨开展了一次夜袭行动，果然把缪大亨打得大败。缪大亨带着所有部队向朱元璋投降。

于是，朱元璋就有了大明王朝的第一桶金。

朱元璋带着他的这支大军向滁州进军，几乎不费什么力气就拿下了滁州，有了一块立足的根据地。而濠州城里的那几个老大继续玩窝里斗。这次双方都撕破了脸面，从文斗发展成武斗，结果是彭大身中一支冷箭，死了。赵君用成了老大，独掌大权，把郭子兴也赶了出来。

郭子兴只得去投靠朱元璋。

郭子兴在跟赵君用他们玩时，弱势得要命，差点死了两次，全靠朱元璋救了他。可他一到朱元璋的军中时，却又高调起来，把朱元璋的兵权拿下，而且还听了谗言，大力排挤朱元璋，开什么会都不让朱元璋参与。不久，官军进攻滁州，又有人说朱元璋打仗不努力，只是在战场上敷衍了事。这一次，郭子兴的脑洞突然开了一下，叫说这话的人跟朱元璋一起上战场。两人刚一上战场，还没走出十多步，那人就吓得脚软，然后掉头往回跑，而朱元璋却举着大刀往前冲，对敌人大砍大杀，直到把敌人打退，这才慢慢返回，身上一点伤都没有。郭子兴看到之后，也觉得脸面发热。朱元璋这才又稳住脚跟，被任为总管。

此时，红巾军的徐州部已经越来越弱，而徐寿辉这时也好不到哪里去，被官军破了都城，自己不得不跑到山里当大王了。

但另一个牛人张士诚又举起了造反的旗帜，而且来势很猛，一下就拿下了高邮。张士诚绝对是个心急人士，当场就宣布建立新朝代，把高邮当首都，把大周当国号，自称为诚王，年号天祐——比天完符合常人的审美要求多了。

几个月后，张士诚又攻下了泰州，势力就更大了。

不久，张士诚再破扬州，彻底断绝了南北运河的往来。朝廷极为震惊。妥懽帖睦尔没有办法，只得派脱脱出马，专门去征讨张士诚。这时，妥懽帖睦尔好像对脱脱充满了信任，诏书也写得让人有点小感动：朕于丞相共理天下者也，天下多故，朕轸其忧，相任其劳，理所必致汝往。

于是，脱脱再次以太师、右丞相的名义统率诸王、诸行省、各翼兵马去讨伐张士诚。脱脱这一次出征，排场大、声势足：西域、西番都派兵前来相助，“旌旗累千里，金鼓震野，出师之盛，未有过之者”。这支部队号称百万。

至正十四年十一月，脱脱的大军隆重地开到高邮城外，把高邮重重围困。

脱脱下决心把张士诚打得不剩渣。可是在京城里的那帮人却在悄悄地夺他的权。他还在行军的半路上，妥懽帖睦尔就下了个诏书，命令中书省、枢密院、御史台有事上奏都应该先向皇太子报告。而且此前已经任命哈麻为中书平章政事，成为中书省最有权力的人。这些权力一转移到皇太子的手中，脱脱现在就剩下打仗的权力了。

但现在脱脱也没有心思去考虑这些了，张士诚的部队已经冲出城外，跟他对决。

在目前造反的势力中，张士诚是比较嫩的，但他取得的成绩却很大，大到连朝廷都得派脱脱来专门对付他。当他看到高邮城外大军如蚁时，才知道自己才有几块巴掌的地盘就称王称霸，变成朝廷的重点打击目标，实在是太不值得了。此时，他的四周虽然活跃着大量的红巾军，这些红巾军都跟他一样，做着造反的伟大事业。可他从来跟他们没有过来往，现在被这么多的军队包围，他也不好意思去叫人来支援了。

其实，现在其他几路造反势力的情况也不见得比他好。徐寿辉刚刚丢下“首都”跑到山里了，方国珍又在接受招安中……，只有朱元璋那一路还算没有吃什么亏，但手里也只几万人，目前还没有做出什么大的动静来。总体而言，这些反元势力因为没有团结协作，没有互相帮助的传统美德，虽然到处闹事，但经过各地政府的围剿，目前基本处于低谷。即使有哪个脑子有点清醒的老大想派兵出来拉他一把，也没有力量了。

于是，张士诚只有一个人战斗了。

他咬着牙率兵出城，跟脱脱打了一仗，被脱脱大破了一阵，只得又退回城里。如果按这个形势发展下去，张士诚的死期都可以掐着指头算出来。脱脱知道要破高邮还需要一个过程，而且也用不了这么多的军队，因此决定把一部分部队分出来，去打六合。

六合是孙德崖的地盘。

孙德崖是典型的内斗内行、外斗外行的专家，看到政府军杀过来，就吓得想哭。他在算计郭子兴时，做得很果断，这时看到敌人打了过来，居然又派人到滁州求救。

按郭子兴的意思就是孙德崖那家伙早就该死几次了，咱们看在曾经的同事面上，不好意思去打死他，现在政府军是在学雷锋做好事帮咱们把他打死，咱就在这里坐等他被砍的消息。

但朱元璋不同意。他绝对是个天才，从没上过学，没学习过三十六计，但就是知道唇亡齿寒的道理。他说，如果六合完蛋了，官军接下来就会打滁州。滁州就会接着完蛋，因此救六合就是救滁州。郭子兴的脑洞这才开了过来，问谁愿去救？

诸将听说朝廷的兵马有百万之众，都吓得不敢出声，有人甚至推托说，近段求签得到的都是下签，不能出征，

朱元璋一看就知道，就是硬派这些人出去，估计也是去打败仗的，因此决定自己带部队前去救六合。

他带着部队很快来到指定地点——瓦梁垒。官军这时士气很高，立刻向瓦梁垒发动进攻。

朱元璋的部队人数本来就不多，瓦梁垒的工事也很简易，官军一进攻，瓦梁垒就到处出现险情，全靠大家拼力守住，直到天气向晚，官军收工回去。

朱元璋叫大家抓紧时间修好营垒，做好继续抵抗的准备。但他看到官军太多，而且战斗力极强，自己这点力量肯定守不住这个地方的。于是，他收兵回营，准备好粮草，然后叫妇女们靠在门口前指着官军大骂。官军们一看这个阵势，觉得莫名其妙，怕对方另有诡计，居然不敢进逼。朱元璋带着他的部队列队而出，慢慢地退回了滁州。

官军知道后，举兵来追。朱元璋设了个埋伏，把追来的官军打得大败。

当然，朱元璋和郭子兴知道，脱脱的部队实在太多，要是老这么耗下去，他们必死无疑——毕竟这些小胜对于官军来说，根本算不上什么损失。

他们反复思考，努力想着如何击退官军的办法。但这个办法实在太难想出来了。

他们还在想办法，可官军的大队攻城人马已经杀来了。

朱元璋后来实在没有办法了，居然搞了个很奇葩的做法，派城里的老百姓带着酒、肉以及马匹来到官军的前线指挥官面前，说，现在城里的主事人员又老又病，自理能力都丧失了，所以只能派我们出来犒劳大军。现

在城中都是良民，他们虽然组织了队伍，拿起了武器，其实是在防备盗贼的，希望将军可怜他们。现在高邮那里的强盗还没有消灭，官军一定要集中力量去打他们。如果需要物资，我们可以供应。

只要稍有些脑子的人，一听这话就知道是百分之百的假话，会一刀把这个说话的人砍了，可元军的这个前线指挥官居然奇葩地相信了，挥一挥衣袖，带着大军撤围而去。

当然，这个骗人的鬼话是忽悠不了脱脱的。如果这个指挥官回到脱脱的帐前，肯定会被脱脱大骂一顿，然后再派大军前来消灭已经没有办法的郭子兴和朱元璋了。

到时，朱元璋仍然逃脱不了被砍的命运。

然而历史的发展，却没有这个如果。

## 终于把脱脱害死

脱脱这次奉命出征，其实也是有所顾虑的，他在隆重离开京师时，还是做了安排的。只是他这时手下也没有什么人才，掐着指头算来算去，能让他最放心的只有他的弟弟也先特穆尔以及另一个死党汝中柏。于是他就让汝中柏为治书侍御史，主要任务就是当他老弟也先特穆尔的助手。汝中柏跟哈麻是死对头，他在脱脱离京之后，就天天做也先特穆尔的思想工作，说哈麻兄弟是坏分子，如果不把他们赶下台，咱们就会后患无穷。

但也先特穆尔却不听。因为他觉得他有不听的理由：哈麻兄弟曾救过他们。

哈麻很快就知道汝中柏的这些建议了。

他知道他必须抢先动手了。当然，他仍然知道，凭着他现在的实力，仍然斗不过脱脱。他必须拉到更有实力的帮手。他很快就拉到两个帮手。

一个是皇太子，另一个是皇后。

哈麻作为皇帝的幸臣，玩这些宫廷小把戏是很有水平的。他知道他想在这个宫廷中永远富贵下去，不但要巴结好现任皇帝，而且也要跟皇太子搞好关系。因此在皇太子刚当太子时，他就去找脱脱，说干脆把太子的册宝仪式也举行了，可是脱脱却说不急。于是他就去找皇后，说脱脱就是不想举行这个仪式，他们兄弟到底是什么想法？这让皇后也很生气。他们再到皇太子那里不断地造谣，把脱脱兄弟都描绘成一对坏分子，终于顺利地把这两人拉进了打倒脱脱的政治联盟里了。

有了这两人的加盟，哈麻知道成功已经在向他招手了。当然，要搞定一个口碑很不错的丞相，还是要走程序的。这个程序就是必须由御史台弹劾脱脱。可是现在御史台的老大是脱脱的弟弟。

这让哈麻很伤脑筋——如果不尽快搞定脱脱，等脱脱打完胜仗回来时，再搞定他就难上加难了。

正在这时，老天突然给哈麻创造了个机会——也先特穆尔生病了，不能来御史台视事。

真乃天助我也！哈麻得到这个消息之后，立刻把监察御史袁赛音布哈找来，把弹劾脱脱的任务交给他们。两人领了任务之后，连夜加班加点，把弹劾奏章写好，次日即上奏妥懽帖睦尔：脱脱出师三月，略无寸功，倾国家之财为己用，半朝廷之官以自随。其弟也先特穆尔，庸才鄙器，玷污清台，纲纪之政不修，贪淫之心益著。

这时，妥懽帖睦尔还是清醒的。可是哈麻对这个皇帝的了解太到位了，叫御史们继续上奏，一连三次，最后妥懽帖睦尔也就相信了。妥懽帖睦尔虽然智商不低，但经历过伯颜事件，最怕脱脱又会成长为另一个伯颜，后来看到脱脱第二次拜相后，任人唯亲，压制异己，心里就开始提防脱脱了。虽然他没有抓到脱脱的什么把柄，但由于心里的这个怀疑长期存在，现在御史台又这么三番五次上奏弹劾，皇后太子又在一边控诉，看来脱脱这个人是靠不住了。他就没有想想，如果脱脱真的像伯颜那样有反心，目前他有百万大军在手，你要是这么弄他，他不带兵反到首都来才怪。他要是没有反心，你硬是制造一个冤假错案，把他从前线抓起来，大元王朝受到的震荡程度还轻吗？这样的震荡，大元王朝能承受得了吗？

妥懽帖睦尔长期双修，早把智商不断地修得生锈了。

于是他决定粉碎脱脱反革命集团，先把御史台的印收回来，然后下令把也先特穆尔迁出京门等候处理；下诏削掉脱脱所有本兼各职，放到淮南路安置。至于脱脱统帅的百万大军，则下令河南行省左丞相台哈布哈、太尉伊阔察儿以及哈麻的弟弟雪雪一起总兵，继续去打红巾军。他不相信只有脱脱能打胜仗。

本来，在脱脱的指挥下，红巾军的事业已经从低潮走向更低潮，而且官军的士气也越来越高涨，高邮也城破在即、滁州那边也军心不稳。只要再给脱脱一点时间，红巾军被大部分消灭已经不是什么问题了。

这个时间节点，绝对是历史的关键时刻。

就是在这个关键时刻，朝廷解除脱脱职务的诏书很威武地送达军中。

此时，军中突然听到这个消息，都惊得下巴都要掉下来，很多人都放声大哭——他们本来就要立大功了，现在突然解除军事行动，前一段的仗都是白打了。

这个诏书是至正十四年十二月二十四日来到脱脱军中的。

脱脱还没有反应，他的参议龚伯遂说："将在外，君命有所不受。况且丞相来时，就跟皇上有过密旨。现在丞相仍然可以把这个密旨作为依据，一心一意去打仗。这个诏千万不能打开。"

这个建议对于脱脱而言，也许没有多大的用处，他即使打了胜仗，妥懽帖睦尔也不会放过他，反而对他的疑心大增——叫你放下兵权别打仗，你还是违抗命令，你还把朕放在眼里吗？但对大元王朝的意义将是很大的——至少可以把这几支红巾军消灭掉，延缓了大元的亡国时间，顺便会修改历史的某个章节。

但脱脱没有听龚伯遂的话，他没有这个胆也没有这个心——长期浸染儒学的结果，使得他的三观里忠君永远是第一条。

他长叹一声，说："天子诏我则我不从，是与天子抗也，君臣之义何在！"

听完了诏书之后，脱脱在那里叩头谢恩："臣非常愚钝，奉皇上之命，统帅大军前来剿匪，从来都觉得重任在肩，晚上都睡不着觉，害怕不能胜任。现在能够卸下重担，这是天子的大恩大德。我永远感谢皇上。”

这时，军中已经开始出现混乱。你打死也不会想到，这个混乱是哪个造成的。

就是哈麻造成的。

哈麻知道脱脱深得军心，怕这个诏书传达到军中时，军人们想不通，就会闹出大大的麻烦来，因此诏书到达之前，他就已经找到有子弟在脱脱军中服役的大臣家，偷偷告诉他们，赶快派人到军中，只要知道有诏书到，谁不散开谁就会被杀。这些子弟兵老早就做好了准备，现在看到诏书到了，便都从军营里逃了出来。

哈麻为了彻底打垮脱脱，已经不惜煽动士兵们开小差，这是红巾军们做梦都想做而永远做不到的事，想不到哈麻全免费帮他们代劳了。哈麻成功地搞定了脱脱，也顺便成功地葬送了大元王朝！

当然，后来的事实证明，他也成功地葬送了自己。

脱脱这时还很淡定，他现在也只能淡定了，儒家学说的浸染在这个时候还是发挥了作用，让他在危险时刻保持着自己的尊严。

他拿出三千匹马以及自己的铠甲，分送给诸将，并给他们发表了最后的讲话，要求他们在自己离开之后，要听从新领导的指挥，继续为国杀敌。

有一个手下哈喇台突然大声哭了起来，说：“丞相这一去，我们一定会死在别人的手里。与其以后窝囊死去，不如今天先死在丞相面前。”说罢，拔出宝剑当场自尽而死。

脱脱在淮安住了一个月，第二道圣旨又来了。这道圣旨命令他迁到伊集纳路（治在今内蒙古额济纳旗东南），这绝对是一个边远地区。

然而还没有消停。哈麻叫御史台继续上书，说脱脱兄弟罪大恶极，安置在伊集纳路实在是太轻了，必须再重判一点。于是把脱脱流放到云南大理宜慰司镇西路，把也先特穆尔安置到四川碉门，把他的长子哈喇章发配肃州，次子流放到兰州。

在脱脱被押解开路之后，哈麻兄弟就在家里坐等脱脱死在半路的特大好消息。

可是脱脱的身体素质却很不错，硬是挺到了滇西山区一带也没出什么事。

当脱脱来到腾冲时，知府高惠来见脱脱。这个高惠虽然长期在边远山区为官，但也是个人精，对官场那一套还是很精通的。他知道脱脱肯定是被冤枉的，以现在国家的形势看，脱脱肯定会有东山再起的机会。要是在这个时候巴结上脱脱，将来飞黄腾达不是梦。于是，他一咬牙，决定把脱脱当成潜力股来投资。高惠是很舍得下本钱的，在好吃好喝地招待脱脱之后，直接把自己的女儿叫来，去陪脱脱，还说可以在一程之外为他建造一座别墅让他居住，即使谁想害他也不怕。他以为他这么诚心诚意地把女儿奉献出来，脱脱肯定会大表感激之情，然后欣然笑纳。可脱脱却一脸严肃地说："吾罪人也，安敢念及此！"我现在是朝廷罪人，哪能有这个荒唐的想法？

高惠一听，就气得想杀脱脱，本想好好对待你，你说不敢有这个荒唐的想法。原来我做的这个事是荒唐的？好吧，接下来我不荒唐了。

正好朝廷又有官员下来，要求把脱脱迁到阿轻乞这个地方。高惠一看，知道哈麻已经放不过脱脱了，于是就派铁甲军把脱脱包围起来。

哈麻看到脱脱仍然健康地活着，当然心有不甘，决定不再玩这些折腾的办法了，直接派人拿了一份假诏书和毒药过去，对脱脱说皇帝让你把这包毒药吃下去。

脱脱喝下这包毒药时，是至正十四年十二月初八。当时，脱脱四十二岁。

脱脱就这样死掉了。脱脱是大元后期比较有水平的人，也是一个想干一番事业的人，但由于错用小人，又不能当机立断，最后身死小人之手。

脱脱之死，标志着大元的气数也将归零。

史家对脱脱的评价也还是中肯的：

脱脱仪状雄伟，颀然出于千百人中，而器宏识远，莫测其蕴。功施社稷而不伐，位极人臣而不骄，轻货财，远声色，好贤礼士，皆出于天性。至于事君之际，始终不失臣节，虽古之有道大臣，何以过之。惟其惑于群小，急复私仇，君子讥焉。

# 第八章
# 仓皇辞庙

## 何必当初

脱脱的死，好像最高兴的是哈麻，其实更高兴的是那些红巾军。

就在脱脱被下令免职的当天，很多士兵在哈麻的暗示下已经离开军营，有的回到父母大人的身边，有的无路可走，就直接投奔红巾军，让本来越打越少的红巾军突然之间又发展壮大起来。而这之后，大元再也无法组织到这么多的军队来对抗红巾军了。

历史的转折点就落在这一天。

妥懽帖睦尔把脱脱拿下后，心情果然很轻松。他有过当傀儡的经历，内心世界最怕的不是别的，而是突然又冒出个权臣来，让自己再次成为傀儡。现在这个隐患打掉了，他当然心情特别爽。特别爽的妥懽帖睦尔决定要更加好好地享受一番。他在皇城内苑亲自设计了一艘龙船，首尾长一百二十尺，宽二十尺，前有瓦帘棚、穿廊、两个暖阁，后有宫殿楼子，龙身和殿宇都用五色金粉装饰。据说，在船行走时，龙的头、眼、口、爪都能活动自如，看上去像真龙一样。造了这个龙船之后，妥懽帖睦尔突然发现自己居然是发明创造的天才，又开动脑筋搞了个技术革新，这次是玩宫漏，相当于宫中的钟表。他设计的这个宫漏高七尺，宽是高的一半，用木头做成柜子，在里边暗藏很多水壶，上下运水。柜子上边设西方三圣殿，柜子中部站着玉女捧着的指示时刻的签子，时刻一到，玉女们就漂了出来，向你报时。柜子左右各站着一位金甲神人，一个提着钟，另一个提着钲，夜间神人能自动按着更次敲响钟和钲，据说时刻准确得要命。而且更神奇的是，当钟声响起来时，旁边的狮子和凤凰都能飞翔起舞。柜子的东西两侧有日月宫，六名飞仙轻飘飘地站在宫前，在子时和午时，飞仙自动两两前行，走过仙桥，来到三圣殿，过后又退回原处站立。

你一看这个描述，就知道他确实很有发明家的潜质。只是现在他不是在科学院上班，而是现任大元皇帝，他在这个时期经常忘记了本职工作，天天在宫里玩乐，对于南方的红巾军似乎都忘记了。

红巾军在脱脱离开后，又缓过一口气来。

曾经进入低谷的徐寿辉又杀了出来。他的部将倪文俊攻下了沔阳。威顺王库春布哈派他的几个儿子带着湖南元帅何思南去打倪文俊。他们出发时，水陆并进，场面很壮观。他们除了带大船四十艘外，还把自己的大小老婆一起带过去，好像不是去打仗而是组团去踏青一样。

这支队伍来到四川鸡鸣叉时，船就因为水浅而走不动。几个家伙还在那里研究着如何让船走过这一段河，倪文俊却不让他们继续研究下去了。他乘着这个机会，放出火筏，把这些船只全部烧了。库春布哈的两个儿子被烧死在船里，另一个儿子也绝望自杀，所有的美女全部落入倪文俊的手里。库春布哈倒也机灵，逃到陕西去了。

其他红巾军的势力也全面活跃起来。比如刘福通把韩山童的儿子韩林儿从砀山那里找来，立他为皇帝，号小明王，国号宋，让杜遵道和盛文郁为丞相，他和罗文素为平章政事。

于是，红巾军就有了两个国家：一个是徐寿辉的天完，另一个就是韩林儿的宋。

其实大元王朝在这时仍然是有点机会的。但大元已经没有这方面的人才了——皇帝都去当发明家了，哈麻能有这样的战略眼光？他要是能有这样的眼光，他还会在这个时间节点把脱脱干掉吗？他能做出鼓励士兵离开军营的举动吗？

脱脱被搞定之后，定珠成为右丞相，而哈麻当了左丞相，当然大权被哈麻拿得紧紧的。定珠也曾几次辞职，但不被批准。哈麻成了中书省的实际最高领导人，他现在给自己的任务有两条：一是继续肃清脱脱的势力，巩固自己的地位。他上位后，就把脱脱的老师吴直方等人全部开除公职。二是开始修正自己的形象。



哈麻试图说服敬爱的妥懽帖睦尔，天天玩这个双修功夫，世人会说皇上是三观不正、浑身都是负能量。何况现在红巾军比以前更活跃了，出了几个称王称霸的牛人，我们政府军都在打败仗，近来还闹天灾，这是大元在大步向摇摇欲坠方向前进的节奏。皇上，你要赶快叫停这个双修功夫，重塑回你以前那个光辉伟大的形象。

可妥懽帖睦尔能听从这些话吗？他在知道红巾军搞得全国到处都是之后，也知道情况很严重，于是就下了一道罪己诏，然后就又练功去了。

哈麻知道无论如何也无法把妥懽帖睦尔从双修功夫的事业中拉回来了，他就对他的老爸图鲁说："我们兄弟现在位居丞相、执政，就应当引导皇上回归正道。可现在图噜特穆尔却专门以下流的方法来讨好皇上。世人一定会把这个责任推到我的身上，我以后还有什么脸见人？我想把这个妹夫除掉。现在皇上也越来越糊涂，长此以往，他怎么还能治理天下呢？现在皇太子已经长大成人，而且他也聪明过人，不如立他为皇帝，让现任皇上为太上皇，专门去修炼那个双修功法，就是修炼到精尽人亡也跟我们兄弟无关。"

可他的保密工作做得很差。他说这些话时，他的妹妹就在旁边，全盘听到了。

他可能以为，自己的亲妹妹肯定不会出卖自己的。哪知，这个妹妹听到之后，就不管自己的哥哥和父母了，现在她最怕的是失去精通双修功法的老公。她赶紧在第一时间回到家里，把这番话全盘告诉了老公图噜特穆尔。

图噜特穆尔听到之后，也知道自己这位内兄是个什么事都敢做的人，他要是真的玩起这个政变来，自己就会完蛋。他马上就去找妥懽帖睦尔，对皇上说："陛下，臣、臣有事、有事要禀报……"

妥懽帖睦尔说："有什么事快说。是不是双修功法又练到新境界、激动得说不出话来了？"

图噜特穆尔抹着汗说："不是，不是，跟修功法无关。是，是哈麻说，陛下年纪大了，主张让太子来当皇帝。"

这回轮到妥懽帖睦尔的身上汗出如酱了，他一脸惊惶地说："朕的头发都还没有白，牙齿也没有落一颗，他就说朕老了？"

妥懽帖睦尔虽然不经常履行皇帝的工作职责，但你要是让他现在交出皇帝的大印，他是万万不同意的。

妥懽帖睦尔这时很讲究效率，当场和图噜特穆尔商量，最后认为还是那句老话：先下手为强。他们还没等哈麻兄弟开第二次会议，就直接下文，免去哈麻兄弟的职务。当时，哈麻兄弟的权力结构也跟原来脱脱兄弟一样，哥哥当丞相，弟弟当御史大夫。妥懽帖睦尔接着任命绰斯戬为御史大夫。

绰斯戬上任后开展的第一项工作就是检举揭发哈麻兄弟的罪恶，强烈要求对他们从严从重处理。

过了几天，右丞相定珠和平章政事僧格实哩又不断地上奏，控诉哈麻兄弟的罪恶。妥懽帖睦尔这才下令哈麻兄弟出城接受诏书。这个诏书的内容是将哈麻贬到惠州，他的弟弟雪雪贬到肇州。

两人接到这个命令后，觉得比脱脱好多了。

哪知，他们还没有出发，就被抓到几个大力士面前，一顿仗击，当场气绝。此时，离他们害死脱脱也只有几十天。

哈麻真是个比较复杂的人。他靠服务皇帝成为宠臣，但却自动当脱脱的粉丝，在脱脱危难之时，硬是坚定地站在脱脱的立场上，救了脱脱。可是当脱脱不重用他时，他立马翻脸，不顾国家安危，多次迫害，直到从肉体上把脱脱消灭掉。而当他拿到大权后，又在那里反省自己的行为，想来一次拨乱反正，但被妥懽帖睦尔彻底打下了。

哈麻被划入误国奸臣行列，但他又是历史上少有的能反思自己行为的奸臣。

## 朱元璋东进



在妥懽帖睦尔与哈麻斗争的几十天里，红巾军几个集团也经历了一系列重大的洗牌。

郭子兴继续跟孙德崖玩内耗，玩来玩去，郭子兴一时想不开，居然郁闷地死掉。按理说，郭子兴死去，郭部应当由朱元璋统领。但郭子兴的儿子郭天叙又抢过权力，成为朱元璋的顶头上司。后来，小明王韩林儿又派人来跟他们取得联系，于是郭子兴的次子前往拜见小明王，表示愿意挂靠小明王。小明王当然高兴，任命郭天叙为元帅，而朱元璋为副元帅。

朱元璋当然不服，不想接受这个任命，咱们好好地单干，为什么一定要接受别人的领导？但其他人都说，咱们的力量还薄弱，需要亳州那边的声援，说不定危急时，还真有用——反正也只是挂靠而已，他又不能真的领导咱们。朱元璋只得住嘴。

他们刚与小明王那里取得联络，成为同一单位的战友，但又与徐寿辉部干了一架。因为他们当时驻扎的和州，是个贫困地区，缺乏口粮，要是再不打开局面，估计以后就永远没有局面了。朱元璋决定带着众将渡江过去，开辟新的根据地。他的目标就是金陵。从朱元璋的这个决策看，他确实比其他红巾军首领强多了。其他势力只要占领到一块地，就迫不及待地称王建国，比现在很多商家抢商标还心急。但朱元璋已经认识到，只有占领更好的地盘，才是王道。

至正十五年六月，在哈麻全力肃清“脱脱流毒”的时候，朱元璋打响了渡江的第一枪——采石之战。朱元璋深知此战关系到他们的生存和发展，因此他与廖永安自为先锋。他选择攻击的地点是牛渚矶，因为牛渚矶面临大江，难以防守。于是他们放船而下，哪知，风力太大，船居然靠不了岸，总是离岸边有三丈多，根本无法登岸，敌人的守兵在岸上列阵，看到这个样子，就都笑了。

正好常遇春驾着小船飞奔而来。朱元璋大喜，让他驾小船冲上前。常遇春是大明诸将中顶尖的猛人，得令之后，立刻照办，挺着长矛跳上岸，然后冲向敌阵。那些元兵没有料到常遇春居然会一跃而上，又见这家伙凶猛异常，谁也挡他不住，只得不断地后退。朱元璋抓住机会，带着后续部队冲上去，就把采石占领了。

从这一战中，我们完全可以看得出，曾经无敌天下的蒙古军此时的战斗力已经虚弱得不堪一战了。

朱元璋占领采石之后，继续东行，长江沿岸的大元守军都不战而降，归附了朱元璋。朱元璋手下的诸将，基本都是穷人出身，这些日子虽然当了头目，但也是在贫困地区混，这时看到营垒中物资很丰富，就都准备开展瓜分活动，然后回和州老根据地。朱元璋对徐达说："如果再这样下去，江东就不是我们的了。"下令把船只的缆索全部砍断，把船推进急流中，船都顺流东下。

众将一看，岸上的物资都不能瓜分了，就问朱元璋为什么这样做。

朱元璋大声说："成大事的人，从不争小利。这里离太平很近，放着太平不取，我们抢这些小东西有什么用？"

大家一听，老大的眼界果然厉害，便都奋力前进，直抵太平城下，迅速占领了太平。朱元璋也就是在太平这里，遇上了陶安。陶安对他说："金陵是帝王的都城，有虎踞龙盘之势，又有长江之险。如果占领它，就可以利用它的形势，向四方出兵，则天下可定！"这一番话为朱元璋占领金陵的设想提供了理论依据，更坚定了朱元璋攻占金陵的决心。

朱元璋一路东下，接连打败了大元御史中丞曼济哈雅和陈野先的部队，挺进到集庆路。

古都金陵已经在望！

在进兵的途中，诈降的陈野先把郭天叙和郭天佑干掉了。这时，郭天叙仍然是这支军队的老大。陈野先以为自己干掉了这个老大，对敌人会造成不可估量的损失。哪知，他这么一刀下去，恰恰为朱元璋扫清了一个阻碍，为这支部队消除了一个潜在的隐患。

朱元璋心情大好地带着部队向集庆出发。

集庆也就是金陵，是个大城市。此城的老大看到朱元璋部一路狂奔而来，就有了很大的危机感，曾经向湖广行省请求援助。而湖广行省的平章勒呼穆也带着刚刚收降过来的苗军过来救援。哪知，这个勒呼穆虽然仗打得不错，但带兵却很差，一点不讲纪律，再加上苗军又是刚归顺过来，野蛮习惯了，管理一放松，就更加凶悍，每天都在开展杀人抢功业务，谁也约束不了。后来，勒呼穆出来约束，这些苗军干脆拿起刀来，把平章大人也砍了。勒呼穆本来是来救集庆的，哪知，还在半路上自己就先完蛋了。如此一来，集庆就成了孤城。

朱元璋是个抓住机会的高手，趁着集庆还是孤城时，全面发起了进攻。

现在集庆的第一把手叫福寿。虽然外援无望，但他还是组织城里的居民拼死抵抗。

朱元璋的部队源源不断地从太平隆重开来。

集庆城里的粮仓已经空空如也。

朱元璋的先锋官冯国用带着五百士兵，一路冲锋，先在蒋山把集庆外围的元兵打败，直抵城下。朱元璋率主力部队也蜂拥前来，迅速包围了集庆，并加班加点，破坏、拔除城外的栅栏，不断地推进。

福寿多次打开城门袭扰，但被打得路都不见，每去一次，士兵就少了一大半，不但不能再出击，连分守四个城门的兵力都不够了。他只得把其他城门都关闭，只打开东门以供出入。

没几天，朱元璋的部队就打了进来。

福寿还想指挥士兵们开展巷战，但大家不干了。他仍然在凤凰台下大声督战，但完全无效。最后，乱兵冲过来，福寿也被杀死。

朱元璋拿下集庆之后，共得军民五十多万，实力瞬间壮大起来。他重用了几个文化人，安抚了城内的军民，将集庆改为应天府，建立了大元帅府。过了几个月，朱元璋被推举为吴国公，但仍然奉韩林儿为老大。

在朱元璋发展迅猛的时候，张士诚的势力也急剧膨胀。朱元璋给张士诚写信，想跟他联合起来。但因为他在这封信中，把张士诚比作隗嚣，让张士诚很气愤，直接把他当作敌人看待，带着主力攻打朱元璋的镇江。朱元璋派徐达去应战。徐达连设了两个埋伏，把张士诚打了个大败。从此，张士诚就跟朱元璋成了死对头，两人的地盘又接壤，一衣带水，想什么时候开打就可以什么时候开打。只是两人打来打去，张士诚却总是被打败。

## 差点丢掉大都

目前为止，红巾军其他势力都在玩窝里斗的时候，只有刘福通的势力在一心一意地跟朝廷拼命，没有像朱元璋和张士诚那样，看到元兵时打元兵，碰到反元势力时也照打不误。

在我们的历史教材里，刘福通是个红巾军标志性的人物。其实，除了首义之外，此前他的成绩并不可观，他是红巾军“宋”字号的实力派人物，说是要恢复宋朝，可是建立政权后，官制却全照搬元朝那一套，丞相搞了两个，平章也搞了两个，而他居然连丞相都不是，只当一个平章。后来，他觉得这个排名对他很不公平，就把右丞相杜遵道杀掉，自己当了右丞相，还外加太保。

这些天来，他又聚集了力量，开始活跃起来。

刘福通这时主要向北发展，派他的部将毛贵先打下了胶州，另一路则拿下商州，再攻武关，很明确地把目标指向了长安，三辅一带大为震动。豫王喇特纳实哩以及河南行省的高层都高度一致地慌乱成一团，脑子基本变成了糨糊，一点对付的办法也没有想出来。

大家待了很久，行台治书侍御史王思诚说：“还是请察罕特穆尔来吧。据说刘福通比较怕听到这个名字。这是我想到的唯一的办法了。”

在没有办法的情况下，这个办法仍然是可行的。

但那些将领又一致认为不可行。不可行的原因并不是说察罕特穆尔打不过刘福通的军队，而是怕察罕特穆尔打了胜仗之后，自己就没有脸了，到时大权就会牢牢地控制在他的手里。

你一看到这群人的嘴脸，就知道大元的气数真的到头了。

王思诚打死也不会想到，这群蒙古贵族的私心居然荒唐到如此地步——宁愿丢下城池，也不愿让察罕特穆尔过来打胜仗，他大声说：“我们这里兵力薄弱，肯定抵挡不了红巾军，到时城池失守，谁来负这个责任？”

没有人敢举手说我负责。

王思诚就给察罕特穆尔写救援信。

察罕特穆尔收到信后，立刻带着五千人马与李思齐一起，进入潼关，跟刘福通的红巾军开战，一路都取得了胜利。红巾军的这支部队最后被打成残部，逃进了南山。刘福通的西路军就此玩完。




刘福通的东路军则由毛贵带领，先是攻下了泉州，接着进攻益都。益都的老大益王迈努看到红巾军杀来，就知道凭自己的本领，抵抗肯定是找死，于是抓紧时间逃得不知去向。

毛贵拿下益都之后，气势更足，接着攻陷莒州。

刘福通这时也意气风发起来，规划了一大盘棋：兵分三路，西路军打进晋冀，目标是上都，中路军则进入关中；毛贵从山东直接杀向大都。如果刘福通的这盘棋搞活，那么后来的历史有可能改写。刘福通也自率部队直取汴梁。

“大宋”的模样看起来很壮观。

这几路大军中，杀得最猛的是毛贵那一路。毛贵与他的另一个手下田丰互相配合，几乎横扫山东全境。

本来，朝廷在济南有个牛人，是完全可以跟毛贵打上一架的，但他刚刚被调走了。这个人就是董抟霄。当初毛贵攻打益都时，朝廷就觉得有点痛了，急忙叫董抟霄和布兰奚一起去打毛贵。可是还没有跟毛贵交手，济南已经告急。董抟霄只得去救济南，而让布兰奚去救益都，结果是布兰奚不但救不了益都，连自己都被打输了，最后逃回济南。

毛贵当然没有停歇，直追到济南城下。

这一次，毛贵带的红巾军数量十分可观。济南城里的人站在城头向外看过去，只见两座山上全是红红的一片。但董抟霄却并不惊慌，在城中按兵不动，然后每天只派几十名骑兵不断去红巾军的阵前惹事。等敌人出来攻打时，骑兵就把他们带进埋伏圈，硬是打赢了一仗。

毛贵知道董抟霄很牛，就把附近的红巾军都调来，把济南城围住，然后乘夜攻打东门。

董抟霄却早有准备，只是命令部队放箭、往下砸石头，挫败了毛贵的夜袭。毛贵没有办法，只得撤回去。哪知，董抟霄却没有住手，硬是在这个时候，偷偷打开城门，派出部队绕到红巾军的背后，然后再大开南门，把红巾军前后夹击了一把，将毛贵的部队打跑。

可就在这时，朝廷突然来了个命令，任命董抟霄为淮南行省枢密院副使并山东宣尉使、都元帅，顺便给他赐了很多名酒和钱财、名马。本来，这是个奖励有功人员的惯例，哪知，几个善于眼红别人的家伙一看，嫉妒心立刻翻滚起来，集体到总兵太尉努都尔噶那里去诬告他。你是知道的，蒙古贵族向来对汉人是不放心的。听了这些诬告后，这个总兵太尉大人，根本不动脑筋去辨别一下是非，直接就下令董抟霄再跟布兰奚一起去打益都。

董抟霄知道自己已经得不到上级领导的信任了，就说自己年纪大了，身体各种零件已经磨损得太厉害了，请派他的弟弟董昂霄顶他的职务带兵去打仗。朝廷同意他的请求，但又派他去防守河间的长芦——反正就是不能让他继续在济南，让他在济南就意味着他会继续打胜仗立大功。

这时，毛贵带着他的部队到处运动打仗，接连拿下了青州和仓州，并把长芦也攻占了，然后带着部队再次向济南而来。

没有了董抟霄的济南，防守形同虚设。毛贵第一轮进攻，就直接打进城里。守将爱迪在巷战中被杀死。毛贵很快就知道董抟霄刚刚离开，立刻派部队追击过去。

董抟霄刚到南皮魏家庄驻扎下来，朝廷的另一个命令又到。这次是任命他为河南右丞——因为他是汉人，虽然多次为朝廷打败过红巾军，但他也只能在这些二流岗位上混。

董抟霄刚接到这个命令，还没有启程赴任，毛贵的部队已经杀上来了。

这一次，董抟霄一来没有多少兵力，二来连个简易的营垒也没有，只得跟毛贵大军面对面死拼。最后，董抟霄死在了战场上。这个汉人军事家，拼命为他的朝廷打仗，可是，大元王朝却只是不断地表扬他，并没有把他提拔上来，让他指挥更多的部队，而且还毫无根据地提防他，最后让他死在战场上。

毛贵打死董抟霄后，更加嚣张了，一路狂打，不知不觉地逼近了京师地区。他的另一个同伙田丰，这时也打下了济宁路和辉州。那个把董抟霄调离济南的努都尔噶跟很多菜鸟领导一样，对自己人很有办法，但对敌人那是一点办法也没有的，看到敌人一路打来，便丢下东昌城逃得路都不见。

毛贵部则按刘福通的战略意图，大步杀向大都。

元廷这时也急了起来，急忙向四方发出命令，要求各地军队马上向京师靠拢，先保卫京师要紧。

毛贵这次行动十分迅猛，至正十八年三月十二日攻下蓟州，十七日就越过昇州，直达枣林，然后向柳林发起攻击，在京郊一带大杀一阵，把枢密院副使达国珍也打死在战场上。大都城内，一时人心惶惶。

在此之前，就是妥懽帖睦尔也以为红巾军只会在长江两岸一带嚣张，离大都还远得很，而且前一段时间不是说已经把他们都打败了吗？不是说红巾军已到尾声了吗？怎么传说中的红巾军一下就打到郊外。这些廷臣跟妥懽帖睦尔一样，同时傻了眼。最后，大家都认为，趁着红巾贼还没有包围大都，请皇上果断出城避难。

左丞相太平认为，皇帝坚决不能出城避难，皇帝都怕红巾贼了，还有什么脸希望其他将领不怕红巾贼？妥懽帖睦尔只得硬着头皮，下令通知枢密院事刘哈喇布哈带兵出城与毛贵决战。这一次毛贵没有再胜，被刘哈喇布哈一举击败，挽回了局面。但毛贵仍然安全撤回山东。

红巾军方面，毛贵虽然进攻大都失败，但他本部的损失并不大，回到山东后继续活跃。可刘福通那边吃不消了。

当时，刘福通面对的是元朝最能打的察罕特穆尔。看过《倚天屠龙记》的读者，都会知道那可爱又可恨的赵敏郡主。这个察罕特穆尔就是赵敏的老爸，金庸先生对他水平的评价不低。事实上，他也确实很有水平。刘福通另外几路的北伐军都被他拦住了，否则，几路大军一直兵临大都城下，估计现在大都保卫战已经进入最后时刻了。

在毛贵失利回师山东时，刘福通本部顺利攻进了汴梁。刘福通虽然在布局时，排场很壮观，但当他进入汴梁后，就有了暴发户的感觉，把汴梁定为大宋首都，然后大兴土木，修建宫殿，派人把韩林儿从安丰接过来。

刘福通居然没有想到，现在他是在跟元朝目前最能打的王爷对峙。

## 都在玩窝里斗

恰在这个时候，元朝首席大臣和二把手又闹了一场你死我活。

大元王朝的现任右丞相叫台哈布哈，现任左丞相就是太平先生。此刻大元王朝已到最危险的时刻，只要脑子还没有完全进水的人，都会深刻地认识到，现在大家必须团结一致，共同对付红巾军，才能力挽狂澜，否则，稍有不慎，大家就会被红巾军扫进历史的垃圾堆。可这两人却硬是闹起矛盾来，而且矛盾严重到不可调和、你死我活的地步。

先是台哈布哈奉命带兵去对付刘福通。剿灭刘福通的方案还没有拟好初稿，却先想着如何把太平拿下。他一路开动脑筋，当渡过黄河时，他的脑洞终于开了一下，上奏：现在贼兵的声势十分浩大，所以我们在开展军事行动时，最要紧的是必须准备好粮草。现在能把这个任务很好地完成的，只有左丞相。请皇上派太平到军中负责粮草的供应。否则，部队真不能前进了。他这时打的算盘是，只要太平来到军中，他就找个机会把太平害死。

太平是什么人？早就知道台哈布哈时刻都想玩死自己，就趁着这个机会，在妥懽帖睦尔面前大力推销台哈布哈的坏事迹，几乎每天都在讲台哈布哈见不得人的故事。最后妥懽帖睦尔也不得不把台哈布哈的职务全部免去，叫知枢密院事乌兰哈达去接替台哈布哈统率军队。

而妥懽帖睦尔也是一个永远不会吸取教训的人，前些年他临阵换掉脱脱，把灭红巾军事业直接叫停，使得本来进入濒危时期的红巾军得以缓过一口气，最后不断发展壮大，导致今日的局面。而现在他又再来一次临阵换将，大元不亡，简直是没有道理了。





台哈布哈听说罢免自己的诏书已经发下，这才知道坏事了，连夜骑马狂奔到刘哈喇布哈那里，请他帮自己渡过这个难关。刘哈喇布哈原来是台哈布哈的手下，长期受到台哈布哈的提携，现在是淮南行省的平章政事，正带着部队在保定驻扎。他听了台哈布哈的话后，大声说："丞相是国家的柱石，立有大功，皇上决不会加害丞相的。肯定是有人在皇上面前说了丞相的坏话。我现在就去见皇帝，把事情弄清楚。"说罢就立马向京师而去。

当然，他回到大都之后，按程序也只能先跟太平见面。

太平是政坛老司机了，看到刘哈喇布哈气喘吁吁地前来，就不动声色地问老弟这么急到底有什么事？

刘哈喇布哈把来意说了。

太平继续淡定地说："台哈布哈大逆不道，皇上的圣旨已经下发。你还敢去皇上面前胡说吗？如果你不小心，只怕你自己的后果也会很严重。"

刘哈喇布哈一听，立马就傻了，他这才知道，台哈布哈是右丞相，是首席大臣，连他都保不住自己了，自己一个行省的平章算个什么，居然傻到这个地步，来帮他出头。

太平还在那里不紧不慢地说："如果你能把台哈布哈抓起来，送到首都，你就是立了大功。只要你答应这么做，我现在就带你去见皇上！"

刘哈喇布哈一听，脸上的血色立刻返回，马上点头同意。

台哈布哈做梦也没有想到，老部下居然就这样出卖了自己。

在台哈布哈还在等着好消息时，刘哈喇布哈很快就回来了。

台哈布哈正要问情况可好。刘哈喇布哈却面带寒霜地一挥手，几个大汉冲出，把台哈布哈绑了起来。刘哈喇布哈这才宣布，奉皇上的命令，把大逆不道分子台哈布哈逮捕归案，即刻送往京师。台哈布哈这才知道，自己星夜狂奔而来，原来跟自投罗网没有什么区别。最后，他跟自己的弟弟都被押送京师。当然，他们只到京师的半路，就被他一手提拔起来的老部下刘哈喇布哈杀死了。

本来，朝廷左右丞相互撕，对于红巾军是个绝对的利好，完全是个可乘之机。可是红巾军方面也不是铁板一块。目前刘福通部进入其搞事的全盛时期，但这个全盛时期的基础也十分脆弱，除了山东的毛贵搞得比较红火外，其他几路都被挡得有退无进，他本人却在汴梁那里大搞基础设施建设，不思进取，终于让赵敏的老爸抓住时机、重新调整部署。更要命的是，发展最好的山东这时也被自己人搞得一塌糊涂。

红巾军山东根据地本来在毛贵的领导下，搞得风生水起，可是因为那个赵君用的到来，彻底改变了他和山东红巾军的命运。赵君用是个人品很差又没有水平的家伙，除了搞内讧的能力突出外，几乎没有别的本事，在濠州时，挑起几个老大的争斗，如果不是朱元璋果断离去，现在濠州势力肯定被人家打得归零。后来，他自己攻下淮安，终于有了一块自己的地盘，于是也赶紧称王，而且还称永义王——他要是讲点义气，局面就不是这个样子了。

他当永义王没多久，淮安就被人家一举攻破。

赵君用逃了出来。

逃了出来的赵君用转头四顾，突然发现，自己一个朋友也没有，真不知道要投靠谁了。最后，他决定去投靠毛贵。

毛贵收留了自己原来的老板。毛贵打仗虽然很牛，但就是看不透自己这个原老板的为人。

毛贵忘记了赵君用是一个心狠手毒的野心家，但赵君用却一点没有忘记。他到益都没几天，看到山东这个局面，就想自己当老大才过瘾。于是，他设了个局，把很天真的老部下毛贵杀掉，自己又成为一把手。

哪知，这一次，他虽然很轻松地搞定毛贵，但毛贵的老部下们却出奇地愤怒了。他们返回益都，也把赵君用一刀砍了，为毛老大报仇。没有了毛贵的山东，立刻乱了套，原来毛贵手下的几个猛人，这时也互相不服干了起来。

早就等待机会的察罕特穆尔知道搞定刘福通的机会到了。

至正十九年五月，察罕特穆尔带着大军从虎牢关杀出，水陆并进，先攻下汴梁周围的据点，然后夺取汴梁外城，再环绕汴梁设了个埋伏圈。

刘福通也知道事情危急了，多次组织部队出来打，可是每次都是以失败而告终。刘福通虽然智商不突出，但也知道真的不能再出城打了，只得在城里固守。此时，长江两岸，到处是红巾军，势力比较雄厚的有陈友谅、张士诚、朱元璋，可是这些人都忙着打内战，根本没有谁出来拉刘福通一把。

察罕特穆尔当然不会只跟他在那里磨时间。大元王朝也没时间再磨下去了，周围那些势力都比汴梁红巾军强大多了，陈友谅、朱元璋、张士诚也都比刘福通猛得多。因此，察罕特穆尔不断地制造假象，硬是不断地把刘福通的部队从城里引诱过来，然后一一消灭。

汴梁被包围两个月后，城里的粮草宣布吃完了。

察罕特穆尔下令向汴梁发起总攻，终于打开了城门。刘福通无法抵抗，带着小明王逃到安丰。自此，刘福通这支力量彻底走下坡路。再后来，张士诚派吕珍前来攻打安丰。刘福通只得向朱元璋求救。朱元璋亲自率军前来救援，打败了吕珍。但刘福通的生死却成了谜。

红巾军的首义领导人刘福通就这样退出历史舞台。

红巾军的另一老大徐寿辉的命运也不比刘福通强。他当时靠手下几个牛人撑着门面，为他打天下。一个是彭和尚，还有一个就是倪文俊。虽然彭和尚在武侠小说里很牛，可是在历史上，彭莹玉一直在徐寿辉帐下混，当过军师，又当江南行省的参知政事。不过他也常常独当一面，在江南一带打来打去，曾一度占领过杭州，可又被董抟霄打出杭州城，然后又到处跑，虽然打了很多仗，胜仗败仗都打过，但就是没有打出一个根据地来。最后，在瑞州与他的徒弟况天普一起被元军打败。这一次，他们再也没有逃出来，与全城老幼一起被元军屠尽。

而倪文俊是个打仗的好手，天完到现在还没有完，基本都是靠倪文俊在支撑。但他是一个没有一点忠诚度的人，对红巾军的前途没有信心。因此，在他取得威顺王之战胜利后，就以威顺王的儿子作为人质，偷偷派人跟朝廷方面取得联系，请求投降。当然，投降是有条件的，这个条件就是让他当湖广行省的平章。朝廷在讨论这个条件的时候，那些一出生就自带优越感的大臣坚决不同意，理由是："平章是什么？是第二丞相，在太平时候，即使是德高望重的汉人都不能授予。现在这个倪文俊是什么人？不光是一个汉人，而且是个赤裸裸的土匪。现在他是借势要挟，因此坚决不能给。"这些坚决维护蒙古贵族利益的大臣，就这样拒绝了倪文俊的条件。

倪文俊一怒之下，当场把人质撕票，从此才坚定了当造反大佬的决心，带着天完子弟接连拿下武昌、汉阳、襄阳、中兴路，让天完势力一下发展壮大起来。他也成了天完公司的实际最高领导人。至正十六年，倪文俊把天完的首都迁到汉阳，让徐寿辉成为彻头彻尾的傀儡老大。过了一年，他又觉得只当一个隐形最高领导人很不舒服，就想把徐寿辉干掉，自己当天完名副其实的老大。哪知，还没有动手，事情就败露了。倪文俊逃了出来，跑到黄州去投奔自己的老部下陈友谅。哪知，陈友谅也是个野心家，向来就把自己这个老领导当成自己前途的最大障碍，只是因为没有能力把他除掉，现在看到他居然前来投奔自己，心下大喜，突然出手，把倪文俊杀掉。

徐寿辉看到陈友谅杀掉了倪文俊，心头大喜，哪知陈友谅比倪文俊更坏。陈友谅杀了倪文俊之后，做的第一件事就是取代倪文俊，先把倪文俊的军队全部收编，然后自称宣慰使，再任平章政事。

陈友谅的水平比倪文俊强得多了，当了平章政事的第二年，就带着大军攻下安庆，破龙兴路、瑞州，然后扩大战果，江西全境基本都划归他的势力范围，不管版图还是控制的人口数量，都是割据势力中最大最多的，陈友谅由此成为红巾军中最牛的人物。

本来，近段以来，天天跟张士诚斗得你死我活的朱元璋突然感觉到陈友谅对他造成的危险要大多了。他跟张士诚斗时，对方不但力量不比他强多少，在地理位置上也没占多少便宜。而陈友谅却不同。目前，朱元璋的根据地是长江下游，而陈友谅的水军却处于他的上游，如果双方发生冲突，拥有当时地球最先进水军的陈友谅顺长江而下，他如何抵挡？

其实，朱元璋也早就注意到这个问题了。他在跟张士诚打的同时，也有意向上游扩张，派常遇春夺取了陈友谅的池州。当时，陈友谅手下水军最牛的将领就是赵普胜。朱元璋当时就向周瑜学习，决定搞个阴谋诡计，先把对方的水军统帅搞定。赵普胜有个把柄被朱元璋捏着。这个把柄就是当初，赵普胜还驻扎在巢湖时，曾与俞通海一起归附过朱元璋，然后又跳槽到天完公司成为徐寿辉的员工。一般以政变起家的老大最大的特点就是也怕别人对他搞政变，因此其疑心都比别人大。陈友谅就是这样的人，而赵普胜恰恰又有可疑之处暴露在世人面前，一个投降来投降去的人，其忠诚度是最值得怀疑的。




朱元璋就是抓住这个关键点，玩了个离间计。这个离间计分几步走，第一步，先派人去接触赵普胜的一个谋士，这个谋士是赵普胜的核心智囊。后来，接受任务的人跟这个谋士就成了好朋友，然后双方时不时通一次信。终于有一次，朱元璋故意把一封给谋士的信误送到赵普胜的手中。赵普胜的武力指数很高，但智商却太一般，读到这封信之后，对这个谋士怀疑起来。那个谋士一看，觉得赵普胜看自己时，脸色很不好看，知道自己继续在这里混下去，就会有生命危险。于是，就从赵普胜那里开溜出来，投到朱元璋那里。朱元璋的第一步顺利成功。

接下来是第二步。他隆重接待了这个谋士，天天跟这个谋士在一起吃喝玩乐，把赵普胜和陈友谅之间的关系以及两人的性格都掌握得清清楚楚，然后给了这个谋士很多钱。这个谋士吃得方面大耳之后，还拿这么多钱，高兴得连祖宗都忘记了，问朱元璋老大你想叫俺去完成什么任务？俺保证完成。朱元璋说，这个任务也不重，你就偷偷到陈友谅的军中，造谣传谣，大力开展破坏陈友谅和赵普胜团结的工作。

这些谣言很快都传入陈友谅的耳中，但赵普胜却一点不知情，还一有时间就去见陈友谅，一见陈友谅就大摆自己的功劳，看到陈友谅不怎么表扬自己，脸上就出现不服气的表情。陈友谅观察到这样的表情，就更坚定了心中的怀疑。

搞政变的人，对自己人下起手来，向来很果断。

至正十九年九月，陈友谅制造了个理由：与赵普胜会师，然后突然从江州来到安庆。赵普胜不但没有提防，还在雁汉那里摆了个酒席，以烧全羊来迎接老大的到来。哪知，当陈友谅的大船开到、赵普胜上船去迎接老大下来吃烧羊时，陈友谅一声令下，旁边的刀斧手就以迅雷不及掩耳之势，把赵普胜砍死在船头。赵普胜到死都不知道自己是为什么死的。

至此，朱元璋的离间计按计划顺利完成。

但陈友谅却还要杀人。这一次，他把大刀砍向了他的老大徐寿辉。

徐寿辉绝对是当代最倒霉的老大。他除了长得一副黑社会老大的外表外，没有别的本事，手下先后有倪文俊和陈友谅两个猛人，可这两个猛人都想杀掉他。倪文俊失手之后，陈友谅接着来。

话说，因为朱元璋抢了天完的池州，提前引发了陈友谅跟朱元璋的正面冲突，而且冲突得很激烈。

陈友谅在干掉赵普胜之后，便派兵反攻池州，但被徐达和常遇春打败。常遇春打完胜仗，连夜坑杀陈部三千人。

陈友谅大怒，决定向朱元璋力量薄弱的太平进攻。经过三天的猛攻，朱元璋的太平守将朱文逊战死，花云被俘之后也被处死。陈友谅在此次出征时，也把徐寿辉带过来。他们攻下太平后，坐船到采石时，陈友谅觉得不宜让徐寿辉再活下去了，就做了个安排，自己一脸阴险地假装向徐寿辉当面汇报工作，而叫一个肌肉发达的大力士突然用铁锤猛砸徐寿辉，把徐寿辉那颗大脑袋砸碎。

砸死徐寿辉后，陈友谅就在采石的五通庙里，宣布自己当皇帝，国号汉，改元大义——他居然也敢起个大义的年号，当然，他为了当皇帝，还真的敢于大义灭领导。

至此，红巾军首义的那几个老一辈革命家，全部死掉，新一代的领导人纷纷冒泡，成为各个势力的老大。这时，这块土地上的武装政权主要有：大元王朝、陈友谅的大汉国、朱元璋的吴、张士诚的大周，还有方国珍的势力。

现在最危险的似乎是朱元璋，而最安全的，倒是曾经被列为人民公敌的大元王朝。



## 荒淫和腐败同时进行

更荒唐的是以妥懽帖睦尔为首的大元高层，明明看到这些造反势力在玩窝里斗，他们却没有制订出一个战略计划，趁着这几股势力斗得你死我活之际，插上一刀，要消灭某个势力，也不是件难事。这时的元朝高层，连那个成语里的“渔翁”也比不上了。

此时的妥懽帖睦尔还活在他的太平世界里，坚持修炼双修功法不动摇，当然，修炼的课余时间，他继续做他的发明创造。

妥懽帖睦尔只要觉得身边哪位官员好，就给他做房子。而且这些房子，都由他亲自设计好。他做这些事时，很用心，他居然还亲自拿起工具，利用专门时间，做成房子模型。这些模型高一尺多，房梁、立柱、门槛，那些曲曲折折的回廊也都做到位。他做完这些事之后，才把这个模型交给承建方，让他们照此施工。当时，京师里人都称他为“鲁班天子”。

他的皇后看到他没日没夜没完没了地加工房子模型，就拉住他的衣襟说：“陛下，现在你年纪也逐渐大了，不要老是制作这些东西了。再说，现在宫中的美女们也已经足够了，不要再去跟那些高丽美女玩了。身体才是革命的本钱。”

妥懽帖睦尔一听，就大怒起来：“你看看历史上那么多皇帝，只有我一个人这样吗？”

他这是铁了心要做亡国之君。

他的现任皇后奇氏是高丽人，因此宫中就有很多高丽美女。这个皇后常常用这些美女送给那些身居要害部门的大臣。在皇帝和皇后的引领之下，大臣们都以得到高丽美女为荣——皇帝没有赏赐的，就自己跑到高丽去要回来。于是，大元从至正年间以来，迅速在全国掀起了一股“韩流”，全国上下的衣服、靴、帽以及其他器物，都仿照高丽的式样，而且到“举世若狂”的地步，比现在流行的韩流要严重得多了。

奇皇后出生于高丽的幸州，小时候就被送到宫中。她长得漂亮，很对妥懽帖睦尔的胃口，妥懽帖睦尔见到她后，就对她产生了好感。这事传到时任皇后答纳失里的耳里，这个皇后就大怒起来，把奇氏找来，二话不说，一顿鞭子猛打，把美女打得死去活来。可没过多久，这个皇后的兄弟谋反，自然就牵连到妹妹。于是，答纳失里也被免去皇后的职务，而且也跟历史上的废后一样被一包毒药处理掉。

妥懽帖睦尔这时就想把最亲爱的奇美女立为皇后，可是当时的权臣伯颜反对，因此他只得另立伯颜忽都为后，皇后的委任状可以颁发给伯颜忽都，妥懽帖睦尔的肉体却都交给奇美女。

妥懽帖睦尔长期在奇美女的床上努力工作，后来就生了一个儿子爱猷识理达腊。这个儿子在至正十三年被立为太子，而奇美女也被立为第二皇后。

奇美女这些年来独占皇上宠爱。哪知，妥懽帖睦尔这几年突然勤练双修功法，她也被冷落了。于是，她先是跟妥懽帖睦尔讲道理，哪知，这个皇帝现在已经不讲道理了。她就很生气，再这样下去，国家就会完蛋，她儿子当然也跟着完蛋。为了不让儿子完蛋，经过跟儿子协商，决定来个非常行动——叫妥懽帖睦尔让位给皇太子，以便专心去练他的双修功法、去做他的当代鲁班。

她当然知道这样的事，光凭她一个被冷落在宫中的老美女是难以完成的，因此就派资政院使保布哈把她的这个意思告诉太平。可太平居然在听了保布哈的话后，在那里装哑巴，不管保布哈怎么说他只是紧闭着那张政治性很强的嘴巴。

奇皇后一听，就急了起来，摆了一大桌酒肉，请太平又吃又喝，然后顺便在酒桌上提起这个事。她以为太平喝高了，情绪一激动，就拍着胸脯说干就干。哪知，太平却精得要命，酒喝了一杯又一杯，态度就是不明朗。皇太子就生气了，心想让你耍滑头，看我不收拾你。

皇太子连番在他老爸妥懽帖睦尔面前说太平实在太坏了，应该把他杀了。妥懽帖睦尔听自己的儿子说，太平该杀，就觉得太平还真该杀。在他准备处理太平的时候，那个知密院事努都尔噶说："太平是善良的人。善良的人是国家的依靠，要是杀了善良的人，国家以后依靠谁？"妥懽帖睦尔就放过太平一马。

不久，这个努都尔噶突然死去。太子一看，太平的保护伞没有了，就又把除掉太平的事提到自己的议事日程上来。这次，他首先把矛头指向成遵和赵中都——因为这两位爷都是太平一手提拔上来的，他就把他们划成太平的死党之一。如果把这两个人除掉，那么太平也就孤立了。这些年来，妥懽帖睦尔早已懒得管理朝政了，军国大事大多都交给太子去处理，因此太子玩起害人的手段来，也是很熟练的。他叫监察御史迈珠、僧格实哩等人诬告成遵、赵中都等六人接受贿赂，然后再命令御史台、大宗正府等组成专案组，共同审理这个案子。在审理的过程中，专案组大力开展刑讯逼供，直接把成遵等人杖打而死。

太平一看，知道自己如果不主动离开领导岗位，接下来那几根木棍就会打在自己的身上，于是，就主动请辞。

他以为请辞了就可以保住他的性命了。他永远没有想到，在这样的体制下，人家要害他，能让他如此轻松过关吗？而且现在要害他的是实权人物皇太子以及右丞相绰斯戬。

至正二十年正月，太平正式被免去左丞相的职务，只任太保，在家好好养病。当时，御史台的官员都说："当前形势很不乐观，正需要有水平有能力的人来处理军国大事。让太平以太保兼丞相是最合适的。"

妥懽帖睦尔根本不把这些话当话。他现在只在宫中专心玩他的双修业务和设计创意，至于天下乱到什么地步，都跟他无关。

不久，阳翟王勒呼木特穆尔在北边又作乱了，而且影响也很大，他的军队在很短的时间就逼近上都了。勒呼木特穆尔也很狂妄，起兵之后，派人对妥懽帖睦尔说：“祖宗把这个天下交给你，你却一点不争气，已经丢掉了大半个天下。你把皇帝大印传给我吧，让我来管这个天下。”

这可是赤裸裸地宣布造反，而且他手下部队很多，号称几十万人。

这当然需要人去对付。

皇太子一看，不是说太平先生有水平吗？你就去当上都留守平定这个叛乱吧。千万不要以为皇太子这是在重用人才。他是想把这个人才往死地里投放。北方之乱，是突发事件，上都已经没什么军队。现在上都第一把手，跟个光杆司令没有什么区别。一个光杆司令拿什么去平定这场叛乱？

但太平仍然走马上任。

当然不是他一个人去的，还有一个人。这个人叫托欢，现任同知太常院事，曾在太平之子额森呼图手下当过差。他听说勒呼木特穆尔的大军已经逼了过来，就主动带兵出击。托欢确实是个狠人，手下人数虽然不多，但个个拼命，居然一直打到勒呼木特穆尔面前，然后一把将之擒获，押到太平面前。太平却说老夫没有受降的资格，请把他送到大都。

勒呼木特穆尔之乱，就这样平定，容易得让全世界人都目瞪口呆。

如果到了这时，妥懽帖睦尔突然清醒过来，好好把太平之事梳理一下，恢复太平的职务，让他来主持中书省的工作，也许后来的乱子就没有了。

而且有人还提醒过妥懽帖睦尔。太平平定阳翟王之乱后，朝廷总得有所表示。于是，任他为太傅，还赐了很多田地，让他回到奉元居住。当时，妥懽帖睦尔想任命伯撒里为丞相。可是伯撒里却说：“我年纪太大了，哪能当丞相？如果陛下一定要我当，请让太平来当我的同事。”

妥懽帖睦尔一听，心里又动了一下，就派人去告诉太平先留在首都，等候工作安排。当时，太平已经启程去奉元。妥懽帖睦尔的这个命令送到他手里时，他已经来到了沙井，于是他就停留在那里等候命令。

太子党那一帮人看到太平又有东山再起的可能，当然不干了。皇太子命令御史大夫普化弹劾太平违背上意，应当严加治罪，并勒令他到陕西居住。绰斯戬一看，这个迫害有点轻了，不足以把太平迫害致死，于是，就又跑过来，诬告一口，把处理结果改成迁到吐蕃去居住。不久，太子党一帮人突然觉得，这也太麻烦了。于是，他们派了个使者过去，在半路追上太平，说皇上现在命令你死掉。太平只得自杀，享年六十三岁。

太平虽然在历史上并不很著名，但他历来被认为是大元的贤相之一。这个大元最后的贤相，就这样被一群太子党搞定了。

太平被搞定，皇太子很高兴，其实最高兴的还是绰斯戬。他也是个复杂人物。据说他还小的时候，话不多，而且性情宽厚可爱，很多人都认为他将来必成大器。而他进入仕途之后，也表现良好。尤其是跟随脱脱去跟红巾军打仗时，有出色的表现。而至正十四年九月他冲在前线，最后脸中一箭而不下火线，扭转了战场局面，很让人佩服。后来，妥懽帖睦尔看到他脸上的箭伤时，就大为感动，让他当了中书平章，过了两年，提拔他为御史大夫。他在御史大夫位置上只干了几个月，就被任命为左丞相。第二年，晋升为右丞相。如果他的人生到此止步，大家对他的评价都会不低，可当了这个丞相之后，他的三观就大不一样了。



刚当第一大臣时，绰斯戬基本没有什么作为，只在那里干着领空饷的勾当，后来他觉得老是这么虚度年华实在太对不起自己了，就拍着脑袋找个事来做，不是做房地产，也不是去炒股，更不是去做别的生意，而是直接印钱。

绰斯戬发大财的着眼点就是放在印假钞这个事上。这个思路一开，他就一边接受贿赂，一边大印假钞，把自己的家变成了印钞厂。当然具体操作的是他的一个死党朵列和一个小老婆的弟弟崔完者帖木儿。这两个印钞厂厂长都自以为有当朝首席大臣当总后台，因此开展假钞业务时，做得大鸣大放一点不隐蔽，终于被人家抓了个正着。当时的监察御史也还敢于履行职责，抓到把柄之后，便向妥懽帖睦尔上奏，弹劾绰斯戬。

绰斯戬比谁都知道，身为当朝丞相，居然做印假钞、扰乱国家金融秩序的勾当，皇帝肯定会龙颜大怒的。因此就果断地把所有责任都推到死党朵列的身上，令他自杀，灭了口。后来，他又觉得，这事已经败露，自己不出来表示一下，是很难过关的，于是就上书请求解除他的职务。哪知，妥懽帖睦尔看了他的请罪奏折，只下诏把他的印绶收了。几个御史表示严重不服，又联合起来，不断地弹劾。但那几份义愤填膺的奏章上去之后，都被闷死在妥懽帖睦尔的办公桌上，连个回音都没有。

大家以为妥懽帖睦尔忘记了绰斯戬所犯的错误了。后来的事实证明，他只会忘记绰斯戬的错误，但却一点没有忘记绰斯戬本人。第二年，也就是至正十九年七月，辽阳那里发生了武装暴乱，而且声势很大，妥懽帖睦尔就又起用绰斯戬为辽阳行省的左丞相，前去平乱。但却不用真的到前线去。大家后来才知道，原来这只是妥懽帖睦尔为让绰斯戬复出的一个借口而已。

果然一年之后，妥懽帖睦尔又把绰斯戬放到右丞相的位子上了。

绰斯戬第二次任相，也做了个小小的总结，知道现在虽然皇帝身体还很不错，但因为懒政，所以皇太子的权力是很大的，你只有抱上皇太子的大腿，才能安稳地把这个丞相当下去。

现在朝廷上，其实已经分成了两派，皇帝妥懽帖睦尔一派，另一派就是太子党一派。妥懽帖睦尔虽然是皇帝，手里拿着绝对权力，可他却不大理事。太子党又有皇后支持，权力越来越大。奇皇后基本都通过身边的工作人员保布哈出来干涉朝廷事务。绰斯戬知道，只要跟保布哈搞好关系，就等于跟皇后派搞好关系，就成为太子党的核心成员，就可以利用手里的权力任性胡来。保布哈看到当朝首席大臣主动与自己结成腐败同盟，当然没有意见。

两人在那里分享着国家最高权力，却一点不为这个王朝作想。当时，朱元璋正跟陈友谅大打出手，而朝廷居然不闻不问，好像那两个造反派的巨头都跟他们无关一样。他们并没有趁此机会，来个坐收渔利，反而闹出了一次动静很大的内部战争。

当时，朝廷决策圈里的状态是：皇帝专心玩，不管政事，皇太子想着如何巩固自己的权力，努力从老爸那里不断地挤压到一点权力，绰斯戬和保布哈则内外联合，大把贪财。两人怕皇帝叫他们想办法去对付红巾军，就干脆把四方警报和将帅官员的立功情况都压得死死的，好像现在全国都一片安静，造反派们都已经死光一样。

## 父子都修炼双修

大元能支撑到现在不被推翻，基本都是靠各地将领自觉抵抗红巾军，再加上红巾军这些年来，用力最猛的都是打自己人，跟政府军虽然时有战斗，但都是偶遇的居多，而且大多不上规模。

现在大元最能打仗的就是察罕特穆尔、博啰特穆尔以及李思齐。红巾军在这三人的打压下，一度进入低谷。可这三个人也跟红巾军一样，一个不服一个，尤其是察罕特穆尔和博啰特穆尔。

如果光按战绩，则察罕特穆尔远比博啰特穆尔高。博啰特穆尔是世家子弟，天生地位比察罕特穆尔高，可朝廷在用人时，硬是让博啰特穆尔占据高位，让他当了个总兵官，全面指挥蒙、汉诸军、可以便宜行事，如此一来，察罕特穆尔就严重不服了。

而博啰特穆尔年轻气盛，老子就是牛。两人的摩擦越来越大，大到很少管事的朝廷都知道了。朝廷虽然不大管事，但也知道要是这两个猛人再摩擦下去，就会大打出手。他们一大打出手，大元还真的可以宣布关门大吉了。于是，朝廷就出面协调，并划好势力范围：命博啰特穆尔守石岭关（今山东忻县南）以北，察罕特穆尔守石岭关以南。冀宁就在博啰特穆尔合法的势力范围内。博啰特穆尔接到命令后，第一时间就派人带兵过去，跟察罕特穆尔办理换防手续。

可是察罕特穆尔却不同意。他认为自己这几年来，能在这一带活跃的原因就是靠冀宁当大后方，军需全靠冀宁提供。如果把冀宁转让给博啰特穆尔，那么博啰特穆尔很快就会强盛起来，而自己的兵就会没有口粮，因此拒绝办理这个手续。当博啰特穆尔的人一路狂奔来到冀宁时，察罕特穆尔的人连城门都不让他们进去。博啰特穆尔大怒，派兵前来，把冀宁包围了三天，然后退回交城。察罕特穆尔派他的参政阎奉先带兵出来，跟博啰特穆尔打了一场，不分胜负，然后又以石岭关为界，各自守卫。

一个月后，博啰特穆尔又派保保前来交涉，但察罕特穆尔仍然不开门。察罕特穆尔看到博啰特穆尔实在太啰唆了，干脆又派班布尔实前来攻打博啰特穆尔。哪知，班布尔实是一个很讲政治的人，说哪有自己人打自己人的道理？而且对方的军队是皇帝派来的，我要是打他，不就等于跟皇帝对抗了？察罕特穆尔一听，大怒起来，你以为不跟皇帝对抗就可以活命？告诉你，跟我对抗同样死路一条。当场下令把班布尔实杀掉。

到了这时，妥懽帖睦尔也知道难以说服双方了，就派达实特穆尔过来对博啰特穆尔说，算了吧，退兵回到原来的防区；同时也派人去做察罕特穆尔的工作，让他也要收兵回去。

本来，妥懽帖睦尔在协调这两个特穆尔时，已经用尽办法。好不容易才协调到这个地步，可是绰斯戬和保布哈却又插上一脚。这两个家伙从两个特穆尔的争斗中，很快就找到了商机、抓到了一次发财的机会。

这个商业操作其实也很简单，就是把皇帝的密旨控制在自己的手里，然后派人找到双方，如果博啰特穆尔给的钱多，就说皇帝准备让你去吞掉察罕特穆尔；如果察罕特穆尔给的礼物贵重，就说皇帝已经允许让你去搞定博啰特穆尔。如此一来，不管妥懽帖睦尔的特使怎么协调，总是把两人的矛盾越协调越加深，最后不可调和。两人已经把对方当成不共戴天的仇人，只要一有机会就向对方发动一场进攻。

不久，察罕特穆尔发现，博啰特穆尔的背后站着妥懽帖睦尔，如果不找个靠山，最后会吃亏到底的。当时，高层分成两派，已是尽人皆知的事。因此你有皇帝当后台，那我就只有找太子党了。他派他的儿子库库特穆尔（也就是《倚天屠龙记》里的王保保），带着粮食到京师，交给皇太子。这个王保保并不是察罕特穆尔的亲生儿子，而是他的外甥，本来姓王，但从小就由察罕特穆尔抚养长大。王保保进京之后，去见皇太子。皇太子这时虽然掌握着中书令的大权，但手里没有军队，因此心里也很着急，看到王保保主动向自己靠拢，心下大喜。两人会面之后，立刻结成同盟。

当然，察罕特穆尔在跟博啰特穆尔死拼的同时，也跟红巾军力量打。当时，他面对的是山东境内的红巾军残部。这个残部其实就是毛贵的残部。毛贵手下原来有一个重要助手田丰。田丰原是地方武装的老大——红巾军搞事时，很多地方豪强都组织起队伍，先是响应中央的号召，去跟红巾军死磕，后来不断地扩大自己的力量，左右摇摆，看谁占上风就跟谁。当时，大元中央给这些武装的称号是“义兵”。田丰原来就是镇守黄河边的义兵老大，朝廷给他的称号是万户。毛贵打进山东时，田丰宣布易帜，成为毛贵的手下。从此他就跟着毛贵一路猛打，成为毛贵手下最能打的大将。毛贵死后，山东红巾军分裂，他又投奔了察罕特穆尔，仍然镇守济宁。可他在恢复元气之后，又宣布跳槽当了红巾军。察罕特穆尔听到之后，当然怒火中烧，这边博啰特穆尔还没有摆平，你这个跳槽专家又搞事。他决定征调大量兵力，分别从井陉、邯郸、磁州、白马出发，水陆并进，要一举消灭山东境内的“贼寇”。




第二个月，即至正二十一年的八月，察罕特穆尔率领的军队到达盐河，然后派王保保会合关保、浩尔齐部队，渡河向红巾军发起攻击。

红巾军方面看到政府军正在渡河，急忙派两万人出来，要来个“击其半渡”。关保和浩尔齐一边渡河一边打仗，硬是成功上岸，进而占领了长清。另一边，察罕特穆尔亲率精兵五万，直赴东平。田丰派崔世英出来迎战，被察罕特穆尔打得大败，斩首一万级，然后大军隆重抵达城下。

察罕特穆尔此次出征，做了充分的准备工作，取得了很大的成功，如果直接下令攻城，要拿下田丰根本不会有什么困难。可是察罕特穆尔在这个关键的时刻，突然脑子发生了短路，他严重地认为，田丰长期盘踞山东，肯定深得山东的民心，要是逼他太甚，会有很大的损失，不如招降他，让他继续带领这一带的人拥戴自己，那也是一支十分可观的力量。于是，就派人给田丰送信，请他回头是岸。田丰一看，哪能不答应？眼看城就要破了，他正束手无策，本来也想投降，又怕对方不原谅，哪想到察罕特穆尔居然在这个时候还放他一马，让他回头是岸。这样，田丰和另一个同伙王士诚满脸笑容地向察罕特穆尔举起了白旗。于是，察罕特穆尔成功收复了东平和济宁。

当然，察罕特穆尔也是很狡猾的，他立马派田丰和王士诚为前锋，去征讨山东其他红巾军。两下配合，果然很快就平定了鲁地。察罕特穆尔的势力一下就跟朱元璋的势力范围接了壤。

这时，朱元璋正跟陈友谅打得路都不见，突然看到自己的北部边境，冒出大元的旗帜，也感到了压力。朱元璋在了解情况之后，知道察罕特穆尔虽然打仗很牛，但头脑其实很简单。于是，决定也忽悠他一把，给他写了一封信，要跟他和平相处，谁也不打谁。

察罕特穆尔居然也就同意了——他这时只想集中精力扫平山东境内的“贼寇”，不想跟朱元璋闹冲突。他怕朱元璋不同意，还写信对朱元璋说，正向朝廷请示，准备任命你为平章政事。朱元璋读完这封信，大大地松了一口气。

那边察罕特穆尔更是觉得可以专心去对付山东的土匪们了。他发兵进逼济南城，先把济南周边的地区全部拿下，使济南成为一座孤城，最后一战而下。妥懽帖睦尔接到报告后，下诏任他为中书平章政事，其余的官职继续保留。到了这个时候，察罕特穆尔已经把山东、河南、陕西一带当成自己的势力范围来经营了。

当时，山东境内只有益都还高举着红巾军的伟大旗帜，跟察罕特穆尔死磕。

察罕特穆尔带着部队去围攻益都。当然，他还带着田丰和王士诚。他现在觉得田丰和王士诚很可靠，把他们当作心腹。可是田丰和王士诚内心却不买他的账，时刻都想来个再叛变。田丰和王士诚从来都认为，山东是他们的固有地盘，坚决不能让察罕特穆尔占领。现在益都已经成为他们在山东最后的堡垒了，必须守住。但现在益都力量薄弱，孤立无援，只怕不久就会被人家攻下。两人商议之后，得出的结论是：要保住益都，只有干掉察罕特穆尔。

田丰就出面去请察罕特穆尔，说是请首长来视察他的营垒。

察罕特穆尔身边的人劝他，老大，这几天好像田丰和王士诚的活动有些不正常，还是别去的好。

察罕特穆尔哈哈大笑："我这么推心置腹、以诚相待，他们哪会害我？再说，老是这么提防人家，你能提防多少人？"

左右又劝他多带些大力士过去，以防万一。但察罕特穆尔不答应，只带了十一个亲随就轻装而去。到了田丰的营中，屁股还没有放到椅子上，王士诚就已经一剑刺来，当场把察罕特穆尔刺死。

大元王朝此时最能打仗的将军就这样死去，他没有死在战场上，而是死在这个营帐之下。

田丰和王士诚杀死察罕特穆尔之后，立刻逃进益都。

他们以为，察罕特穆尔死了，这支队伍就会乱成一团，然后他们就可以出城打击，彻底把察罕特穆尔的队伍击溃，于是山东遍地又是红巾军的天下了。

哪知，察罕特穆尔死了，还有他的那个养子王保保。察罕特穆尔经过这么多年的经营，早就把这支军队打造成察罕家军了。察罕特穆尔手下的人看到老大死了，并没有一哄而散，而是一致推举王保保出来，带领大家继承老当家的遗志，将革命事业进行到底。当然，他们首先喊出的口号就是为老当家报仇，然后对益都展开更为猛烈的进攻。而妥懽帖睦尔这时也下诏让王保保全盘继承了察罕特穆尔的所有职务。

四个月后，王保保以挖地道的办法攻进城内，终于拿下益都，抓到田丰和王士诚。他对这两个家伙愤怒已极，当场挖出两人的心脏来祭祀老爸。至此，山东全境悉平，妥懽帖睦尔任命王保保为太尉，其余官职不变。

王保保在继承老爸职务的同时，也把老爸对博啰特穆尔的仇恨完整地继承了下来。其他几个势力也在选边站，其中李思齐站在王保保这一边，而另一个老大张良弼则加入博啰特穆尔的阵营。双方有事没事时，还在经常交火。

此时，妥懽帖睦尔也协调不了双方的冲突。不过，这段时间以来，妥懽帖睦尔成功地让他的太子改变了信仰。太子原来的老师是李好文。你一看就知道，李好文老师每天都讲四书五经，太子觉得很不好理解。妥懽帖睦尔就派图噜特穆尔教太子秘密佛法，理由是，秘密佛法可以延年益寿。

虽然以前妥懽帖睦尔专心修炼这个功法时，太子曾经多次公开表示强烈不满，可当图噜特穆尔老师把这个秘密佛法传授给他时，他立刻全身心投入修炼。他比他老爸搞得更大鸣大放——他老爸只在秘密的房子里，跟多人一起修炼，他却在清宁殿里铺了一条长长的席子，把一群西番僧和美女集中起来在那里疯玩。从此，成为秘密佛法的坚定成员，每天跟着他老爸，把全部精力都放在双修功法上，至于国家大事，好像跟他们无关了。

这对父子俩终于在这方面统一了思想和行动，但王保保和博啰特穆尔却继续举行对抗赛。

博啰特穆尔跟王保保打了几次仗，都讨不到便宜，索性带着大军向翼宁开过去。王保保得知之后，也带着大军在石岭关那里迎敌，双方打了自产生矛盾以来的最大战斗。结果，王保保大获全胜，生俘博啰特穆尔手下的两个悍将：乌纳尔和殷兴祖，博啰特穆尔仅以身免。从此，博啰特穆尔的力量再也没有得到恢复。

王保保很兴奋。

但更兴奋的是朱元璋。这期间，他跟陈友谅打了著名的洪都之战和鄱阳之战，以少胜多，数次在危急之中，扳回局面，终于把这辈子最大的敌人陈友谅打败。他非常庆幸的是，在他跟陈友谅作殊死之战时，张士诚和元兵都没有对他采取行动，使得他得以全力对付陈友谅。如果在这期间，不管是张士诚还是王保保，或者是博啰特穆尔，果断对朱元璋进攻，朱元璋就是三头六臂也只会死路一条。然而，这期间，张士诚没有反应，王保保却跟博啰特穆尔打得不亦乐乎。

元朝最后的机会就此丧失。

## 打到首都去

王保保他们没有意识到大元政权已到最后时刻，妥懽帖睦尔父子更没有意识到这一点，但很多朝臣都知道这个朝廷真的要完了。他们对前线那几个将领没有办法，对妥懽帖睦尔父子的狂欢更没有办法，他们只得把矛头指向托欢和保布哈两人。两人都是太监。

于是，一群御史联名弹劾这两个奸臣，说他们跟绰斯戬互相勾结，胡作非为。哪知，这封火药味浓重的奏折才到中书省，就被皇太子压下，根本没有送到妥懽帖睦尔那双迷离的色眼下。奇皇后知道后，下令把联名弹劾的御史全部降职使用，让大家知道弹劾皇后心腹人士的结果。

治书侍御史陈祖仁再次上书皇太子，为他那些被降职的同事鸣冤，说弹劾那两个奸臣并不是他们自己的事，而是在反映天下的公论。天下是祖宗的天下，御史台是祖宗建立的机构，现在御史们说几句话就被处理，这个天下还有王法吗？太子现在主持工作，却让谏官不敢说话，放任奸臣为所欲为，全国各族人民还有什么指望？



太子一看，当场大怒，把御史大夫娄都尔苏叫来，让他去把陈祖仁批评一通，别乱多嘴。可是娄都尔苏才一离开，老陈就立刻铺开纸张，又写了一个长长的奏折，上书太子，引经据典，说古道今，又给太子狠狠地拍了一个大大的板砖。上书之后，他就打了个辞职报告。

御史台的其他官员，不论大小都纷纷递出辞职报告，个个表示不干了。

太子一看御史台出现了离职潮，这事要闹大了，也不好收拾，这才把弹劾的奏章送到他老爸那里，请老爸定夺。

妥懽帖睦尔一看，觉得事情也很严重，反正也是两个太监，就让他们辞职了事。

他以为他让两个太监辞职了，就可以平息御史台那帮人心中的郁闷了，便叫娄都尔苏去向陈祖仁他们宣布。哪知，陈祖仁他们却一点不满意，连夜加班，又上了一书，说连个太监都不舍得处理，这个国家还有什么希望？

妥懽帖睦尔一看，也生气了，你们也太给脸不要脸了吧？你们这不是跟两个太监为难，分明是要跟朕过不去。他这么一上纲上线，直接把御史台的所有官员统统贬官——连娄都尔苏也被降了职，都调出京城，外放各地当官。

太子最恨的倒不是陈祖仁，而是御史大夫娄都尔苏。一来作为御史大夫，他放任御史的官员不断地上书弹劾保布哈，使得保布哈丢了官。二来这个老家伙是他爸的舅舅，属于皇帝派骨干，现在正好趁着老爸生气，严重处理一把娄都尔苏，再加上奇皇后一天到晚又说娄都尔苏的坏话。娄都尔苏觉得氛围不对头，也逃出去躲藏起来。奇皇后看到弹劾保布哈的人都被赶出了朝廷，就又恢复了保布哈的职务。

他们一点没有料到，就是这个处理结果，酿成了一次天大的动乱。

知枢密院事图沁特穆尔和丞相额森布哈都在西边开展屯田业务。两人本来也没有什么矛盾，平时也相安无事。有一天，图沁特穆尔有了一堆好吃的，觉得自己一个人独享很不好意思，就带着这些食物来到额森布哈屯田的地方，跟他分享一下。

这本来也是好事一件，两个屯田人可以喝喝小酒，吹吹牛，增进一下感情。哪知，额森布哈的脾气突然古怪起来，觉得自己是长辈，你一个小字辈怎么可以摆起架子慰劳我来了？你凭的是什么资格？居然一口气回绝了图沁特穆尔的食物，让图沁特穆尔很没有面子。

图沁特穆尔的脾气也上来了，你不吃是吧？我同样可以请别人来吃。他并没有离开那里，而是在额森布哈营帐的门外，摆起酒桌，招呼士兵们过来大吃大喝。

额森布哈一看，心里就更不舒服了。额森布哈一咬牙，就诬陷图沁特穆尔有造反的图谋。朝廷对别的事反应向来不快，但对造反这两个字很敏感，接到那封诬告信后，便派五府官前来审问图沁特穆尔。

图沁特穆尔看到五府官要审问他，十分生气，骂道："我有什么罪？你们要审问我？"于是，把五府官抓了起来，送到博啰特穆尔那里申诉。

本来，此事也是个简单的事件，可是到这一步时，就与御史台事件成功挂上了钩——娄都尔苏因为怕被太子砍死，就跟图沁特穆尔一起前往大同，准备在博啰特穆尔那里避难。

为了处理这个娄都尔苏，太子已经下了极大的决心。但因为娄都尔苏是妥懽帖睦尔的舅父，因此妥懽帖睦尔多次要求太子别再追究下去了。可太子就是不同意，就是表示一定追究。

妥懽帖睦尔面对太子的强硬态度，居然没有办法，只得秘密叫舅舅到博啰特穆尔那里躲一躲。

这对父子虽然在修炼秘密佛法时，都一样地用功努力，但在权力面前，却一个不让一个，而且这时的矛盾已经公开化了。

绰斯戬和保布哈抓不到娄都尔苏，就把娄都尔苏列为通缉要犯，到处张贴他的画像，悬赏捉拿。

保布哈在发出那些通缉令之后，又对绰斯戬说：“现在蒙古十八家功臣的后代早晚都跟在皇上的身边，我和丞相所做的这些事，他们都知道得比谁都清楚。他们一定很恨咱们，这对咱们是很不利的。”

绰斯戬点点头，说：“这些人都是娄都尔苏朋友圈里的人。娄都尔苏现在既然躲在博啰特穆尔的军营里。接下来博啰特穆尔肯定会调动军队来打首都。他的军队要是打过来，十八家肯定会做内应。那时，国家有危险，咱们更危险。”

两人虽然在朝廷中的权力很大，但真正的实力并不强大，要想害人都得借助皇帝或者皇太子之手，因此想害谁，唯一的套路就是诬陷。于是，两人又结伴到妥懽帖睦尔面前，说娄都尔苏、额森呼图克、托欢等人正在谋划造反，然后把额森呼图克抓起来，进行一番严刑逼供，每天都把额森呼图克打得死去活来。

妥懽帖睦尔知道额森呼图克是好人，是无辜的，想出手救他一下，就下令大赦。妥懽帖睦尔到现在练双修功夫，已经练得彻底发晕了，明明知道这是个冤假错案，居然还不站起来直接叫停，而是搞了个曲线救人。他满以为他这个曲线一放，就可以把人救出来了。哪知，这个大赦令到了绰斯戬那里后，绰斯戬却在大赦条例中加入了一点，全国所有的犯人都可以享受大赦红利，唯独额森呼图克例外。然后把额森呼图克流放到边远地区，但只到半路，就把他打死了。再交代一下，额森呼图克就是脱脱的儿子。

谁也不知道，妥懽帖睦尔为什么明明知道这两个家伙是坏分子，却还是拼命地重用他们。

到了这个时候，本来得到皇帝强有力支持的博啰特穆尔，就成了各方的公敌。

太子党恨博啰特穆尔恨得要死，王保保一天到晚也总是想着如何把博啰特穆尔消灭掉，而妥懽帖睦尔虽然知道博啰特穆尔对自己还是很忠心的，但却一点办法都没有。

绰斯戬和保布哈显然对妥懽帖睦尔的思维系统把握得相当精准，两人一天到晚不断地在妥懽帖睦尔的面前列举博啰特穆尔的不良事迹，说博啰特穆尔的脑后全是反骨，如果不及时打倒他，咱们的后患就会无穷无尽。

妥懽帖睦尔虽然不信，但后来给这两个哥们说得烦了起来，就下诏列举了那些从绰斯戬和保布哈嘴里创作出的罪状，全部套到博啰特穆尔的头上，然后解除他的兵权、削去他的职务，让他回老家四川去种地。

当使者拿着那份从首都带来的诏书，向他宣读完毕之后，他并没有像往常那样谢恩受诏，而是拔出那把愤怒的大刀，把使者砍了，大声宣布不受此诏。

到了这个时候，妥懽帖睦尔才突然发现，原来自己的诏书已经跟白条一样没有用了，现在唯一有用的只有枪杆子。他只得命令王保保去讨伐博啰特穆尔。

博啰特穆尔向来跟妥懽帖睦尔的关系不错，因此也知道这个诏书并不是妥懽帖睦尔的本意，而是绰斯戬和保布哈搞的鬼。因此，他决定不等王保保的讨伐大军前来，就直接杀上首都，把那两个奸臣干掉，皇帝以后就听自己的了。他的防地本来就在河北，离京师很近，这个决心一下，他就立刻行动，派人通知图沁特穆尔一起，进入居庸关。

皇太子派知密院事伊苏和詹事布埒齐带兵迎战，在皇后店那里跟博啰特穆尔的部队相遇，双方打了一仗。太子党原来的部署是，由布埒齐打头阵，然后伊苏过来支援。哪知，布埒齐跟对方死磕之后，伊苏却怕了起来，还没有到战场就先逃跑了。布埒齐立马体验到独木难支、孤立无援这两个成语的深刻含义。他虽然努力战斗，奈何寡不敌众，直打得自己都差不多成了俘虏，这才狼狈撤出战斗，逃得路都不见。

太子看到情势不妙，就带着侍卫部队出了城，到兴松去了。城中就再也没有防守部队了。而图沁特穆尔的大军就驻扎在清河，弄得全城震动。朝廷没有办法，就要求百官以及其他人都拿着武器上城头保卫首都。

连妥懽帖睦尔也知道这些人是保卫不了首都的。

这时，宗王延特穆尔也起来响应博啰特穆尔，并上书为博啰特穆尔申辩。妥懽帖睦尔终于下诏，把一切罪责都归到绰斯戬和保布哈身上，说博啰特穆尔受到了冤枉，国家乱成这个样子，全是那两个奸臣一手造成的。现在决定把绰斯戬流放到岭北，把保布哈流放到甘肃。恢复博啰特穆尔的官职。

可这个诏书下达之后，绰斯戬和保布哈仍然留在京城，过着他们幸福的生活。

图沁特穆尔看到这两个奸臣仍然留在京城，于是他也仍然留在清河。

妥懽帖睦尔看到城外的部队仍然旌旗招展，也慌了起来，派国师达勒达去问为什么。

图沁特穆尔回答得很干脆："还没有得到那两个奸臣。"

妥懽帖睦尔没有办法，只得把那两个人抓了起来，绑送去图沁特穆尔的军营。

绰斯戬和保布哈很快就被送到图沁特穆尔面前。这两个家伙以为到了图沁特穆尔这里，图沁特穆尔肯定会立刻把他们开铡。哪知，当他们看到图沁特穆尔时，却见图沁特穆尔的脸上挂着笑容，看上去和蔼可亲得很。

图沁特穆尔仍然保持着谦卑的姿态，在他们坐下之后，对他们拜了又拜。二人也傻了眼——当然，昨天以前他们绝对不会傻眼——也急忙起来跪拜还礼，搞得比图沁特穆尔更有礼貌。

图沁特穆尔的目的已经达到，现在他最怕的是妥懽帖睦尔放不过自己——带兵打上首都，逼迫皇帝把自己最亲爱的奸臣送来给自己处理，那可是大大的犯上作乱。他上奏妥懽帖睦尔，请求他赦免自己主张捉拿大臣、举兵犯京之罪。妥懽帖睦尔哪敢不答应？图沁特穆尔一直得到两份赦书这才宣布撤兵。

之后，图沁特穆尔带兵进入健德门，然后来到延春阁面圣。他一到妥懽帖睦尔面前，就直接跪倒下来，然后放声大哭，向皇帝请罪，说："陛下被奸臣蒙蔽已经很久，如果继续这样下去，我们的国家不完蛋是没有天理的。我现在把那两个奸臣抓走了，但陛下也应该好好反省一下自己，改过自新，不要再犯这个颠覆性的错误了。"

妥懽帖睦尔只得不断地说，好好，好好。然后设了个丰盛的宴会，请图沁特穆尔大吃大喝一餐，外加一张中书平章政事的委任状才算摆平了这个图沁特穆尔。当然，图沁特穆尔能玩到这个份上，是因为他的背后还站着博啰特穆尔。因此，妥懽帖睦尔又加封博啰特穆尔为太保。

第二天，图沁特穆尔才把军队全部撤走。图沁特穆尔的部队一走，妥懽帖睦尔就派人去把正狂逃的太子叫回来。

绰斯戬和保布哈不久就被押到大同，由博啰特穆尔处理。

博啰特穆尔的态度也跟图沁特穆尔一样，对他们礼貌得很，好像他们现在仍然是说一不二、大权在握的第一大臣一样。三天之后，博啰特穆尔才开始追究他们——当然，脸上态度是没有一点变化的，仍然是挂满前两天的笑容，只是他聊的内容却已经转换。他笑着问绰斯戬："丞相大人，我以前贿赂你的那一串七宝数珠，现在该退还给我了吧？"

绰斯戬急忙取出六串来，放在博啰特穆尔面前，老大，哪串是你的，你就要吧。当然，六串都要我也没有意见。

博啰特穆尔看来对那串珠子的喜爱比较深刻，当初送过去估计也咬了大牙才下决心的，所以到现在还死死地放在心上，他看了看说："都不是。"

绰斯戬只得再找，这才找到。

博罗特穆尔看到后，突然怒容满脸，大声喝骂："你每天都跟在皇帝的身边，还这么贪，你叫我怎么放得过你呢？"于是，把绰斯戬和保布哈全部处死。

博啰特穆尔砍了两个奸臣的脑袋，事情还不算完。

现在王保保手里还有一份诏书。这份诏书是命令他讨伐博啰特穆尔的，因此他正在冀宁驻军，高调宣布讨伐博啰特穆尔，而且已经兵分两路，前来攻打博啰特穆尔：东路白索珠三万负责保卫首都；西路关保五万直取大同。

博啰特穆尔一看，知道自己真不是对手，便又故技重施，让一部分军队留守大同，自己和图沁特穆尔、娄都尔苏带着主力，高举旗帜向首都进发。

对于这一招，王保保没有料到，白索珠更没有料到。白索珠看到对方来势太过生猛，算来算去，自己要是接战，只能打败仗，因此就在第一时间找到太子，请太子跟着他向西逃跑——那样就可以躲到王保保的伞下面。

太子表示不服，为什么怕他们？难道只有他们会打仗我就不会打了？

当时，博啰特穆尔的军队已经开进居庸关，整个京师都大为震动。

太子带着部队到清河迎敌。这一次，他带的将领又是伊苏和布埒齐。这两个家伙前来打仗时，好像都很团结，看上去信心也很足，可是到了战场之后，表现起来就不够意思了。伊苏那次不支援导致布埒齐的失败回去后，不但没有受到问责，反而因绰斯戬的倒台，空出丞相位子来，这个败军之将居然又被提拔为左丞相。打了败仗回去，还能够提拔，他能用心打仗吗？他带的部队基本都处于松散的状态，跟一群扛着武器去游山玩水的旅游团差不多。总之就是四个字：毫无斗志。

于是，又只有布埒齐一个人在奋斗了。

双方首战，太子部下的杨同签在居庸关被人家打死在战场上。布埒齐再战，再败！

太子一看，只得跑回城里。白索珠带着部队跟进来，第二天就保护着太子和东宫的官员出了顺承门，然后逃往冀宁。

博啰特穆尔把部队驻扎在健德门外，然后就带着图沁特穆尔和娄都尔苏到文宣阁朝见妥懽帖睦尔。这几个哥们也像上次图沁特穆尔面圣一样，一见到皇帝，什么都不说，集体跪下，然后涕泗滂沱地为自己的申辩。妥懽帖睦尔也跟着哭了起来——他能不哭吗？自己这个皇帝，天天练双修功夫、业余时间搞设计，根本不管这个天下，可是这些大臣却天天惹麻烦，让自己玩得一点不安宁。

几个人哭完这后，博啰特穆尔的脸上就被杀气刷新，说要派出精骑兵把不听话的太子追回来。娄都尔苏认为再这样下去，乱子只会闹得更大，因此就劝住了他。

之后，妥懽帖睦尔任命博啰特穆尔为左丞相，图沁特穆尔为御史大夫，娄都尔苏为中书平章政事。这三个带兵杀进京城的人，立马变成朝廷最有权力的三驾马车。当然，妥懽帖睦尔还下了个诏书说，博啰特穆尔和王保保都是朕的臂膀，是朕的心腹，从今之后不要再闹了，要团结不要分裂，共同为朝廷贡献自己的力量。

一个月后，妥懽帖睦尔任命博啰特穆尔为右丞相、监修国史、统率全国军队。

## 元顺帝搞了一场政变

王保保这时派人去见太子，准备支持太子打进京师，但被手下人劝住了。妥懽帖睦尔也知道，如果太子老是在外面流浪，后果会越来越严重，因此也下诏叫太子回京。

此时，朱元璋已经消灭陈友谅，把陈友谅的地盘全部划归自己的版图，成为当时力量最为雄厚的势力。他已经把自己的目光投向了北方。但朱元璋却很是看得起王保保，写信给王保保，说要联合起来，一起打到大都去，解决博啰特穆尔问题。

可是王保保并不理睬。他是蒙古人，虽然这些年来一直跟内部的人打得你死我活，但他仍然认为那是他们人民内部矛盾，至于江南的这些南人，在他的眼里都是天生的下等人，他跟谁合作也不会跟朱元璋这样的南人合作。

虽然妥懽帖睦尔下诏让太子回去，太子也很想回去，但他想回去的方式却跟老爸给的方式不同——他老爸让他自个儿回去，他却想带着部队打回去，用武装夺取权力。

至正二十五年三月，太子给王保保一个命令，叫他亲自带着李思齐等各路兵马，分道进兵，杀进大都，收复首都。

博啰特穆尔知道后，当然非常气愤。他觉得太子之所以这么嚣张，根子就在奇皇后身上，因此就对妥懽帖睦尔说奇皇后干预朝政，应该赶出宫外，彻底给皇上修炼秘密佛法让路。可是妥懽帖睦尔却不答复。他制造了个假圣旨，然后派几个手下，把奇皇后带到诸色总管府里，叫自己的死党姚伯颜看管。他这么一来，妥懽帖睦尔已经不再支持他了。现在妥懽帖睦尔虽然像个汉献帝一样，被他监管着，但他能有曹操那样的水平和实力吗？

博啰特穆尔迁出奇皇后之后，又觉得这个老美女还是有点利用价值的，就又跑到诸色总管府里拜见奇皇后，让她写一封信给太子，叫太子重新做人。

奇皇后身边最大的资源就是高丽美女。奇皇后老早就发现，男人大都好色。博啰特穆尔是男人，因此她断定博啰特穆尔也是个好色之徒。于是，她就多次把美女当礼物送给博啰特穆尔。他得到大量的美女之后，就觉得奇皇后也不那么可恨了，就又把她放回后宫，而他自己则在美女的陪伴之下，又色又酒。他进京师之后，放开纳妾，一下就有四十多个小妾。

皇后的那封信显然对太子没有什么作用。

太子不但没有动心，而且在外面不断对很多地方武装老大加官晋爵。博啰特穆尔知道只有硬碰硬了。他派图沁特穆尔向北边去攻打上都——那里都是太子的势力范围，必须坚决铲除，然后派伊苏带着大军去对付王保保。

伊苏得令之后，只是驻守在良乡那里不再前进，然后宣布倒戈，派人去跟太子方面取得联系，一下子就军声大振。

姚伯颜带着部队雄赳赳、气昂昂地出来挑战时，恰好运河涨水。

姚伯颜看到水太大了，部队渡不过去，就在红桥那里先驻扎下来，等水退之后再打过去也不迟。

伊苏这次却高度警惕，密切注视着运河里水文情况的变化，刚看到水一退，立马带着部队杀了过去，出其不意地突袭姚伯颜的军营。姚伯颜一点没有准备，直接就被人家砍死了。

博啰特穆尔知道后，十分恐慌，但仍然带兵出来迎战。他才到通州，老天就连下了三天大雨。结果，博啰特穆尔只取得夺到一个美女的伟大成绩，然后班师回城。

虽然夺得一个美女，但这个美女注定不能帮他改变目前的败势。更要命的是，现在他除了有很多美女之外，手下没有一个能打仗的死党。因此，回到大都后，他立刻陷入了超级郁闷的状态。他也跟很多郁闷人士一样，郁闷多了，就只好找人来喝酒消遣心情。现在他只能请来娄都尔苏来大吃大喝。大吃大喝之后，他就大发狂性，动辄杀人。大家看到他陷入喜怒无常的状态中，觉得都很可怕，因此能躲他的就尽量躲开他。

妥懽帖睦尔虽然懒政，看上去有点像汉献帝，但他的脑袋却比献帝聪明多了，而且他手里还是掌握着很大的权力的。再加上博啰特穆尔虽然当了首席大臣，手里有权有兵，但他比曹操差得太远了，而且还刚刚打了败仗，现在敌人的部队又天天逼近过来。所以，妥懽帖睦尔要搞定他也不是什么难事。

妥懽帖睦尔这时终于打起精神，找来几个心腹，一个是徐士本，另一个是威顺王的儿子和尚前来密谋。最后，由徐士本做好了方案，请来六个肌肉发达的猛男，穿上宽大的衣服，藏好锋利的兵刃，侍立在延春门东边，专门等博啰特穆尔前来。

这一天，博啰特穆尔上完早朝就直接出去了，而没有再来见皇帝。那几个杀手一看，都以为事情黄了，然后就准备下班回去喝酒。徐士本却拉住他们说："没到最后时刻，千万不要放弃。"

正在这时，图沁特穆尔派人前来报告，说他在上都取得了胜利。平章失烈门一听，不由大喜，马上跑过去向博啰特穆尔报喜，然后建议博啰特穆尔赶快把这个特大喜讯向皇上报告。

博啰特穆尔听到这个消息，郁闷的心情也减轻了很多，但他也知道这个胜利对他没有多大的作用，因此也不想进去。但失烈门却硬拉他进去，博啰特穆尔只得跟着走。两人走到延春门的李子树下，突然前面走来一个人。博啰特穆尔一看，觉得有点奇怪，就问:“这个人是谁啊？”

他正说着，又跑来一个人。他还没有看清楚，那人突然狠狠地打了他一个嘴巴。博啰特穆尔正要抵抗，人群中冲出几个人来，而且还举着刀。

博啰特穆尔终于知道不妙了，急忙喊卫兵。但哪来得及？几个大汉乱刀砍下，当场把他砍死。

这时，妥懽帖睦尔等人就在地下室里等待消息。他事先就跟地面上的那几个杀手约定，砍死了博啰特穆尔之后，就放出那只带铃的鸽子。这时，那只鸽子终于飞了起来，妥懽帖睦尔的天空一片晴朗。他从地下室里走出来，下令把博啰特穆尔集团的骨干和非骨干分子统统杀死，还下令叫太子分别调集各路军队去平定南方那些乱子，然后回到大都正常上班。

现在博啰特穆尔已经死了，太子没有理由不回京师。于是，他带着王保保等人回到了大都。

很多人看到这里时，以为从此之后，大元王朝高层就会一片和谐、可以团结一致地对付朱元璋他们了吧？然而他们仍然在玩窝里斗，仍然不是铁板一块。

王保保此前是太子的死党，是太子党最强有力的力量，可是现在他们也已经不是铁板一块了。他们的裂痕主要来自太子。

在博啰特穆尔占领大都之后，太子就强烈要求王保保打进大都去，为他夺取最高权力。可是王保保认为这会让国家更乱，因此不答应。于是太子就大为生气，可又不好发作。

现在太子要回京师了，奇皇后觉得此时仍然是夺权的最好机会，就又要求王保保带着大军保护太子进京，然后以武力要挟妥懽帖睦尔，逼迫他把皇位提前交给太子。

这是什么行为？

典型的政变！

## 关张大吉

王保保当然不愿当政变的挑头人，因此在离京城三十里时，他就把军队分开了，叫他们各自回防。太子一看，心里就更恨了。

也跟往常一样，作为当时的实力派人物，王保保被任命为左丞相、总领军国重事，与右丞相巴咱尔一起共事。那时，虽然已到了国将不国的地步，但朝廷里那些朝臣们仍然在死抱着论资排辈的教条。巴咱尔的年纪已经很大，属于老一辈革命家，虽然其水平能力不足以挽救国家、挽救大元，但大家觉得他当这个丞相是完全有资格的，王保保才多大年纪？怎么也可以来当丞相？因此，大家都表示不服，个个看他不顺眼。

王保保是什么人？当然不愿在这些鄙视目光中生活，他也知道，在朝廷中当官，你就是当到再大的官，也没有多大实权。前几任权臣的覆灭，已经有力地说明了这个道理。只有在外面带着部队，才是最有实权的。于是，他请求回到南边去，当他的职业军人。

当然，不光王保保有这个认识，太子也同样有这个觉悟。他也向他老爸提出，让自己离京去统率军队、平定内乱。妥懽帖睦尔肯定知道自己这个儿子心里的真实想法，哪敢让他去当军队的老总？妥懽帖睦尔在这方面也是很有心机，他封王保保为河南王，代替太子出征，总管关陕、晋冀、山东各路及以南的部队，而且可以全权处理这些地区的所有事务。这让太子又恨得差点吐血。

王保保得到命令之后，第一时间就出了京城。他这次是奉命前来打朱元璋他们的，可是到了河南之后，他就发现朱元璋他们不好打，与他正面相对的徐达已经有准备。现在朱元璋没有北伐，是因为还在打张士诚。王保保就打算暂时保存实力，不与南军交战。

王保保一听，立马打消这个拥兵自重不听使唤的想法，他又带着部队北渡黄河，驻扎在怀庆。

他现在是代替太子出征的，可以调动全国的军队，这个权力是相当大的。于是，他向各路军队下达命令，要求他们都出来去打朱元璋他们，平定红巾军之乱。当然，他是想把这些军队都变成他的手下。

哪知，他在朝廷中被人看不起，现在当这个全军的总指挥，仍然有人看他不顺眼。

李思齐看到他的命令之后，就生气了，老子跟你老爸是同一代人，也是同时干革命的，以前跟你老爸同桌喝酒的时候，你老爸都还让着老子。现在你一个乳臭未干的小子，居然给老子下达命令？想借这个机会吞掉老子的兵？想得美王保保。

李思齐当场板起面孔，宣布王保保是自己的敌人。其他几个人如张良弼、图鲁卜、孔兴都跟李思齐一样，态度强硬地表示不听从王保保的指挥。

王保保当然也生气，自己受命总兵各路，可是没有一路把自己的话当话，他决心给他们点颜色看看，当然他也知道，如果全面开火，他只能打败仗。于是，他选张良弼作为攻击的对象。当然，不管从哪个角度看，他选择对反对派开火，都是一个错误的选择，而当他准备向张良弼开火时，又犯了一个错误，就是居然派人去通知李思齐一起出兵，共同去打张良弼。你想想，李思齐能帮他才怪。

张良弼也不是省油的灯，知道现在李思齐是关键，他帮谁谁赢，于是干脆把自己的儿子送到李思齐那里作人质，请李思齐帮他。李思齐大喜，就跟张良弼一起抵抗王保保。王保保部队的前线指挥官就是关保。关保打了一仗，没能取胜。

李思齐借机请求中央出面调停，让王保保别打他们了。

朝廷一看，就差点要放声大哭了，明明是要让你们团结一致去打南方的那些造反团伙，现在倒好，你们先干起来了。可是现在朝廷还有什么办法？自从搞定脱脱之后，政府军的主力已经散伙，现在不管是王保保的部队，还是李思齐的队伍，都是“义兵”出身的，虽然都打着大元的旗号，其实全是私人武装，而且朝廷还得靠他们来当自己有力的保障，对他们的行动现在是一点没办法控制了。不过，朝廷在想哭之后，还得打起精神，端起朝廷的架子，不断地给王保保下令，催促他尽快南下，去消灭贼寇。

王保保没有办法，但又不想与朱元璋军决战，只得使用“拖”字诀，派他的弟弟因特穆尔带着摩该到济宁、邹县等地驻扎，说是守卫山东，阻止南军北上，为下一步肃清江淮做好准备。可是到什么时候才走下一步，他并没有拿出时间表。

于是，朱元璋放心地跟张士诚进行最后的决战。

王保保在攻打南军时，一点不主动，但在跟李思齐他们动手时，毫不客气。双方打来打去，互有胜负。朝廷当然坐不住了，派使者前来告诫王保保。王保保一看到使者就生气，老子都指挥不动他们了，不打还能怎么样？你们为什么老是批评我？他一气之下，把使者也砍了。如果是在平时，砍死朝廷的使者，那就意味着造反。可是现在朝廷已经顾不上这些了——如果再给王保保安上一个造反的罪名，那就没有人给他们带兵了。

李思齐看到王保保并没有停战的迹象，便把张良弼等人召集到一起，开了个会，宣布成立反王保保联盟，推举李思齐为带头大哥，一起举兵讨伐王保保。

此时，王保保还是跟朱元璋势力打了一仗。面对朝廷的多次催逼，他不得不应付一下。他派李二带着徐州兵去攻打朱元璋手下的傅友德部。当时，朱元璋全力对付张士诚，因此傅友德手下并没有多少兵，眼看元兵打来，只得坚守不出。傅友德的作战经验比李二丰富得多了。他看到敌人在城外抢劫，知道歼敌的机会来了，就出动部队，逆黄河而上，到吕梁登陆，然后突袭李二军，斩杀其大将韩乙。傅友德干完这一票之后，知道李二肯定会趁着城里空虚，全力来袭，因此带着大军狂奔回城，然后打开城门，把所有的部队都开出城外，紧握武器，埋伏在野外，只要听到鼓声一响，就跳起来战斗。

李二果然带队大步杀来。

傅友德看到李二雄赳赳地进了埋伏圈，便下令鸣鼓。士兵们一跃而起，杀进敌群。元兵一看，中了埋伏，顿时军心大乱，李二虽然拼命督战，但到了这个地步，他的声音再洪亮、动作幅度再大也没有用了。结果士兵们有的被砍死，有的跳进河里被淹死，有的被俘获，连李二也成了人家的战俘。

当然，这次战斗对于王保保来说，损失并不算惨重。他目前的重点仍然是针对以李思齐为首的反王联盟。这期间，他跟反王联盟反复交锋，没有胜负。

王保保不断地往关中增兵，李思齐他们的压力越来越大。觉得压力越来越大的李思齐只得不断向中央呼救，请中央尽快调停双方的争斗。王保保却用金钱贿赂使者，让使者假传圣旨，说朝廷下令命王保保彻底消灭李思齐等部。

朝廷这才觉得王保保实在太过分了——任何朝廷都不会纵容这样的过分下去的。他们认为王保保“跋扈之迹成矣”，于是，在至正二十七年八月，妥懽帖睦尔下诏削去王保保的兵权。当然，他可以不理朝廷的诏书，但他手下的两个死党突然宣布跳槽，对他的打击很是大。一个是摩该，另一个是关保。他能到处活跃，靠的就是这两个猛人。哪知，这两个哥们的思想突然觉悟起来，说现在怎么都是官军打官军，这不对头啊，我们应该去打南军。两人脱离王保保之后，立刻向朝廷揭发王保保的罪行，然后把枪口转向王保保。王保保没有料到这一招，局面顿时被动起来。

太子一看，就闹他老爸让他设立了一个“大抚军院”，指挥全国的武装力量。“专备王保保”，好像现在大元的头号敌人不是朱元璋，而是王保保。不过，妥懽帖睦尔还是留了一些余地，只把王保保本兼各职拿下，还保留了河南王这个爵位，说明妥懽帖睦尔对王保保还是很相信的。

太子这次做得很绝，下令把王保保的兵权全分给王保保的部下。如此一来，就达到对王保保部分化瓦解的目的。

王保保不得不收缩兵力，退守泽州。他越想越愤怒，便突然出兵，攻占冀宁，把冀宁城里的朝廷命官全部杀光。太子更是大怒，也不计后果地下令各路兵马“共击之”。

而在太子下达这个命令的前一个月，也就是至正二十八年（1368 年）正月，朱元璋正式称帝，国号明，建元洪武，全面部署北伐事宜。

在朱元璋的眼里，大元已经不堪不一击，唯一让他有点忌惮的只有王保保。此时的王保保却在大元诸军的群殴之下，连泽州都守不住了，再退到晋宁。他的那两个原死党摩该和关保这时逼他最急，一副他不死决不收兵的样子。

如果继续这样下去，王保保离被这帮部下殴打至死也没有几天了。但恰在这时，明朝的大军已经大面积北伐，全面向大元开战了。大明的征西将军邓愈已经打到南阳，而徐达则猛攻汴梁。汴梁守将李克彝支持不住，弃城逃跑。左君弼等人投降。

李思齐和张良弼看到明朝大军越来越近了，身后似乎都是杀声连天，知道内战再打下去，他们就会彻底完蛋。他们只得从攻打王保保的前线撤走，然后给王保保写了一封信，说此前的一切都是误会。

可是摩该和关保仍然在围攻着原来的老板。他们都怕现在放过王保保，以后王保保肯定会算这个账，不如趁他现在陷入困境时，再加把劲把他往死里打。两人不断出来跟王保保叫板，王保保就是不出来应战。当然，王保保有时出来表示一下，两人正要冲上去猛打，王保保又已经风紧扯呼，就是不跟他们肢体接触。王保保虽然年轻，但脑子比他们好用多了——否则他能入得了朱元璋的法眼？他领导了这两个手下多年，最知道他们身上的弱点。他坚信，只要耐心等下去，这两个家伙的弱点就会暴露出来。

果然过了没多久，摩该先烦了起来，觉得天天带着部队在这里却开不了战，实在是无聊得紧，就分出兵力来，到附近州县去开展抢劫活动，想捞点外快回来增加收入。哪知，王保保等的就是这个机会，他看到对方大半的兵力改行去当土匪了，立刻进行战斗动员，夜间悄悄开出城门，再悄悄地靠近摩该的军营，然后突然冲杀进去。摩该和关保的部队被打得大败，而且败得很彻底——连摩该和关保本人也被原老板活捉。

两人这几个月来，天天带头高喊活捉王保保的口号前来叫阵，哪知最后却被对方一夜之间活捉过去——剧情反转得太没有道理了。两人你看我我看你，两颗脑袋都想不通。

在他们还想不通的时候，王保保已经派人急奔大都，向妥懽帖睦尔陈述了自己近来的情况，同时表明自己是大大的忠臣，从来没有过造反之心，希望朝廷要明辨是非。

到了这个时候，朝廷也只能按照王保保的要求去明辨是非了，下诏可以将摩该和关保军法从事。

当两人看到王保保面挟寒霜对他们宣布这个诏书时，心情肯定十分复杂：他们可是奉诏讨王啊。现在朝廷又下诏把他们处死。这个朝廷是什么朝廷啊。

因为这个朝廷现在连自己都保不住了，大都老早就没有什么部队了——外围仅有的这几支部队，天天玩自相残杀的大戏——徐达和常遇春率领的大明主力部队已经直指大都，他们分路渡过黄河，接连攻取河北多地，一路风调雨顺，谁也挡不住。

到了这时，妥懽帖睦尔和太子才真的着急起来，他们这才知道，父子两人这些年来，你争我防，共同造成了这个无法挽回的局面。这时，他们肯定还记得亡羊补牢这个成语。他们紧急下令，解散大抚军院，处死知院事巴延特穆尔等朝廷中王保保的反对派，以此来向王保保谢罪，然后恢复王保保此前所有的职务，命他带兵从河北向南进军，前来阻止一下徐达的锋芒。当然，还命令伊苏、图鲁、李思齐也赶快出来，去收复汴洛。

这个部署没有错，但已经太晚了。

常遇春已经攻克德州，和徐达的部队胜利会师，水陆并进。伊苏再次发扬他的优良传统，还没有跟敌人对垒，就率先逃走。

王保保只得再退回冀宁。

徐达遵照朱元璋的指示，尽量避免与王保保遭遇。因此，明军看到王保保自动收缩回去，都是大喜，更是拼尽全力向北进攻。

妥懽帖睦尔只得派知密院事布延特穆尔前来抵挡。布延特穆尔满头大汗地出来，在河西碰上明军，阵势才一摆开，就被徐达打得好惨，不但全军覆没，布延特穆尔也光荣牺牲。

明军再向前推进，直逼通州。

布延特穆尔的失败，意味着大都最后的本钱已经输光。蒙古帝国当年的部队无一不是以一当百，所向披靡，纵横天下时，基本都是以少数兵力，击败人家的大兵团，战场上的常态都是少数蒙古骑兵像追赶鸭帮一样追杀着敌人。只要他们愿意，他们就可以对敌人进行屠杀式的砍、砍、砍！而现在，他们的这种铁血性格已经荡然无存，才碰到明军，从最高指挥官到底层士兵，都是丢下武器，抱头而逃。

妥懽帖睦尔和太子一看这个架势，知道以他们为首的大元王朝已经到最后关头了。于是，他们下令太常礼仪院使阿鲁等人捧着太庙各室中的祖宗牌位，与太子一起先行出城。

太子的儒学功底十分深厚，书法水平直追宋徽宗，曾有某件作品长期被人家误认为是赵佶先生的真迹，后来因为看到他的印押，才知原来是大元昭宗的手笔。据说，当初他先学虞世南书风，后来改临瘦金体。有人对他说："徽宗乃亡国之君，不足为法。"可他却大大咧咧地说："我但学其笔法飘逸，不学他治天下，庸何伤乎？"好像说得很对，其实他在治理天下时，虽然没有照搬赵佶先生那一套，可在玩耍这方面，他比赵佶更是有过之而无不及，天下已经乱成一锅粥，他居然跟着老爸双双去修炼秘密佛法，然后还跟老爸抢夺最高权力，导致本来已经软弱的大元王朝更加弱不禁风了。

而且这个太子还会用汉字作诗，这样的儒学功底，相信他肯定读过李煜先生那首《破阵子》：

四十年来家国，
三千里地山河。
凤阁龙楼连霄汉，
玉树琼枝作烟萝，
几曾识干戈？

一旦归为臣虏，
沈腰潘鬓消磨。

最是仓皇辞庙日，
教坊犹奏别离歌，
垂泪对宫娥。

此时，当他们离别太庙时，这对父子肯定会在心里浮现这首词。他们万万没有想到，当年李煜在亡国时的凄惨悲吟，会成为他们父子今日的定制。

在太子他们奉宗庙牌位出来后，陈祖仁对妥懽帖睦尔说：“天子有大事，出行时才载着祖宗的牌位。现在让太子带着，不符合礼仪。”

妥懽帖睦尔这时的头脑已经晕菜，听到这个话，只得叫太子拿着那些牌位回到太庙里等待。然后还下令，停止了内府那些土木工程——这可是妥懽帖睦尔先生的特长，他把这个特长发挥到宣布国家被摘牌的那一天。

第二天，天才刚放亮，妥懽帖睦尔就已经起来，那双失神的眼睛，向窗外望去。

二月的寒风，猛击着窗门。窗门还是很牢固的，只被拍出轻微的响声。院子里的树木叶已落尽，枯干的枝条在风中生硬地摇摆，毫无生气。妥懽帖睦尔在这个宫中居住了这么多年，还从没有这么关注过这个院子的景象。

他想一声长叹，但他发不出了。到了现在，长叹还有什么意义？纵然能写出李煜《破阵子》那样的优秀作品来，又有什么意义？

妥懽帖睦尔已经没有时间去总结这些了，因为他清楚地知道，明军已经高举旗帜，大步杀进大都，他已经注定成为大元王朝的亡国之君。虽然就要宣布亡国了，但他还是要有所交代，他把淮王特穆尔布哈叫来，把大都的大局交给他来处理，同时提拔庆通为中左丞相，跟特穆尔布哈一起保卫大都。

再过一天，也就是至正二十八年二月二十八日，妥懽帖睦尔再一次来到清宁殿，召集三宫的皇后、皇妃、太子、太子妃，开了个家庭会议，商量着下一步。这对父子近年来，一直为权力争斗不止，而且争斗的规模也越来越放开，到后来已经完全公开化了。但到了现在，他们终于放下了矛盾，坐在一起商量着如何逃出生天。他们父子发生了和解，不是因为谁出面来协调，而是因为横在他们眼前至高无上的权力已经彻底蒸发。

他们这次会议效率很高，很快就作出决议：向北逃走。他们的根就在北方，在遥远的北方！当年，他们的祖先就是骑着大马、挥舞着滴血的大弯刀，从那个遥远的北方，旋风般地杀过来，一路屠杀而来，彪悍得史无前例。他们马蹄过处，血流成河，尸积如山。那时，他们视生命如草芥，视南人如蝼蚁。那时，他们最大的愿望就是，把全世界都变成他们的牧场，让他们的子子孙孙，在这个牧场上唱着嘹亮的草原牧歌，喝着甘醇的马奶，心情舒畅地转围着火堆，在皎洁的月光下尽情地跳舞、欢快地唱歌、生猛地摔跤……

当年，他们的祖先在北方就是怀揣着这个美丽的梦想，挥刀南下，成功地占领了这片土地。可不到一百年，这对父子又得卷起包袱，带着他们祖先的牌位，仓皇逃离，重返漠北。

这个黄金家族的代表已经彻底死心，可是那几个大臣仍然不死心，纷纷过来劝他们，用的仍然是儒家那一套说辞：天下者，世祖之天下，陛下当死守，奈何弃之！臣等愿率军民及诸集王城拒战，愿取下固守京城。

黄金家族的最后法人代表当然不会听从这些陈词滥调，他们什么话也不说，到了半夜就按既定方针行事，打开健德门，望北逃走。

史书对他们逃跑动作的记载很简洁：夜半，开健德门北走！

到了这个时候，对他们作再详细的记载，已经没有意义了。

当然，还有一段尾声。

这个尾声留给王保保。

# 第九章
# 尾　声

这个尾声，就让我以先前一部小说《大明王朝》中的一个片段来展现吧：

此刻，他（王保保）正在太原那里向大都虎视眈眈。

朱元璋知道，在没有歼灭王保保之前，他并不能算取得最后的胜利。于是，他命令徐达，兵分两路，直取太原。

此时元顺帝也知道，以前老搞内乱，不断打击王保保，是大错特错，现在能让明军有点忌惮的也只有这个王保保了。于是，他把全部的军事指挥权都打包交给王保保，让王保保成为大元的最高军事统帅。

王保保这才松了一口气，决心与徐达大战一场。

向太原进军的两路部队是：一路由常遇春率领，南下保定，从北路直指太原；另一路则由徐达亲自率领进军漳德，由南路进攻。

常遇春一路进军十分顺利。

徐达却碰到了麻烦。此前，他和常遇春同时出征，都是常遇春为先锋。常遇春冲锋陷阵，那是望风披靡，锐不可当。可现在他的先锋是汤和。

汤和也算战场老将，打起仗来少有败绩。他这些年来，到处打仗，而且都打胜仗，心里也有点骄傲的情绪，觉得连大都都可不战而降，这个太原算什么？于是，轻敌之心大起，一路高歌猛进，也不向主帅徐达请示，直接向泽州进攻。他认为，泽州一失，太原就唾手可得。

王保保深知徐达和常遇春是明军中最狠的战将，因此也早有防备。看到汤和孤军深入，不由大喜。立即派兵直向汤和部奔袭。

双方在韩店相遇。

汤和哪能料到会在这里突然碰到敌军？但又想，元军也就是那个样子，还不是一击就倒？下令迎战。哪知，这队元兵却不同以往，双方一接触，便喊杀连天。汤和率军几度冲锋，哪知，敌人却势若排山倒海而来，他非但没有把敌人的阵地冲垮，反而被敌人一阵反击，死伤了一千多人。

汤和这才知道，王保保的确是劲敌，难怪徐达和朱元璋都这么高度重视。

明军本来骄傲情绪极浓，此时突然遇到强手，大战不到一个时辰，便大感吃力，登时胆怯下来，被元军一阵猛攻，只得不断向后退却。

汤和亲自断后，杀得刀都卷了两把，马都被砍伤，这才稳住阵脚。

元兵把汤和打败之后，便扼住韩店要道，使得明军无法前进。

徐达闻报后大惊，带着大军来到韩店，但看到对方兵威大振，急切间也无计可施。本来，他与常遇春约定，两人南北齐进，夹击太原。如果他被逼于此，那么夹击太原的计划就成了泡影。常遇春虽然英勇，但以他一人之力，要打败王保保，那是万万不能的。如果明军主力在短时间内拿不下太原，反被王保保纠缠于此，锐气挫尽，各路元兵源源而来，那结果将大大不妙。

徐达查看了几次地形，知道要前进一步实在太难，心头大是焦急。他本来对王保保就有所忌惮，现在双方一接触，就处于下风，心头甚是焦躁。但又无可奈何。

徐达正自进退两难，那边顺帝却又犯了个错误。

顺帝之北逃，原因并不是打了败仗，而是因为一时胆怯。逃到半路后，就一边逃跑一边想，这仗打得也太不像话了，自己就这么丢掉大都，真的对不起列祖列宗。于是，在北方给王保保下了个命令：要求王保保立刻从太原出发，光复大都。

王保保正用一支偏师阻住徐达的主力，然后准备以自己的主力迎战勇猛而来的常遇春。他知道常遇春是明军数一数二的名将，其突击能力当世无双。但他的蒙古铁骑也是罕有敌手的，何况常遇春的部队不是明军的主力，在数量上远远少于元军。而王保保又以逸待劳，此战的胜算，那是决计在自己的手上了。

如果常遇春一破，元军挟得胜师，进击徐达，再破徐达的主力也不是难事。

哪知，正当王保保胜券在握之时，却接到元顺帝的命令，一时间真想大骂一通。可他不能大骂。

他比任何人都知道，顺帝是个反复无常的人，此前曾经下令各镇大将对自己围攻，削掉自己的官职，差点让自己彻底完蛋。现在被徐达一把打跑，这才重新重用自己。可说是让自己总统天下兵马，其实他仍然只能带着自己的部队，其他各路元军，谁也不把他的命令当一回事。如果现在自己不按顺帝的意思去攻取大都，只怕没几天，顺帝削他的官职的命令又会下来。到头来，自己的后果仍然十分严重。

王保保一声长叹，只得下令倾太原之力，向大都进发。

不过，他并不十分悲观，因为目前大都空虚，徐达大军在半途，听说自己去进攻大都，肯定也会回头去救，自己完全可以在野战中把已经疲劳的明军打垮。那样一来，主动权仍然牢牢地抓在自己手中。

王保保这么一想，心头一宽，放心向西。他望着大都方向，心想，大都一到手，就把顺帝接来，那时，自己可是奇功一件。

徐达正自彷徨无计，突然探子来报，元兵已经撤走。不由又是一怔，这个王保保又将如何？当下吩咐再探。

不到半个时辰，探子再报，王保保大军从太原出发，向北平急驰而去。

众将闻言，不由都大惊失色。这些将领征战多年，经验极为丰富，一闻此报，立知王保保之意，欲乘机攻取北平，恢复元都。现在主力都已奔袭太原，北平兵少，哪能抵挡王保保这支精锐铁骑的全力一击？北平一失，拿下太原又有何用？而且，元兵全是骑兵，速度极快，如果我方全力回救北平，那王保保正以逸待劳，哪能打得过他？

救与不救，都已经输定了。

徐达看到众将的目光投向自己，根本不用问，也知道他们此时之所想。这些他比部下更加清楚明白。他望着大家，一言不发。

汤和道：“大将军，北平不能失啊。”

其他人也道：“救吧。大家拼命就是了。即使打不赢，但也可以把他打残，我们再南下搬兵，然后再战。”

徐达仍然不说话。现在他已经带着明军最能打的部队前来，如果这支部队打完了，明军基本就困难了。

大家七嘴八舌了好一会儿，没看到徐达开口，便都停了下来，又把目光转到他那张冷峻的脸上。

徐达此刻的脸，真的是冷若冰霜。

胜败在此一举，稍有不慎，全盘皆输。

但他必须在这一刻做出决定。而王保保的铁骑此刻正风驰电掣地驰向北平。他必须有所行动。

全场都在肃静，等着徐达开口。

各人都听到自己心跳的声音。

徐达站了起来，平静地说了一声：“咱们向太原！”

什么？向太原？不管北平了？

徐达冷冷地道：“是。攻取太原。现在只有攻太原了。北平虽然兵少，但城池坚固，王保保急切间很难攻下。而太原已是空城，咱们根本不用打仗就可以拿下。太原是王保保的老巢。太原一失，其军心必定不稳。况且，元狗内部一直倾轧，王保保以受疑之身而当大任，对元帝之心岂有不知之理？一旦老巢丢失，他日后在内部的地位又将如何？是以，别人可以不要太原，王保保肯定放不下太原。打太原，他必救无疑！”

汤和又道：“他要是真的不救呢？”

徐达微微一笑：“他要是不救。咱们拿下太原之后，举兵北平，将之夹击于北平城下。那时，他纵有天大的本事，也不是我的对手。他本来以为进攻北平，不管我如何行动，他都可以立于不败之地。哈哈，现在局势相易，不管他如何，都是必败无疑了。”

当下命令全军向太原进攻。

大军一路西去，半路并没有碰到元军。大家心里都在想，王保保不会上当吧？要是我，我肯定先拿下北平。

眼看已到太原城外，太原城墙已隐隐在望。

大家心里都在想，不管如何，先到太原里住一住，给王保保挡在韩店那里，也太窝囊了，现在终于可以到城里睡一睡。

哪知，这个兴奋还没有降下来，突然看到天边沙尘如云，猛卷上来。

后面的探子急奔而来，直接跑到徐达前面，也不下马，便大叫，大将军，不好了。王保保大军又折回了。

徐达一听，哈哈大笑，喝令准备战斗！

明军突然一齐掉头，迎向疯狂而来的元兵。

原来，王保保听说徐达置北平于不顾之后，也大吃一惊。他素知徐达性格持重，向来稳健，如果他没有在北平有所布置，哪敢这么置北平于不顾？而他却是不能丢掉太原的。他丢了太原，就等于丢了在朝廷里的所有筹码。拿了大都，那是帮顺帝拿下。丢掉太原，却是丢了自己的太原。这是万万划不来的。于是，他立刻下令全军返回，先救太原。

他的部队全是骑兵，速度极快。

而徐达只有一部分骑兵，大部分还是步兵。此时，他带的全是骑兵，步兵还离得很远。

两人相遇，王保保军远比徐达的多。

徐达看到敌军势大，也不由心头一凛。

最先与王保保先头部队相遇的是傅友德部。

傅友德部正在急速前进，但见右首原野上尘土蔽日，如乌云突卷一般，接着大片旌旗翻卷而来，铁蹄敲击地面之声，有如雷动。

傅友德看时，那彪军马打的正是王保保的旗号，当是王保保的前锋，人数不下数万。当下也不及细想，即刻传令，转头向敌人冲过去。

双方不期而遇，都是大出意外，但谁也无避让之意，一上来便狠命搏杀。

傅友德也是个狠人，知道就连皇上对王保保也有所忌惮，如果此战不利，对士气的打击，将是非同小可的。因此，他一直冲锋在前，脸上血汗交流，飞扬的尘土不断地被裹上去，那张本来就横肉遍布的脸，就显得更加狰狞可怕。一双眼睛瞪得大大的，在满脸泥水的映衬之下，更为夺目，转动之时，似乎也能听到骨碌之声。

那边元兵也是不断涌出，勇悍至极，既有前赴之人，也有后继之兵。一时杀得难分难解。不多时，有人大叫，常将军来了。

但见傅友德部身后，杀声大起，常字大旗在滚滚尘土中，迎风翻卷。大旗下的大将，正是常遇春。

常遇春听说王保保的先头部队来了，一时心花怒放，带着本部人马直杀过来，生怕迟了，元兵给傅友德杀光了，自己可就难过大瘾了。

此时，傅友德已经大战近一个时辰，早已疲惫不堪，眼见常遇春杀到，不由松了一口气。

常遇春更不打话，带着部队直加入战团。元兵几个大将一见，带着士兵前来拦住。

他看到这几个大将，果然是战场好手，不由哈哈大笑。

那几个人见他突然哈哈大笑起来，一时不明其意，面面相觑。

常遇春笑罢，陡然双目一翻，大喝，杀！一枪刺去。当面那员大将，避之不及，竟尔给他刺中胸口。随着他拔出长枪，一股血水从创口狂喷出来，洒满一地。

其余的人虽然可怖，但知道遇上死神了，都不得不抖擞精神，再次围住常遇春。常遇春吼声连连，放手大战，又把一人刺于马下。这几个元将，本来已经打了近一个时辰，手臂已是无力，虽是几人围住常遇春，但哪是常遇春的对手？眼看只几个回合，常遇春便连杀二将，哪敢再战？

常遇春带来的部队都是主力军，个个勇往直前，局面已是一边倒了。

不多时，突然看到前头大队人马杀来，却是王保保的后继部队杀到。

傅友德忙叫住常遇春。

常遇春虽然嗜杀，但此时看到敌军势大，如果一味猛攻杀下去，必将自取其辱。立即鸣金收兵。而此时徐达大军也隆重开到。

双方主力就此相遇，谁都小心谨慎，不敢轻举妄动，于是只好各自扎营，明日再说。

徐达此时，背靠太原，实是占了地利。可是对方整整十万大军，又是突击能力超级强悍的骑兵，他哪敢大意？于是，也只有先按兵不动。而王保保拼命赶来，也不知敌方虚实，当下也不敢有什么动作。

双方在寒风中对峙。

整整三天三夜，从十二月一日起到三日，双方都严守营门，没有别的动作。

当然，没有动作是表面的。私下里，还是有动作的。

郭英看到敌人的营寨在己方的下首。己方营中正好有一座小丘。于是，他登上小丘，观看王保保的营盘。不一会儿，他下来直接找到常遇春，说："敌人虽然很多，可是并不严整。而且立营太大，非常松散，如果夜间偷袭，定可一举成功。"

常遇春一听，觉得有理，就进见徐达，把这意思跟徐达讲了，并道："现在咱们的步兵没有来到。如果就靠咱现有的力量去挑战，那是必败无疑的。所以，除了偷袭之外，别无他法。"

徐达一听，也觉得确是良策。但考虑到王保保非同泛泛，如果一击不中，下一步就不好走了。

两人在那里计议着，突然侍卫来报，有密使求见。

徐达道：“哪里的密使？”

从王保保营中出来的。

两人相视一眼，莫非王保保也搞什么诡计？当下命把客人带进来。

来人向徐达行礼之后，拿出一封信，递给徐达。

徐达展开信，看了看，然后就地写了一封复信，交给来人，命他回去。

常遇春问，到底是什么信？

徐达小声地对常遇春说了几句话。常遇春点点头，

常遇春按往常一样，一到傍晚，即下令开饭，要求大家吃得饱饱的，然后拿好武器。

一切准备妥当，就等天黑了。

这一天是洪武元年（1368年）的十二月四日。天空中没有月亮，也没有星星，浓黑如墨。

常遇春带着大家，在冰冷的风中，兀立如山。当他看到天色已黑得毫无杂质之后，下令打开营门，低喝一声，出击。

郭英手一挥，先带着自己的三百骑兵，当先冲出营门。常遇春接着带大队人马跟后。

郭英来到元兵营前，元兵果然没有防备，他一声令下，命三百士兵都取出火具，到处放起火来，只片刻之间，元兵营中便火光冲天。

常遇春的大队人马也赶到。

此时，元营里突然冲出一队元兵，正在兴高采烈放火的郭英大吃一惊，忙叫大家小心。

常遇春却一声低喝，郭将军，不用怕。

便纵马过去，挥一挥手。元兵当头大将立即大叫：“来者可是常将军？”

常遇春道：“正是！”

那人道：“我是豁鼻马。”

这人正是元兵的太原守将，名唤豁鼻马。他看到元朝气数已尽，认定王保保再怎么强悍，最后也必败无疑。于是，偷偷派密使去找徐达，愿当明军的内应。徐达收书之后，即告知那密使。夜间只等火起，便出来接应。

他与常遇春接上头之后，立刻转过马头，带着自己的士兵深入营中，直向王保保的大帐赴去。

虽然大营之外，大火燎天，人声嘈杂，铁蹄声声，可由于这些天来，元兵松散惯了，是以王保保对这些嘈杂虽有耳闻，也以为是自己营中的士兵们在闹，只是在心里想着，明天看来得好好地整治一下军纪。这样下去，是不能打仗的。然后吩咐侍卫把灯火挑亮一点。他要看书。

侍卫把灯逃亮后，他拿了一卷书坐到案台前，认真地看了起来。

哪知，才看了不下几页，突然听到喊杀连天。不由皱起眉头，这些士兵也太不像话了，居然闹成这个地步。可念头才一闪，突然又觉得不对，因为喊杀的全是南方口音。

王保保也是久经战阵的人，立马知道不是自己的部队在闹，而是明军杀了进来，而且看样子已经直赴主营，要过来砍自己的脑袋了。

他立刻丢掉书卷，推倒案台，伸脚去套了一下靴子。可靴子太长，套起来很麻烦，而外面喊杀声越来越近。他只得招呼着身边的侍卫，光着一只脚向帐外跑去，边跑边抢到一根鞭子，然后从侍卫手里抢到一条马缰绳，翻身上马，两腿一夹，马鞭猛打，便向北而去。

一群侍卫跟着，乱哄哄地狂跑。

常遇春跑到帐外时，向里面冲过去。但见大帐里，案台翻倒在地，一卷书丢在一旁，蜡灯还在哧哧地烧着。

一个明军跑到那里翻了几下，没见什么人影，却找到一只靴子。

常遇春一看，就知道绝对是王保保的靴子，看样子，这家伙还没有跑出多久。于是，大叫，王保保跑了。

士兵们都跟着喊，王保保跑了。

此时，纵使王保保没有跑，都难以组织有效的抵抗。更何况“王保保跑了”的声音响彻云霄。十万元兵一听，便都拼命逃跑。

常遇春什么也不说，只是让明军大力砍杀。

直到徐达的传令兵出来，大叫，降者免死！

大量元兵就地丢下武器，投降明军。

常遇春大叫一声，带着部队继续追击王保保。对于王保保，定当除恶务尽。

夜里的北风更加冰冷，吹到脸上，如割如切。王保保在侍卫们的保护之下，向大同方向狂逃。

他们刚出来时，天还浓黑如旧，可当他们逃出十多里时，突然就降下飘飘大雪。

这场雪下得十分盛大，只一下就把地面全盖得严严实实，一片洁白，望不到边。

天更冷了，但王保保他们个个汗出如酱，气喘吁吁。如果没有这场雪，也许常遇春的追兵未必能追上来。

可因为这场雪，大地皆白，一时间耀如昼。常遇春循迹而来，对王保保的踪迹看得清清楚楚。

于是，在这个狂风怒吼、大雪如席的夜里，王保保没命地跑，常遇春没命地追。

两队人马一前一后地追。

风很急，雪还在飘。只是王保保身后的人越来越少。

不过，跟着王保保的这些侍卫，都是忠心耿耿，奋力阻挡着猛追而来的明军，只要明军靠近，他们就殊死搏斗，打到最后一口气。

常遇春大叫，这才像个打仗的样子。

可是他给这些人一阻，仗是打得很像样，王保保却越跑越远。他一直追到忻州，这才回来。

而徐达此时却以得胜之兵，直下大同，然后分遣冯国胜等人四处经略，山西一举平定。

徐达本来以为会在山西一带跟王保保有一场恶战，胜负尚难料定，哪知，竟如此就把王保保打了个大败。

徐达固然高兴，朱元璋更是高兴。这一战的意义不光是把王保保这个劲敌打跑，占领了太原，而是让明军的骑兵与元军骑兵主力进行了一次会战。历史上多次大战已经证明，南方的骑兵都干不过北方铁骑。现在徐达改写了这个历史。

朱元璋对退守北方的元朝再没有什么顾忌了。



这一天，他退朝回宫，兴致极高，可一进门，却见马皇后坐在那里闷闷不乐，便上前道，爱卿有何不快之事？

马皇后仍然不语，只是把目光投在案台上。

朱元璋顺着她的目光也向案台上看去，却见那里放了一卷书，再细看，却见书卷翻处，正是《淮阴侯列传》，道："你在看太史公的书？"

朱元璋少时读书不多，但也粗通文墨，而且极喜作诗，即使于戎马倥偬之间，也常常吟一首诗。后来，在刘基的影响下，逐步也看了些历史书。这部太史公的《史记》，他已看了多遍。他对韩信打仗的谋略佩服得五体投地，常想，要是能得韩信为将，平定这个天下，那是易如反掌。虽然徐达、常遇春仗打得极好，但关键之处，仍得由他出马，是以常常引以为憾。这时看到马皇后居然也看韩信，心里暗道，难道她也想研究谋略？

他把书合了起来，道："爱卿，也看淮阴侯？"

马皇后点点头，道："皇上起于微末，比汉高祖起点更低。诸将追随皇上，一路艰难，不幸者，都死于沙场；有幸能活到今天的，都是身经百战、立下大功的。此前，皇上跟他们患难与共，上下和谐。现今，皇上已登大宝，四海归一。臣妾只怕……"

朱元璋又是一怔，自他登基的那一天起，马皇后就一直忧心忡忡。他也常常在心里想着，自己从一个皇觉寺里最低等的和尚，一步步走来，变成大明皇帝。这个过程，固然与他自己的打拼分不开，也是诸将奋战的结果。而且期间多次危在旦夕，全仗大家齐心协力，渡过难关。幸而开创了大明王朝。可是，他当上皇帝之后，内心的忧愁却未见稍减。诸将当中，忠勇之士，固然是主流，可也曾有过背叛他的将领。最让他想不通的是朱文正，这个朱氏家族最能打仗的子弟，既年轻，又意志坚强，如果不是那个性格，几可与徐达、常遇春相提并论——只待一统江山之后，完全可以把兵柄交付与他。他对朱文正向来是没有一丝一毫怀疑过。可偏偏就是这个侄儿，要举南昌之城，投奔张士诚。

那时，朱元璋恨不得要把朱文正千刀万剐，生啖其肉。可是马皇后却劝住了他。

朱元璋对马皇后从来都是心存感激的。他近来大量读史，觉得很多人都把他比作刘邦，可他觉得自己的战功跟李世民没什么两样。同时，他也跟李世民一样有一个好皇后。李世民有长孙皇后，他有马皇后。马皇后跟他是真正的患难夫妻。当年，郭子兴将这个养女许配给他之时，又把他囚起来，如果没有马皇后，现在这个世界上也许就没有朱元璋。他对马皇后一直心存感激，只要马皇后提出的，他几乎没有不答应的。马皇后心地仁慈，往往在他怒气勃勃要杀谁的时候，都出来力劝，让朱元璋最后下不了手。

马皇后对朱元璋的性格比谁都了解。而且，她更知道，历代帝王，在打江山时，君臣是相得，算是如鱼得水，一点不为过。可往往四海归一、百姓安宁的时候，功臣们的悲剧却开始了。她这时看到北伐诸将，连战皆捷，横扫北漠，那是指日可待。现在朱元璋对北伐之事，也不用像过去那样操心了，而是一心一意放在处理朝政上。朱元璋现在比以前更忙了。此前，处于战争时期，很多重要战役，他都主持全局，甚至多次冲锋在前，但有时还把部队交给徐达他们放手让他们打下去，即使结果不尽如人意，但他从来不呵责过什么人。那时，他对武将们是绝对放心的。可现在，他好像对谁都不放心了。虽然设了两个丞相：一个是李善长，另一个是徐达，一文一武，再加上刘基，这些朝政处理起来，也是会得心应手的。可是，他却天天宵衣旰食，加班加点，批阅奏章。

别的人都道："皇上亲理朝政，日理万机，是万民之福。"

可是，马皇后内心却隐隐然觉得不对劲。她几乎每天都等朱元璋办完公务之后，才上床睡觉。有几次，她对朱元璋道："也该让李善长他们多处理一些政务了。如果事事由皇上牵挂，那要这些臣工何用？"

而每次朱元璋都是叹一口气，便不说什么。

开始时，马皇后并不怎么在意。可慢慢地，她知道，朱元璋的疑心越来越重了。按说当上皇帝，是每个人梦寐以求的事。可朱元璋当上皇帝之后，脸上却少有喜色，忧愁的脸庞上面，往往隐隐然有股骇人的杀气。

此时，好容易看到朱元璋脸有喜色，便想劝劝他一下。当然，她并不是一个啰唆的女人，只是在那里摆着一本《史记》，翻到《淮阴侯列传》那一面，让朱元璋看到。朱元璋天纵聪明，岂能不一望便知？

朱元璋本来很想向马皇后说一说自己的心思，可他知道，这些事，马皇后没有错。自己也没有错，但不能让马皇后失望了，于是，他道："明天，我将大封群臣！"

次日上朝，他向大家宣布，将在江宁西北鸡笼山下，建一功臣庙。已死的功臣，画其像于斯；未死者则虚位以待。共二十一人。

群臣一听，都齐呼万岁。

徐达继续北上，扫除元朝残余。

此时，元朝在关中的势力仍然不少。王保保被大破之后，他的对头之一李思齐又成为这一带元兵的统帅。李思齐在排挤王保保时，不遗余力，而在抗击明军时，态度就有点不坚决了。他深知王保保之能。连王保保那样的人，都不足徐达一击，他还能支持多久？

朱元璋派人给他送信，劝他投降。

李思齐跟王保保的父亲一样，也都是靠自己拉起武装，成为元朝的义兵，后来力量不断壮大，成为元朝后期几个大军阀之一。他在跟王保保的争权当中，虽然开始大占上风。可随着大都的失陷，王保保又反败为胜，成为元朝头号军事统帅。他也知道，以他的水平，真的不如王保保，现在连王保保都这么不堪一击，他带着的这些杂牌军能挡得住徐达和常遇春的冲击吗?

对于李思齐的这个心思，朱元璋是把握得很好的。所以，他觉得劝降李思齐是很有把握的。

李思齐毕竟还是扛着元朝的大旗的。他拿着朱元璋的信，看了又看，不知如何是好。

日子就这样拖了又拖。

朱元璋下令徐达大军开进。同时，再派人送去一封信，对他进行最后的劝降。这一次，李思齐的思想很不平静。他很想顺着朱元璋的台阶投降过去算了。但他的养子赵琦不同意。赵琦道:“元朝待咱们不薄，咱们无论如何不能这样就投降了吧?

李思齐道:“可咱们真的打不过徐达。”

赵琦道:“先退一步再说。现在张良弼他们正在鹿台那里，完全可以跟咱们形成掎角之势啊。”

李思齐看了看这个养子，什么话也不说。下令先退，避开明军的锋芒再说。

当他退到临洮时，接到消息:张良弼已经被郭兴打败。

赵琦你还有什么话说?咱们挡了这么个回合，也算对得起元朝了。于是派人来到徐达军中，向徐达投降了。

至此，陕西和山西全部平定。

徐达命人把李思齐解往南京，由朱元璋发落。朱元璋任他为江西行省左丞。

李思齐对着朱元璋叩头称谢，然后站起身来，对朱元璋道:“降臣不过一俘虏，哪能再当天朝的大官?请求皇上留臣在京师，以老余年。臣不胜感激。”

朱元璋一怔之后，看了看李思齐，但见这位曾位列元末关中四将的老兵，满脸憔悴，花白的胡子在风中飘着，身上着件长袍，跟个落第生没有什么两样。当年手握重兵、称雄西北的霸气已经荡然无存。心下也老大不高兴，朕赏你官位，你也不要了，当朕是暴君一个?但仍然是点点头，应允了李思齐的要求。

李思齐再拜而起，转过头去，看到了李善长，也看到了刘基，同样看到了胡惟庸。朱元璋手下掌权的大臣，都在这里。但他们的表情却不一样。李善长面对李思齐，脸上满是得意之色，一双眼睛，看着李思齐，流露出轻蔑的色彩。刘基则望着退下来的李思齐，手拈胡须，若有所思。胡惟庸则一脸阴沉，不知他心里想什么。

这几个人此时的心态，朱元璋没有看到。

此时，朱元璋仍然把眼睛盯在元朝的残余势力。

因为，元朝的皇帝仍在上都。不把他们赶尽杀绝，他是难以安心的，他的明朝是不安全的。

洪武二年的六月，朱元璋下令直捣上都。

此时，明军主力正在围歼张良弼部队，大获全胜。常遇春在北平，得到朱元璋的命令，即带着李文忠率八万大军北进。元将江文清在锦州设防，与常遇春大战。常遇春一点不把江文清放在眼里，看到元军的阵地之后，根本不花什么心思去想，直接下令冲击。明军铁骑鼓勇而上。元兵一时想不到这些从南方来的骑兵居然如此强悍，冲锋起来，居然比他们生猛，不由吓得发呆了。在明军的强力冲击之下，转眼间便七零八落。

此时，太阳高照，大地热气熏天，地面上铁骑滚滚。战场呈一面倒之势。常遇春冲在前头，大砍大杀。直杀得汗流浃背，大呼过瘾。

江文清奋力逃跑，这才逃得性命。

常遇春也不休息，直接向全宁挺进。驻扎在此地的是元朝的丞相也速。也速虽然官很大，但他也跟他的名字一样，失败得很快。常遇春在大笑声中，就把也速的部队全歼，然后进攻大兴州。

大兴州的守将更弱，才听到常遇春杀来的消息，便已逃得不知去向。

常遇春骑着马进了大兴城，在城门前大骂。老子战争没有开打，守将就逃了。

常遇春接着把矛头指向了开平。

开平是元帝目前的住所。

常遇春想，在这里应该可以打上一仗吧？这个狗皇帝是成吉思汗的嫡传子孙，应该能打一下吧？

哪知，这个元顺帝更加不成才，常遇春还在半路急行军，他就已经带着全部家属向北逃之夭夭了。

常遇春拼命追赶，最后，只获万多俘虏，车万辆，马三千匹，牛万头。可说是缴获颇丰。但常遇春跑了这么多路，却连一个像样的仗也没有打到，心下极是不爽。他只得还军。

常遇春听说，目前徐达他们正在猛攻张良弼的弟弟张良臣，便过去助战。

这一日来到柳河州。常遇春刚刚下马，准备用餐之后，再度急行军。哪知，突然身上发痛起来。开始时，他并不以为意，骂了几句，几天不打仗，身上的肉就痛起来了。

他叫人拿酒来。

他以为几大碗喝下去，就什么事也没有了。

可是酒还没有端过来，他身上的疼痛更厉害了。开始只是后背有点痛，后来，手臂也痛起来，再后来全身到处都疼痛起来。开始还是小痛，似针刺一般，接着就大痛起来。

亲兵看到他那张皮肉粗糙的大脸上，豆大的汗珠滚滚而下，钢牙紧咬，两腿都在发颤。

亲兵把常遇春扶到帐中的榻边。常遇春高大的身体很响地倒在榻上。

另一个亲兵看到常遇春痛得在床上打滚，便急忙去叫军医。

军医来到大帐中时，看到常遇春的衣服已经全部被他粗大的手剥下，全身的皮肉皆裸露。常遇春一向粗暴，经常脱着衣服。是以，对于这个身体，大家都习以为常。只是，往时大家看到的都是肌肉突出，看上去孔武有力。可现在大家看到的是，那些早已经痊愈的刀伤、箭伤都溃裂起来，血水横流，榻上全是一片鲜红。

军医一看，也慌了手脚。他看了看常遇春的脸，但见那张曾令敌人望而生畏的面容，此时已经不那么鲜活了，而是灰黄一片，嘴皮也咬得紧紧的，下嘴皮已经被咬出血来。两眼也睁得大大的。军医这时手里只有一些金创药，医一般的伤口，那是没有问题的。可面对常遇春的这个病却无能为力。

常遇春在那里喘着粗气，对军医道："你的药治不了我的病。想必是我这辈子杀戮太盛，现下报应到了。"然后又对亲兵道："我估计活不下去了。快快去请李文忠将军。"

不一会儿，李文忠就来到大帐，看到常遇春的状况，也不由大吃一惊。

常遇春挣扎着坐了起来，对李文忠道："我恐怕命不久了。这里的一切只有拜托你了。见到皇上时，就给他道：'恨不能扫平北漠，清除元狗。'"

言讫，大叫数声，就此气绝，年仅四十。一代名将，星殒柳河。

此时，徐达还在关中奋战。他派张温袭取兰州。张温果然不负所托，一口气就拿下兰州。

在张温大爽的时候，王保保却看到了机会。

对于王保保，不管是朱元璋还是徐达，都把他当作劲敌。太原一战，徐达虽然把王保保打得狠狈不堪，数万大军溃不成军，而他也仅以身免。但徐达仍然不敢大意，他深知那一战实是胜得很侥幸，王保保更是败得没有道理。因此，徐达在这一带作战时，还是一边打仗一边警惕着王保保。

王保保大败亏输一场之后，对徐达就更为小心了。他知道自己的本钱不多了，如果轻易开战，自己会完蛋得更快。因此，他必须沉住气，等待机会。

很快，他的机会来了。他看到张温孤军深入，正是给他痛打的时候。

于是，他立刻召集诸将，下令十万大军向兰州进发。

他一路高调宣称，要拿下兰州，打败张温。不几日就包围了兰州。但他却把主力部队隐蔽起来。

面对十万大军，张温的力量显得十分薄弱。

于是，明军的于光急忙带着本部人马出来救援。

于光行动很快，也很有信心。他以为，王保保算什么东西，还不是给打得气不敢出？现在元兵没有多少了，要是慢了一步，自己的功劳可就没有了。

哪知，当他牛哄哄地冲到兰州的外围时，突然四面杀声震天，王保保的骑兵四下里漫山遍野杀来。但见阳光下，大刀生光辉，到处是明晃晃的。果然势大至极。

于光知道被敌人包围了。

他开始时，也不怎么在意，以为自己冲杀一阵，杀出包围应该没有问题。他大喝一声，往外冲。他带着头举刀催马冲杀。哪知，王保保的这支骑兵跟以往的元兵大不相同，战斗力极强。他猛冲了一番，虽然连斩几个士兵，冲出几步，可包围圈却一点没有薄下来，反而越包越紧，而且他的士兵也越来越少。

元兵连吃多次败仗，这一次好容易抓个打胜仗的机会，一时间个个奋勇，不断地向明军冲杀。本来，元兵的骑兵就厉害，此时士气大振之际，战斗力空前提升。

于光的身上已经连连受创。但他兀自往前冲——尽管他知道，他是冲不出去的。

最后，当满身是血的他将要举起刀时，那条手臂再也举不起了。他身上的血流得太多，已经累得一丝力气也没有了。

几个蒙古兵冲上来。

于光满眼刀光闪闪，最后死于乱刀之下。

元兵此战大获全胜。

王保保的信心也足了起来。他知道，朱元璋和徐达很在乎兰州的，只要他不放过兰州，朱元璋和徐达就会继续派兵过来增援。他就可以在兰州外围以逸待劳，围点打援，最后把徐达击败。

他继续向兰州进攻。

他以为，兰州没有多少部队，就张温几千人，花不了什么力量，就可以把张温全歼于兰州城内。

就连张温的部将们也这么认为。

当他们在城里接到于光战死，外援无望的时候，都道：“现在咱们要把城墙加固一下。然后死守待援。”

张温一听，只是微微一笑，道：“咱这几个兵能死守吗？你们上城去看看，王保保有十万大军啊。死守无异于等死。”

“那该怎么办？现在逃跑？”

张温道：“现在逃跑也跑不出了。只有出击。”

“出击？就咱们这几个人马？”

张温道：“是。就咱们这几个人马。现在元兵正在骄傲当中，打死他们也不会想到咱们会主动出击。咱们以最快的速度，杀上去，打他们个措手不及，猛砍一阵后，退回来，肯定大获全胜。”

张温知道这个时机是不会久的，立刻做出动员，当天就带着三千士兵大开城门，向城外的元兵杀过去。

连王保保也没有想到张温居然会来这一招。元兵根本没有什么准备，给张温的部队杀得丢盔弃甲，毫无还手之力。张温一时势如破竹，一连把王保保的部队逼退了几十里路，这才退回城里。

经此一役，王保保再也不敢轻视张温了。但他知道，张温就那点力量，要想冲出去，那是很难的。他仍然按既定方针办，不能在短时间内攻下兰州，但仍然可以围住兰州，继续围点打援。

而此时，朱元璋也在关注着王保保。

朱元璋虽然对王保保有些忌惮，但他并不是认为王保保不能战胜。此时，他得知王保保围住兰州，便也知道了王保保的意图。

他决心跟王保保进行最后的决战。

洪武三年（1370 年）的正月初三，朱元璋把诸将请来，开了个御前会议，商讨灭元大计。

他问大家，现在元主在北，王保保围住兰州。咱们应该怎么办？

大家都道：“王保保之所以嚣张，是因为还有元主这面旗帜。如果直接北伐，把元主消灭，王保保也就跟着完了。所以，不必管王保保，只管北伐，打倒了元主。那时王保保就只有投降了。”

朱元璋却摇摇头，道：“王保保犯我兰州，正应出师讨伐，哪能放过他而去取元主？还是兵分两路：一路取元主，另一路取王保保。大将军徐达从潼关出，专门应对王保保；再派副将出居庸关，入沙漠，追元主。”

大家一听，皇上果然气魄很大，不由齐称万岁。

当下传令：以徐达为征虏大将军，李文忠为左副将军，冯胜为右副将军，邓愈为左副副将军，汤和为右副副将军，向北进发。

当时，冯国胜很纳闷，不是说徐大将军专门对付王保保吗？怎么让他出潼关向西安？那可不是兰州啊？

朱元璋笑着道：“王保保是个人才啊。朕很想收归大明。朕真不想一仗把他打死，还是让他投降过来。”

他能投降过来吗？谁去招降他？

朱元璋道：“让李思齐将军过去吧。他跟王保保有故交。”

刘基一听，向朱元璋看过去。此时，朱元璋也正好把目光投到他的脸上。刘基只得低下眉头，默不作声。他知道，朱元璋对李思齐已深怀恨意了。怀恨的原因，就是居然不受朱元璋的任命去江西当官，这还把朱元璋放在眼里吗？朱元璋刚当皇帝，令出必行，可现在一个降将居然胆敢不服从。你不愿当官，那就去劝降王保保吧。

可李思齐能劝降王保保吗？

李思齐和王保保虽然都曾同朝为官。可是两人一直就是死对头，这些年来，你攻我我攻你，内耗得差不多了，这才让明军的北伐频频得手。现在你让李思齐去招降王保保，这不是让李思齐送死是什么？

刘基一想到此节，饶是他足智多谋、机变百出，此时也不由冷汗暗出，不寒而栗。皇帝，皇帝，谁一当皇帝，那颗心就往狠毒的方向变化。古今君主，概莫能外。还是范蠡说得好，这些人主，只可共患难，不可共天下。

其他人也想到李思齐跟王保保的关系，让李思齐劝王保保，效果并不大。但朱元璋向来奇谋迭出，做事大出意表之外，往往都大获成功。因此，对于朱元璋的这个分派，也没有谁往深层次去想。

几路大军同时出发，一路浩浩荡荡，唯独李思齐只带两个随从，带着朱元璋的书信从南京出发，显得很孤单。那具本已老迈的残躯，此时在冷风中更显羸弱。那张本来已满是沧桑的脸，此时更加憔悴。他坐在马上，举目向北，然后又频频回头。北方曾经是他的故乡，是他曾经纵横捭阖的天下，他曾在那里风光无限。而南方现在是他的故乡，他的家人都在南京城里，正眼巴巴地等着他完成这个任务归来。他深深地后悔，后悔他投降朱元璋。如果当初他不投降……

他念及此，当真是心如刀绞。

但再怎么痛苦，他也得北上。

很快，他就来到王保保的大营。

王保保一边围着兰州，一边等着明军再次来援。哪知，等了一个多月，连个明军的影子也没有。他派人四下探听，只听到有一股明军正在河北一带进行大扫荡，肃清元朝在河北的势力。他只是冷冷一笑，想引我到河北？妄想！

又过得几天，亲兵来报："李思齐将军来见！"

王保保一听，一怔之后，哈哈大笑，是劝降的来了。大声道："请李将军进来！"

李思齐跟着亲兵进来，向王保保行了一礼，道："将军别来无恙！"

李思齐以为自己一进来，王保保肯定会叫刀斧手把他抓起来。哪知，王保保却站了起来，对他还了一礼，道："托皇上洪福。王某现在还不错啊。李将军请坐！"

李思齐坐了下来，神色木然。

王保保吩咐上菜，为李将军接风，然后问："李将军投降南朝，在南京一向可好？听说江南风光甚好。当年本将军年轻时，曾有意到江南游玩。哪知，朝纲不振，江南遍地战乱。我也只好望江南兴叹了。"

李思齐叹了一口气，道："李某此次北上，面见将军，是奉了大明皇帝之命的。"

王保保眼珠一转，道："不知有何见教？"

李思齐从随从那里接过朱元璋的书信，递给王保保，道："这是大明皇帝给将军的信。将军看了自知。"

王保保接过信，打开来看了几下，不动声色地放下，问李思齐："依李将军之见，投降南朝可是件好事？"

李思齐道："该说的皇帝已说了。投降南朝，好与不好，各有各的不同。我想，目今大元气数已尽，这是尽人皆知之事。降不降，也是一想便知……"

王保保看到李思齐向自己劝降起来，便两眼一睁，大声道："今天不谈这个事。你是我的老前辈，该向你敬一杯薄酒。请！"

一餐完毕，王保保大手一挥："送客！"

李思齐看到王保保的脸色很平常，那颗心才放下来，暗道，看来他真的不想杀我。朱元璋想借他之手杀我。我终于不死！

李思齐带着随从出了大帐，走了几十里路，已到塞下。突然听得身后马蹄嗒嗒，几名骑士急驰而来，显然是王保保手下的。

那几名骑士来到李思齐面前，对他行了一礼，道："主帅有命，请李将军留一物为别！"

李思齐道："我远道而来，未曾带有什么东西。这怎么办啊？"

那人道："李将军也知道，我家主帅并不爱什么珍玩财宝。他只爱李将军一样东西。还请将军不吝赐予。"

李思齐一听，不由一惊，道："什么东西？但说无妨。只要李某能拿得出的，一定会拿出来。"

那人笑道，我家主帅道："当初我家主帅被明军攻打。李将军既同朝为官，却不愿出一臂之力作援手。至今犹以为恨。所以，我家主帅很想要李将军一臂。"

李思齐知道，现在他再怎么说也是没有用了。当时脸色苍白，一咬牙，拔出身上的佩剑，仰望着天空。此时，天空一片混浊，风吹得呼呼有声。他大喝一声，利剑砍下。随着血光一闪，一条手臂离身而去，一股鲜血狂喷而出。李思齐倒在地上，不省人事。手里还紧紧地握着那把宝剑。

两名随从看到这一幕，只吓得几乎瘫软在地，他们想不到这个一脸憔悴的老人居然刚果如斯。眼见他断臂之处，血流如注，慌忙帮他包扎起来，止住血。

那几名骑士并不立刻走开，而是在那里等着。直到李思齐悠悠醒来，这才对着李思齐行了一礼，拿了手臂，快马加鞭而去。

李思齐一脸刷白地望着那几骑绝尘而去，在随从的扶持之下，上马南回，向朱元璋交差。复命没几天，就死去了。

徐达看到王保保拒绝投降，便下令向王保保进攻。

此时，徐达已集结了近四十万大军，对王保保是志在必胜的。

徐达怕王保保逃走，因此，他精选了十万精兵，亲自带领，直赴定西。

王保保做梦也没有想到徐达居然会亲自来了，而且带着十万大军。他手里也就十多万部队。他本想只要明军来一小股，他就可以凭优势兵力打援。哪知，徐达来了，他是伏击不了徐达的。

徐达来得很快，可一见到王保保的部队时，却下令停住，并没有立刻出击。

两军遥遥相对。王保保一时摸不清徐达的路数，也不敢轻举妄动。他深知徐达用兵甚是谨慎，除非不得已，是不会冒奇险的。现在徐达冲过来，肯定是有所准备的。所以，他只是命令大家做好战斗的准备，不得乱动。

徐达知道王保保有所顾忌，便下令部将带着各部到附近的山上，砍伐木头，拉回大营。

徐达的部将固然莫名其妙，我们百里奔波，赶到这里为的是打仗，现在倒好，全成伐木人员了。但徐达下有严令，怠工者斩，是以虽然人人埋怨，但工作却不得不卖力。元兵更是大惑不解，不知明军搞的是什么名堂？几个部将向王保保报告了。

王保保站到高处看了又看。有人道："难不成徐达要用火攻？"

王保保摇了摇头，大家又七嘴八舌地议论了一番。王保保却始终不作声。他扫视了他的部下一眼，转头就走。

他一看便知，徐达砍下这些大树，是为了加固营房，做好跟他长期作战的准备。此时，他带着元兵最后的主力，外援断绝。而徐达的后续部队将陆续开到，而且明军后勤有保障，完全可以打个持久战。他要是再等下去，只怕不用打仗也会完蛋。

他这时不得不佩服，徐达真是将才！

如果徐达只是自顾自地大砍木头，也还罢了。可徐达却缺德得很，他在用很短的时间完成加固营房的任务之后，并没有让士兵们闲下来，而是分成若干个小队，轮流打开营门，跑到元兵的营房前，大喊大叫。开始时，王保保以为徐达在骂他们，后来一听，那些声音并不成体系，全是乱糟糟的吼叫。他马上明白，徐达是让他们耳朵难受，不想让他们安宁。

这些士兵都是轮班上来，这一班骂累了，马上换下一班，保证声音洪亮，响彻云霄。

王保保受不了，就退到车道岘。哪知，他还没有立下营寨，那边明军也已经跟过来，在离他们不远的地方，扎下营寨。明军有大量的木头，扎起营来，不但速度快，而且营房坚固。相比之下，王保保的营房就太显简洁了。

立了营寨之后，徐达仍然不让王保保安宁。这一次，他不光叫士兵们大喊大叫，而且还派出小股部队，在夜间突然出现，对元兵进行武装骚扰，弄得元兵叫苦不迭。就是王保保自己也睡不好觉。他明知，徐达短期内不会全面进攻，他大可不必理会这些骚扰。他想拿出书本，在那里岿然不动地看着书。哪知，那些声音没完没了地涌进耳里，开始还是人的叫声，后来好像好些兵营里的铁器全用上了，到处是敲锣打鼓夹杂着人们的乱叫乱喊。他还能读书下去，那他跟神仙也没什么区别了。

连续两天睡不着觉。那双眼皮实在受不住，真想倒下就睡。可心头气极，硬是睡不下去。

只得再退。明军再逼近来，照样没完没了地骚扰。王保保好几次挥舞着拳头，要带着大家冲杀一番，战死算了。但他仍然很冷静，知道大开营门冲出去，人家营房坚固，士兵养精蓄锐，而自己的士兵都已困乎累哉，直接面对面地打，肯定只有大败亏输。可这口气又咽不下，便想了个办法，请来几个当地人，问清他们这一带的地形之后，得知有一条小路可以抄到明军的侧翼。他大可利用这条小路，给明军来个偷袭。

连徐达也没有想到王保保会来这一招。而左翼指挥官更没有想到。突然看到元兵出现，一时间大乱起来。元兵一看，偷袭得手，都是信心大增，一路乱砍。

此是，徐达正在酣睡，突然闻得营中大乱，立马知道元兵偷袭来了，心下也大是惊慌。他急忙披挂，然后侧耳倾听，只闻得左翼大乱，便知敌人过来偷袭的人数不会很多。便急忙跨上战马。

此时，汤和也起来，正要找徐达，看到徐达上马，便问，大将军要去哪里？

徐达道："到左营看看。"

汤和道："去不得。元兵偷袭，尚不知他们来了多少兵。"

徐达笑了笑，我一到那里，元兵就会退走。

他一提马缰，便跃马而去。几个亲兵跟着过去。

左营士兵正兵找不着将，将找不到兵，乱得一塌糊涂。元兵只是拼命地砍，满地都是明兵的尸体。

徐达冲到左营，令亲兵举起火把，大喝，徐达在此。大家勿乱。

大家看到火光，大将军徐达正挥着宝剑，骑在马上，威风凛凛。几个元兵冲到他的面前，看到他兀立如山，虎目圆睁，不由呆了，立在当地。徐达身边的亲兵上前几刀，便把那几个元兵砍杀当场。

明兵看到主帅亲临战场，而且镇定如恒，便都回过神来，举起兵器，向元兵反击。一时士气大振。元兵本来就只有一千人，看到明军反击，哪敢再打下去？王保保一声令下，元兵一齐退回。明军衔尾追击，把王保保打得大败。

王保保此次偷袭，跟前次徐达在太原偷袭他一样。如果徐达也如他当时那样慌乱起来，后果也会如他一般严重。可徐达却临危不乱，居然反败为胜。王保保在黑暗中一声叹息，觉得自己比徐达真的差多了。一时信心全无。

徐达把元兵打退，继续让大家进行骚扰工作，直把王保保气得死去活来。

王保保叫亲兵跟着他到营中巡视。但见大营中的士兵们虽都睡在那里，但谁又睡得着？几个巡逻兵提着兵器走着，也是东倒西歪，没精打采，走得摇摇晃晃，弱不禁风。这样的军队还能打仗吗？只怕再给徐达闹几天，大家都会自己崩溃了。

王保保站在那里，一时不知如何是好。他知道，此时，除非天神下凡，帮他打败明军，那他才有打赢的可能。

但他有什么办法？

过了几天，闹了一个多月的明军突然收工，不再到元兵的大营前又喊又叫了。元兵突然之间觉得这个世界实在太美好了，于是都抓紧时间睡大觉。

此时，徐达的后续大军已经开到，他决定向王保保全面进攻。

他召集全部军队，列好队形，然后翻身上马——让旗手跟在自己身后，向大家大声宣布，我们将向敌人进行最后进攻。此战，只可成功不许失败。只要看到我的旗帜向前冲，大家就决不能后退。说罢，拨转马头，向营门外冲过去。全体将士紧随其后，呐喊着冲向元后大营。

此时，困累至极的元兵正在酣然大睡，虽然个个都枕戈而眠，但个个都睡得像死猪一样。

徐达大军直接向王保保中军杀过去。

元军哪能抵挡得住？

王保保听到杀声震天，也知道徐达最后杀招来了，知道自己无论如何也挡之不住。当下叫醒家人，奋力狂逃，居然能乘乱逃了出来。十万大军，被徐达一夜之间全歼。

王保保带着家人来到黄河边上，看到黄河之水天上来，满眼滔滔，大是骇人。可后面敌兵已追到。如果让明军抓过去，下场将无比惨。李思齐的下场，他是知道的。虽然是他砍了李思齐的手臂，但他知道，如果朱元璋真的对李思齐那么好，会让李思齐来劝降吗？从朱元璋派李思齐过来的这件事上，他深知他是不能向朱元璋投降的。李思齐老朽至极，雄心早消磨得精光，朱元璋还不见容，他过去了，朱元璋还能让他活下去吗？

他看到滚滚巨浪中，有一根巨大的木头翻滚而下，便纵身跳下，抓住了木头，把巨木带到岸边，让老婆孩子都抱着木头。他的孩子不肯，他怒目圆睁，拔出宝剑，大喝："你要是不抱木头下水，老子就砍死你。"

他的孩子看到发怒是真的，只得大叫一声，纵身跳下，双手紧紧地抱住木头。王保保在老婆孩子都下水之后，也跟着跳下，与他们一起抱着木头，划着水，向北岸而去。

不一会儿，徐达带着诸将来到黄河边，但见浊浪滔天之中，王保保一家人抱着木头在水中载沉载浮，正极力向北而去。

汤和道："咱们快快找船。"

徐达摇摇头道："没有船了。要是有船，王保保还会用木头吗？"

他怔怔地望着这个最牛的对手，直到看不见了王保保的身影，这才带着大家回去。

在徐达大破王保保时，李文忠一路也进展顺利。

李文忠的任务是攻击应昌。

应昌是元主目前的基地。

李文忠从居庸关出发，一路向北，虽不断地受到元兵的阻击，但元兵的战斗力实在太差，都被他毫不费力地击败。到五月初就到开平城下。

元朝的开平守将是平章上都罕，看到李文忠来势太猛，哪敢接战？眼见李文忠的部队开来，就打开城门，投降了明军。

李文忠马不停蹄，又向应昌杀过去。

才到半路，就听到元顺帝死去的消息。顺帝的太子爱猷识理达腊嗣位。这位后主比他的父皇更胆小，知道明军已经杀来，便把大家叫来，宣布弃城逃走。

大家看到新皇帝都这么怕死，便都乱了起来。大家一乱，便毫无秩序可言，于是动作也慢了下来。当他们开门要逃跑时，明军已经杀到。

这些元朝战士没有想到明军居然来得这么快——猝不及防之下，逃跑队伍被明军截成两段。前面一段拼命狂逃，后面一段成为俘虏。

李文忠在应昌城里，没有受到一点抵抗，所做的事就是清点战利品。

这批战利品还是很让明军受用的：元顺帝的那群老婆居然也在其中；元顺帝的孙子也赫然在列；所有的王公大臣都没有跑掉。只有那个刚刚继承元朝大统的爱猷识理达腊逃得性命。他一口气跑到和林，跟王保保会合。

李文忠派使向南京告捷，然后把元顺帝的孙子买的里八剌连一批元朝的宝物一起押解南京。

几年之后，明朝再派蓝玉出征，把元朝残余痛打一顿，直到把他们赶到漠北。

元朝，从漠北来，又到漠北去。天道循环，莫过于此！

大元故事，至此完结。

当然，大元完结了，大明继续！

这就是历史规律，只有完结的朝代，没有完结的历史！